寺島メソッド
英語 アクティブ・ラーニング

寺島隆吉
［監修］

山田昇司
［編著］

明石書店

監修者まえがき

　このたび山田昇司先生の編集で『寺島メソッド 英語アクティブ・ラーニング』が出版されることになり、喜びに堪えません。
　山田さんとのつきあいは、私が岐阜大学に赴任し、1986年に「記号研」という英語教育の実践的研究団体を起ち上げて以来ですから、もうすでに30年近くになります。
　しかし山田さんが、大阪外国語大学を出るとすぐ、「日本語を使わずに」「英語だけで授業をする」ことに熱意を燃やして初任校に赴任した、熱血教師だったことを、最近になるまで知りませんでした。
　外大在学中に英検一級に合格し、在学中もなるべく英語を使うように努力されていた山田先生ですから、その英語力を使って、英語の授業も日本語を使わずにやってみたいと思われたのは、たぶん自然な流れだったのでしょう。
　しかし私が岐阜大学に赴任して「記号研」を起ち上げ、月例研究会で実践報告をしていただいていた頃には、「英語で授業」をしているという報告を聞いたことがなかったので、初任校では英語だけで授業をしていたという話を聞いたときには本当に驚きました。
　というのは、そのときの山田さんは、初任校から異動した次の学校では授業がなかなかうまくいかず困っていたときだったからです。そのときちょうど、私が高校教師から大学教師になり岐阜大学で「記号研」を起ち上げたのですから、今から思うと「記号研」は、まさに「渡りに船」（あるいは「駆け込み寺」）だったわけです。しかし当時の私は、このことを知るよしもありませんでした。

＊

　私がこのことを知るきっかけになったのは、2012年の暮れ、宮城県立高校の佐々木先生（本書第7章）から「新しい指導要領の研究指定校になり、近隣の英語教師を集めた研修会を開くので、講演に来てほしい」との依頼を受けたからでした。当時の私は体調が優れなかったのと広島大学で講演をする予定だったこともあり、残念ながらお断りせざるを得ませんでした。
　そこで、すでに高校から大学に異動していた山田先生にピンチヒッターを御願

いしたところ、「私は講演などしたことがないから無理です」と一度は断られたのですが、「自分がたどってきた軌跡と寺島メソッドによる現在の授業について語ってもらうだけでよいと佐々木先生も言ってみえます」「あらかじめ原稿を書いていって読み上げればいいんですよ」「心配なら講演原稿は私が援助します」と言って引き受けてもらったのです。

　こうして私は、英語教師として山田さんのたどってきた軌跡(山田さんの「英語と私」)を読んで初めて、山田先生が初任校で、文科省が言い出す38年も前に、「英語で授業」の先行実践をしていたことを知ったのでした。この講演に至る経過と講演内容は、その後、一冊にまとめられて『英語教育が甦えるとき―寺島メソッド授業革命』になりました。

　幸いにも、この本は地道な売れ行きを見せました。文科省が「英語で授業」を言い出したので、それにどう対処してよいのか困っている先生方に、この本が何らかのヒントになったからではないでしょうか。拙著『英語教育が亡びるとき―「英語で授業」のイデオロギー』が一種の理論書であるとすれば、山田さんの本が実践書になり、その相乗効果だったのかも知れません。

*

　それはともかく、山田さんの『英語教育が甦えるとき―寺島メソッド授業革命』が堅実な売れ行きを見せたからでしょうか、今度は拙宅を訪れた編集部から、「寺島メソッドの概論書を出してほしい」との要求が、山田さんあてに出されてきたのです。山田さんも私も、これには大いに驚かされました。というのは実践書と違って概論書というのは非常に書きづらいものだからです。

　そこで私たちの方が困惑しているうちに時間がたち、今度は編集部から、「いま文科省では、英語だけでなく全科目に『アクティブ・ラーニング』を要求するようになった。ついては『寺島メソッドで始めるアクティブ・ラーニング』といったような内容で、寺島メソッドを紹介する本というのはどうだろか」という新しい提案が出されてきました。

　文科省が今頃になって「アクティブ・ラーニング」などと言い出すと、今まで自分たちが出してきた指導要領は生徒を能動的学習者にすることに欠けていたことになり、自分たちの非を認めるようなことになりはしないかと心配になったのですが、指導要領を改訂するたびに学力が低下していく現状を何とかくいとめようとする努力の一環として受け止めることにしました。

そこで山田さんと相談したところ、「寺島メソッドが『記号研』発足以来めざしてきたのは、まさに文科省の言うアクティブ・ラーニングそのものでした。生徒が寺島メソッドで『能動学修』をし、それが見かけ上の華やかさだけでなく、頭脳も充分に活性化して『脳働学習』になっていることは、これまでの30年の実績で充分に証明されているのではないでしょうか」という返事でした。

　そして、「寺島先生の監修＝指導と援助さえいただければ何とか頑張ってみます」という返事をいただいたので、やっと今回の出版に漕ぎつけることができたのでした。

　最初は山田さんの単著という企画で出発したのですが、それが編著になったいきさつについては、序章に詳しく書いてあります。結果として、このほうが良かったと思っています。

　次々と指導要領が変わるたびに、それに翻弄され、心も体も疲れ切っているであろう現場の先生方に、本書が少しでも希望と活力を与える「水源地」になることを願ってやみません。

　最後になりましたが、私たちの細かな要求にも丁寧に対応していただき、編集部の森さんには本当にお世話になりました。この場を借りて厚く御礼を申し上げたいと思います。

2016年10月18日
寺島　隆吉

| 寺島メソッド 英語アクティブ・ラーニング 〈目　次〉 |

監修者まえがき　　　　　　　　　　　　　　　　　　　　寺島隆吉……3

序　章　三十年以上も前に始まっていた「能動学修アクティブ・ラーニング」　　山田昇司……13
1　『英語教育が甦えるとき』への思わぬ反響
2　なぜ8人の教師が「自己変革史」を語るのか
3　寺島メソッド「能動学修」、その三十年の軌跡
4　効果が出すぎて続けられない「寺島メソッド」
5　「リズムよみ」──教室にひびく力強い生徒の声
6　ますます深まっていった、わたしの「理論的確信度」
7　人気予備校講師がひそかにもちいる「寺島の記号」
8　「会話練習」「英語で授業」──「読み」を教えぬ空洞化授業
9　ほんねで自由な議論──「ディベート」ではなく「構造読み」で討論
10　教科書英文の矛盾まで発見する生徒たち
11　「追試」の重要性──教育を科学にするために
12　教科の論理がきめる──「個別学習」か、「協同学習」か
13　教育学の全体を俯瞰した「英語教育学」──汲めども尽きぬ教育技術、教育哲学の宝庫
14　「英語力」と「人間力」で、ほんもののアクティブ・ラーニングを！

第1部　英語アクティブ・ラーニングを求めて──その軌跡と到達点

第1章　「リズムよみ」で甦えったわたしの教室
　　　　──ほんものの感動のある英文も教材にできる　　　岩間龍男……33
1　『学力とは何か』に一目惚ひとめぼれ──学問に裏づけられた科学性
2　寺島記号への直感──これなら翻訳ソフトにも使える！
3　はじめて知った英音法の幹──歌の「リズムよみ」に生徒熱中
4　悔やまれる不勉強──教科書の「リズムよみ」で苦い挫折
5　まったく音読しなくなった生徒たち──通用しなかった「達人セミナー」音読法
6　「リズムよみ」との10年ぶりの再会──『英語教育が甦えるとき』に刺激されて
7　最高の自己研修──チョムスキー翻訳のとりくみ
8　アクティブ・ラーニングの本道をいく寺島メソッド
＜追記＞　記号づけプリント──翻訳に苦労する英文でさえ教材に

第2章　それは私にとって授業革命だった
——「構造読み」で活性化された批判的創造的思考力　　戸梶邦子……49

1　「この生徒たちの表情が理解できますか？」
2　授業に参加させるのは大変だったが……
3　授業は成立するようになったが……
4　生徒たちは授業を楽しむようになったが英語力は？
5　新たな教授法をもとめて——研究会サーフィンの日々
6　振りだしに戻った教授法——授業が成立しさえすればいいのか
7　これしかない！——寺島メソッド再発見
8　寺島メソッド「センテンス・グラマー」——三つの記号をつけて文を読む
9　寺島メソッド「テクスト・グラマー」——文章の構造を読み解く
10　介入の授業——新聞社もやってきた「構造読み」の公開授業
11　予期せぬ出来事——先生、教科書のこの英文、つながり方おかしい！
12　寺島メソッド「サウンド・グラマー」——英語らしい音声でよむ
13　ハウツーでなく哲学を——アクティブ・ラーニングとは生涯役立つ学習

第3章　中学校英語と寺島メソッド
——「記号づけ」で生まれる「能動学修（アクティブ・ラーニング）」と「脳働学習（ブレイン・ラーニング）」　　小川勇夫……67

1　はじめに
2　やはり違っていた！——学生として初めて寺島先生に出会ったとき
3　目から鱗の『学力とは何か』——教師として寺島先生と再会したとき
4　「理論的確信度」と「実践的逼迫度（ひっぱく）」——私を「リズムよみ」に踏みきらせたもの
5　生徒が独力で和訳できる方法——「立ち止まり訳」は入試でも有効
6　最小の努力で、最大の成果——休み時間まで夢中にさせる「視写」
7　他教科でも使える「授業の三分割」——授業に「型」と「変化」をあたえる
8　私の英語力を大きく飛躍させた「ネクサス読み」
9　「最先端をまなび、最前線にたつ」を胸中に
10　入門期の「発音とスペルの乖離（かいり）」をうめるために
11　寺島メソッドそのものがアクティブ・ラーニング
12　おわりに

第4章　中学英語はこう変革された！
──「寺島メソッド」で身につく真の自己表現力　　後藤幸子……83

1. 暗中模索の10年間
2. 師を得たよろこび
3. 日本人として英語を学ばせる──世界情勢についても伝えたい
4. ただやるのではなく、理論を持ってやる──予備校の有名講師も使っていた！
5. 中学でキング牧師の演説ができた！
6. 英語教師としての生き方が決まった！
7. 「枝葉」ではなく、英語の「幹」を教えたい
8. 英語の授業で、日本語の力もつけてやりたい
9. 「思考実験表」と生徒のつまずき──習得順序仮説は正しいのか？
10. 高校に進学した生徒──「先生、動詞に丸をつけると意味が見えてくるよ！」
11. あとは鼻歌♪──教室に行くまえの準備こそすべて
12. 生徒を正しく捉える──「生徒の内面をきちんと見ていますか？」
13. それでも私は寺島メソッドをやめない

コラム　もっと早くに出会いたかった「寺島メソッド」　　野澤裕子……100

第5章　受験学力を超える
──「記号づけ」で培われた構文の自動解析力　　寺田義弘……103

1. 教員1年目、授業不成立
2. 「追試」を開始 ──寺島記号の魅力
3. 寺島先生に直撃のFAX相談
4. 教員5年目、「追試」として英語で卒業文集をつくる
5. 「追試」実践がなんでも自由にできた、次の赴任校
6. 「リズムよみ」の実践
7. 「見える学力」「見えない学力」
8. 「構造読み」の実践──英語教育と国語教育との統合
9. 「書く力」が鍛えられた──記号研「メルマガ」編集長時代
10. 英検一級合格、そして「翻訳の下訳」という自己研修
11. 記号研なんかやめてしまいなさい
12. 授業の三分割──授業に「静」と「動」をつくる
13. 大学院に内地留学──「記号づけ」と第2言語習得理論
14. 「記号づけ」は進学校でこそ有効
15. もっと寺島メソッドを

第6章　英語力を鍛える「寺島メソッド」
──学びつづけたくさせる「記号づけプリント」
　　　　　　　　　　　　　　　　　　　　　　　　　　　市川忠行……121

1　我が人生の総括を──と言ったのが運の尽き
2　さっきやった授業の英文、再現できる？
3　普通校新設──アルファベットも書けない生徒をまえに
4　過去形ではじめる GDM に感激
5　ちょっとおかしい？　SIM の「フレーズの切り方」
6　波乱の人生、弁護士志望をあきらめる
7　よし、教師になろう！──往復ビンタを成績で見返した赤点生徒に感動
8　GDM、SIM、中津方式から離陸──ついに出会った「寺島メソッド」
9　寺島メソッドで九大入試も楽勝──代々木ゼミ全国7位の人気講師
10　『魔法の英語』で無料の早朝補習──有名国立大学の合格者続出
11　書きたいことはいくらでも
＜追記＞　これぞ生涯学習──親までやり出した「寺島メソッド」

第7章　生徒より英語を楽しんでいるかも
──学力調査でかつてない成果、指導主事もみとめた「リズムよみ」
　　　　　　　　　　　　　　　　　　　　　　　　　　佐々木忠夫……141

1　寺島メソッドとの出会い──立ち読みのはずが最後まで
2　見よう見まねのプリントづくり──寺島メソッドの威力におどろく
3　場面緘黙の生徒、「リズムよみ」をする！
4　ついに国立大学に合格者！──「記号づけプリント」が生みだしたもの
5　進学校──生徒にも教員にも、ゆとりを
6　センター試験の長文問題をたのしむ
7　育ってきた批判的読解力──「教科書の文章は英語の構造になっていない」
8　すれ違いざま、生徒が「リズムよみ」──受験に縛られずに英語をたのしむ
9　「英語で授業」──英文の読み方は、いつ・どこで学ぶのか
10　指導主事もみとめた「リズムよみ」──山田講演と「リズムよみ」ワークショップ
11　文化祭で「天使にラブソングを2」──先生、リズムよみしないと歌えませーん！
12　「記号づけ」で絵本の多読──かつてない成果、みやぎ学力調査
13　英文が書ける！──記号をつけながら英文をいっぱい読む
14　生徒より英語を楽しんでいるかも

第8章　母語力上限の法則
――寺島メソッドによる日本語作文技術　　　　　　　　新見　明……163

1　はじめに
2　受験勉強からそれていった高校時代――読書会や生徒会活動などにあけくれた毎日
3　絶望的な学びの環境と学生運動の挫折――留年覚悟で沖縄返還デモに
4　小学校教師2年目で、なんと中学校の英語教師へ――学ぶべきもの教えるべきものを探しに
5　無性に惹きつけられた『授業とは何か』――根本的な人間観教育観をもった教育方法
6　「記号づけを何年やって来たんだ！」――大学院で初めて分かった寺島メソッドの意味
7　母語力上限の法則――寺島メソッドによる日本語作文技術
8　「追試」の大切さ――寺島メソッドの「基礎3教材」
9　平和教育の土台を築くもの――「俺もできるんだ！」という自信をつくる授業
10　シルバーセンターと寺島メソッド翻訳教室
11　おわりに

コラム　やっぱり教師っていいな、と思わせてくれた「寺島メソッド」　　　岩井志ず子……184

第2部　寺島メソッド―英語アクティブ・ラーニングの宝庫

第9章　英語アクティブ・ラーニング概論
――ひと目でわかる「寺島メソッド」　　　　　　　　山田昇司……189

1　はじめに
2　英語アクティブ・ラーニング「寺島メソッド」の構造
3　英語アクティブ・ラーニング「寺島メソッド」の特徴
　　1）授業の特徴――「静」と「動」、「型」と「変化」／「全員出番」の原則／リズムよみ
　　2）テストの特徴――ペーパーテスト／日常評価／実技テスト
　　3）プリントの特徴――英音法のための記号づけプリント／英文法のための記号づけプリント
4　英語アクティブ・ラーニング「寺島メソッド」の授業方略
　　1）英音法――音声の指導と授業方略
　　2）英文法――読解・作文の指導と授業方略
　　3）教科書の使い方、典型教材の発掘と教材化
5　おわりに

コラム　寺島メソッド「三つの基礎教材」の使い方　　　　　　　　　　　　新見　明……198

第10章　英語アクティブ・ラーニング詳論
——「寺島メソッド」の教育技術・教育哲学　　山田昇司・寺島美紀子……201

〈はじめに〉

[あ]

　「諦め」は「明(あき)らめ」から／穴埋め語順訳／合わせよみ／易行道(いぎょうどう)／一斉方式／英音法／AさせたいならB指示せよ／英語教育の教授法／英語教育の目的／英語教師「三つの仕事」「三つの危険」／「英語読み」の「アメリカ知らず」／英文の「心臓部」／英文法の「幹」と「枝葉」、英語の「Global Errors」と「Local Errors」

[か]

　「角括弧」の記号／「仮性低学力」と「真性低学力」／学校教育の仕事／仮名ふり／ガラス張り評価／記号研／記号研方式／記号づけ／記号づけプリント／機能語／苦行道(くぎょうどう)／句動詞の意味—寺島の仮説／クライマックス／グローバル・エラーとローカル・エラー／言語学習「二つの学習ベクトル」／言語学習「二つの習得過程」／構造読み／語順

[さ]

　作文の手引き／ザルみず効果／識形力／思考実験表／指示の原則／視写・速写／視写テスト、速写テスト／実践的逼迫度(ひっぱくど)／指導と管理／しぼって読む、ふくらませて読む／「自律」から「自立」へ／授業における「静」と「動」、「型」と「変化」／授業構成の「三分割」／水源地／「救う努力」と「切る勇気」／すべてを教えない、すべては教えない／「善の中に悪」「悪の中に善」を見出す／センマルセン／「創造」と「模倣」

[た]

　足し算訳、立ち止まり訳／立ち止まり訳、立ち止まり読み／追試／「できる」から「分かる」へ／寺島の仮説—句動詞の意味／転移する学力／通しよみ／動詞句

[な]

　内容語／名前よみ／ネクサス読み

[は]

　恥をかく勇気／番号づけ／引きのばし読み／引きもどし読み／「左半マル」の記号／評価の三原則／評価の「柔軟性」／表現よみ／文章の「二つの読み方」／文章標識／母語力上限の法則

[ま]

　「マクロ」から「ミクロ」へ／「まねぶ」と「まなぶ」、「学ぶ」と「真似ぶ」／マラソン方式／「丸」の記号／見える学力、見えない学力／「幹」と「枝葉」／「右半マル」の記号／三つの「基礎教材」／The Big Turnip／There's A Hole／The House That Jack Built／三つの読み／眼のちから／「模倣」と「創造」

[や]

　やればできる最も難しい課題／読みの指導—「二つの読み」と「三つの指導ステップ」／読みの「四段階」／四技能の相互関係／四技能の習得過程

[ら]

　理論的確信度／リズムの等時性／リズムよみ／リズムよみ「グループテスト」／リズムよみ「ペンたたき」／リーディング・マラソン／両端をつかみ、両端をからませる／連結詞／「連結」と「脱落」／ローマ字よみ

[わ]

　「わからなさ」の構造／「わかる」課題⟷「できる」課題

補章　英語アクティブ・ラーニングの教育原理
　　　――英語教育における陶冶(とうや)と訓育　　　寺島隆吉……271

1　学校と教育
　　生きる力・人間を育てる／訓育／陶冶(とうや)
2　訓育の方法
　　民主主義と人権を教える／授業の中で／授業の外で
3　陶冶(とうや)の方法
　　疑問をつくりだす力を育てるには／学力論／授業論／学び方
4　教材論
　　「英語を」教えるのか、「英語で」教えるのか／教材の選択／教材の使用・自主編成／教科書教材と投げ込み教材
5　評価論
　　何よりも教師の自己点検のためにある／評価の目的／評価の方法／評価と動機づけ
6　構成論
　　授業の構成原理／授業の構成順序／授業秩序の確立
7　教師論
　　もっと高く！教育的視点の高さ／個人的利益のための教育／教育理念による教育／社会的視野の中の教育
8　人間観と指導観
　　人間の四つのタイプ（A）―善と悪／人間の四つのタイプ（B）―恩と仇(あだ)／指導の五つのタイプ／「ほめる」「しかる」の四角形／「ほめる」「しかる」「要求する」の三角形／叱責・処罰・怒り
9　教育の技術と思想
　　教育哲学／教育技術／良心的教師の失敗／教師の自己点検／教師の自己研修
10　生徒論・児童観
　　複眼的思考⟷単眼的思考／教育は「義務」か／子どもの能力／生徒の四つのタイプ／「悪いこと」に対する「歯止め」／善悪論
〈補遺〉　学校教育の弁証法
　　教育の「前史」／教育の「正史」／教育の「後史」／女性教師のかかえる難しさ／中学校のかかえる環境の難しさ

「寺島メソッド」文献一覧……280
執筆者一覧……282

序章
三十年以上も前に始まっていた「能動学修（アクティブ・ラーニング）」

山田昇司

1　『英語教育が甦えるとき』への思わぬ反響
2　なぜ8人の教師が「自己変革史」を語るのか
3　寺島メソッド「能動学修」、その三十年の軌跡
4　効果が出すぎて続けられない「寺島メソッド」
5　「リズムよみ」——教室にひびく力強い生徒の声
6　ますます深まっていった、わたしの「理論的確信度」
7　人気予備校講師がひそかにもちいる「寺島の記号」
8　「会話練習」「英語で授業」——「読み」を教えぬ空洞化授業
9　ほんねで自由な議論——「ディベート」ではなく「構造読み」で討論
10　教科書英文の矛盾まで発見する生徒たち
11　「追試」の重要性——教育を科学するために
12　教科の論理がきめる——「個別学習」か、「協同学習」か
13　教育学の全体を俯瞰した「英語教育学」——汲めども尽きぬ教育技術、教育哲学の宝庫
14　「英語力」と「人間力」で、ほんもののアクティブ・ラーニングを！

1 『英語教育が甦えるとき』への思わぬ反響

　本書が生まれるきっかけになったのは、拙著『英語教育が甦えるとき――寺島メソッド授業革命』が出版され、それが予想外の反響を呼んだことでした。

　というのは、明石書店の編集者のほうから「この本が堅実な売れ行きを示している。ついてはその続編として寺島メソッドとは何かを説明した概論書をつくってもらえないか」との依頼があったからです。

　その際、編集者からいただいたのは、「最近しきりにアクティブ・ラーニングという用語が文科省のほうから聞こえてきます。だからアクティブ・ラーニングの典型例すなわち参加型の学びのひとつの方法として寺島メソッドをアピールするというのはいかがでしょうか」という提案でした。

　そこで早速いただいた提案を念頭において寺島メソッドの概論にとりかかったのですが、書いているうちにどうしても前著のミニ版になってしまうことに気づきました。つまり自分の現在の実践を説明することになってしまい、どうしても寺島メソッドの全体像を概説することにつながっていかないのです。

　そこで次に構想を変えて、寺島メソッドの概要を理論書や実践書に出てくる用語を使って説明することを試みました。しかし、これもなかなかの難事で、容易に作業がすすみません。というのは、寺島メソッドは四技能のすべてにわたっていますし、その構造は有機的にからみあっているからです。

　しかも、それを寺島メソッドの用語だけで説明しようとすると、どうしても抽象的な話になり、寺島メソッドで生徒が生き生きと動き出すようすを読者に伝えられません。まして荒れている生徒を前にして絶望感におちいっていた教師が、寺島メソッドで英語観・生徒観・教育観を大きく揺さぶられて自己変革を遂げていく様子を描くのは、私の筆力では無理ではないかと思いはじめました。

2 なぜ8人の教師が「自己変革史」を語るのか

　これも考えてみれば仕方がないことで、寺島メソッドの理論書や実践記録はすでに30冊を越えているのですから、それを私のちからだけで一冊の本にまとめようとするのが初めから無理だったのです。

　そこで発想を変えて、これまで寺島メソッドで実践してきた先生方に自己変革の歴史を語ってもらい、それを一冊の本にすることを思いつきました。つまり「英語教師になってから寺島メソッドに出会うまで自分はどのような授業をして

きたのか」「英語教師として何に苦しんできたのか」「寺島メソッドに出会って自分の何が変わったのか、そのことを通じて生徒や授業にどのような活気が生まれたのか」などを書いてもらうわけです。

　大学での専門はロシア語だったり歴史学や心理学だったのに英語教師になったひともいて、その経歴は多様ですし、寺島メソッドを使いながら中学校で英語を教えているひともいれば高校どころか最近では大学でも寺島メソッドで英語を教えている先生方も少なくありません。高専の先生でドイツ語を寺島メソッドで教えている先生すらいることも、あとで知りました。

　ですから、このような先生方に寺島メソッドとの出会いを語ってもらい、それを集めて一冊にすれば、それが自然と寺島メソッドの概論書になるのではないかと考えたのです。多様な経歴の先生が、多様な試行錯誤のなかで寺島メソッドに出会い、自分が向き合ってきた多様な生徒に応じて、寺島メソッドを多様に使い分けてきているのですから、各人が各様に、寺島メソッドとの「出会い」と「自己変革」と「生徒の飛躍」を語ってもらった方が、はるかに豊かに寺島メソッドの全体像が浮かび上がるのではないか。私はそう考えたのです。

　それは同時に、寺島メソッドが「いかに生徒の学習意欲をかきたて、生徒の中にアクティブ・ラーニングを呼び起こすことになっているか」も説明してくれています。その先生方の「英語教師としての自分史」が、私の下手な説明よりも、「寺島メソッドこそがアクティブ・ラーニングであること」を、はるかに雄弁に、ものがたってくれているからです。少なくとも私にはそのように思われました。

　というのは、文科省「用語集」の定義によればアクティブ・ラーニングは次のように説明されているからです。

　　　　教員による一方向的な講義形式の教育とは異なり、学修者の能動的な学修への参加を取り入れた教授・学習法の総称。学修者が能動的に学修することによって、認知的、倫理的、社会的能力、教養、知識、経験を含めた汎用的能力の育成を図る。発見学習、問題解決学習、体験学習、調査学習等が含まれるが、教室内でのグループ・ディスカッション、ディベート、グループ・ワーク等も有効なアクティブ・ラーニングの方法である。

　上記では、まず第一にアクティブ・ラーニングを「教員による一方向的な講義形式の教育とは異なり、学修者の能動的な学修への参加を取り入れた教授・学習

法の総称」と定義しています。

3　寺島メソッド「能動学修」、その三十年の軌跡

　しかし寺島先生が高校教師として「記号づけ」という武器を発明し、石川県の公立高校で寺島メソッドという教授・学習法を開始された当初から、先生のねらいは「教員による一方向的な講義形式の授業」を止め、「生徒の能動的な授業への参加」を仕組むことでした。そのことは先生の著書『英語にとって教師とは何か』(あすなろ社)の第三部「『できない英語教師』の歩み」に詳しく述べられています。

　寺島先生が創始された、この教授・学習法は、その当時の月刊誌『現代英語教育』(研究社)や『新英語教育』(三友社出版)に実践記録が紹介されたり連載が載ったりしていて、私は自分の授業に行き詰まりを感じていたときだけに、それらの記事を夢中になって読みました。というのは、寺島先生の授業観・生徒観・英語観が、私や周りの英語教師とあまりにも違っていることに驚きを感じたからです。

　上で紹介した「『できない英語教師』の歩み」もじつは、『現代英語教育』で半年にわたって連載されたもので、大学での専門が科学史・科学哲学であり自称「英語のできない」教師だった寺島先生が、どのような試行錯誤を積み重ねながら英語教師としての自分を鍛え上げてこられたのか、その読書歴・実践歴・研究歴が詳しく述べられていて、その意味でも、この連載は私にとっては尽きせぬ興味をかき立てるものでした。

　また、この連載では寺島先生が母校の進学校から夜間定時制高校に転勤したとき、あまりの生徒の荒れように打つ手を失い、ついにストレスのため痛風になり1か月ちかくも入院する羽目になったことも、隠すことなく赤裸々に述べられています。これを読んでスーパーマンのように見えていた先生が、私たちと同じように授業や生活指導で悩み苦しむ普通の人間だと知ったとき、大きな安堵感と親近感を感じたことを憶えています。

　それはともかく、寺島先生の実践記録が『新英語教育』で1年間にわたって連載された翌々年に、何と！執筆者自身が私の住む岐阜県に国立大学教師として赴任されてきたのです。そして研究的実践集団「記号研」をたちあげられたので、さっそく私は喜び勇んでその研究会に参加させていただきました。それ以来ずっ

と私は（高校教師だったときはもちろんのこと）大学教師になった今も寺島メソッドで授業を続けています。

そして実践すればするほど寺島メソッドが「アクティブ・ラーニング」であることを日々実感しています。これは拙著『英語教育が甦えるとき』でも書いたことですが、このメソッドで授業をすると「高校時代は英語を見るのもいやだった」という英語嫌いの学生が、本当に「能動的に授業に参加してくる」のです。これは私だけの感想ではなく、これをきちんと実践された先生方の共通した感想です。

このことを実証するためのひとつの手段として、先述のとおり、「記号研」で学びながら研究的実践を積み重ねてこられた先生方に、「寺島メソッドと私」というテーマで手記を書いていただきました。これらの手記は、いわば英語教師としての自分史なのですが、これを読んでいただければ、私が今まで述べてきたことが充分に納得していただけるのではないかと思っています。

4　効果が出すぎて続けられない「寺島メソッド」

文科省によるアクティブ・ラーニングの定義は、「教員による一方向的な講義形式の教育とは異なり、学修者の能動的な学修への参加を取り入れた教授・学習法の総称」というものでしたが、この定義どおりの授業が、寺島メソッドで本当に実現するのです。

もちろん寺島メソッドを途中でやめる教師も少なくありません。しかし、それは寺島メソッドで効果が出なかったからではなく、むしろ効果が出すぎた場合が圧倒的に多いのです。というのは、寺島メソッドでは教科書教材や投げ込み教材を「記号づけプリント」に編集し直す作業から始まります。『魔法の英語』（あすなろ社）にそのモデルがありますから、これを見ていただければ分かりますが、これがかなりの労力を要する作業なのです。

しかし、このプリントを作成した段階で教師の予習は終わってしまうので、授業は極めて楽です。今まで荒れていたクラスでも、このプリントを使えば、生徒は友だち同士で相談や協力をしながら（あるいは一人で黙々と）英語と格闘をはじめます。今まで「モグラ叩き」だった教室が嘘のようです。そして英語が読めることに自信と喜びを感じはじめた生徒からは、「早く次のプリントをくれ」という要求さえ出はじめます。

こうして生徒は「記号づけプリント」で猛然とアクティブ・ラーニングを始めるのですが、これが教師にとっては次の苦労の始まりになります。というのは、上で述べたように、英語が読めることに自信と喜びを感じ始めた生徒からは「早く次のプリントをくれ」という要求が出はじめ、それで教師は次々と「記号づけプリント」の作成に追われ、ついには疲れ果ててしまうからです。
　つまり授業がうまくいかないから寺島メソッドをやめるのではなく、うまくいきすぎて寺島メソッドをやめる教師が圧倒的に多いのです。同僚の英語教師が教科書を「記号づけプリント」に編集し直す仕事に協力してくれれば、この苦労は半減するのですが、多くの教師は得体の知れない教授・学習法においそれとは協力してくれません。
　そこで高校教師の頃の私は、「このようなプリントで授業をしていますが、よかったら使ってください」といいながら、教科書を「記号づけプリント」に編集し直したものを同僚に配りました。そうすると、何となく私の授業で生徒が活気づいていることに気づいた教師が、このプリントを使いはじめ、そのうち「もらってばかりでは申し訳ないから、作成を手伝いますよ」と言ってくれる同僚が出てくるのでした。ある学校では英語科全体で次年度から使う新教科書を一冊丸ごと「記号づけプリント」に編集しなおして印刷屋で製本したこともありました。
　また寺島メソッドで教えている教師の中には、生徒をグループに分けて「記号づけプリント」をつくらせ、それを授業で使うという素晴らしい実践をされているかたもみえました（本書4章の市川先生）。この方法は教師の英語力だけではなく生徒を動かす人間力が要求されるので、私にはなかなか実践できませんでしたが、班単位で生徒につくらせた「記号づけプリント」は、すばらしい創意工夫に満ちていて驚かされました。
　しかも生徒は教科書を「記号づけプリント」に編集し直す作業を通じて、いつのまにか英文の構造分析をするちからを身につけていったのです。また同時に生徒は、「教科書を班単位で記号づけプリントに編集し直す作業」を通じて、「生徒同士が協力し合いながら学習＝学修することの楽しさ・面白さ」をも体得していったそうです。こうして、進学校としては名もない私立学校だったのに、その学校から九州大学に合格する生徒まで出てきたという報告には、本当に驚嘆させられました。
　これこそまさに上記の文科省が定義するアクティブ・ラーニングそのものでは

ないでしょうか。というのは、文科省による上記の定義では「発見学習、問題解決学習、体験学習、調査学習等が含まれるが、教室内でのグループ・ディスカッション、ディベート、グループ・ワーク等も有効なアクティブ・ラーニングの方法である」とされているからです。しかも寺島メソッドの優れた点のひとつが、この「グループ・ワーク」が英語学習の必然性から自然に生まれてくるということです。

5 「リズムよみ」——教室にひびく力強い生徒の声

　これは寺島メソッドによる音声指導についても言えます。寺島メソッドの「記号づけプリント」は「英文法の記号づけプリント」と「英音法の記号づけプリント」の2種類があるのですが、初心者がまずとりくむのは教科書を「英文法の記号づけプリント」に編集し直す作業です。しかし、寺島メソッドの英文読解指導で自信とゆとりが出てきた教師が次にとりくむのは、「英音法の記号づけプリント」です。

　このプリントづくりもなかなか大変な作業なので、これが面倒だからというので寺島メソッドをやめてしまう教師も少なからずいるのですが、本書に収録された実践記録を読んでいただければお分かりのとおり、この「英音法の記号づけプリント」を使って「リズムよみ」をやらせると、今まで音読するのをいやがっていた生徒たちが嬉々として「リズム打ち」に熱中し、英文音読を楽しむ生徒に激変していきます。

〔本書第1章でも岩間先生は、教科書の「リズムよみ」が上手くいかずにいったんはやめてしまわれたのですが、教員生活があと二か月のときに偶然に拙著『英語教育が甦えるとき』を読まれて、再び挑戦する意欲が湧いたそうで、同僚の先生方と一緒に実践されて好評だったことが書かれています。〕

　しかも、この「リズムよみ」は、個人でやるよりも「グループ・ワーク」としてやらせたほうが、はるかに生徒は音読を楽しむようになりますし、発音も一気に英語らしくなります（*）。そして「リズムの等時性」という、英語らしいリズムで音読する生徒の音声が教室中にあふれてきます。その音読は隣のクラスで授業している生徒や先生方すら「いったい何事が起きたのか」と思わせるほどの力強さをもってきます。このことも本書に収録されている先生方の実践をつうじて充分に納得していただけることと思います。

〔＊「リズムよみ」を指導しただけで発音も一気に英語らしくなることは、『中学校英語授業への挑戦』（三友社出版、英語記号づけ入門5）を参照ください。英語劇「3匹の子豚」をリズムよみで指導しただけで、その英語劇が学校放送で全校に流されたとき、それを聞いた教師から「あれはネイティブの子どもたちが歌ったんでしょう⁉」という感想が出てきたそうです。〕

　以上の事例で、寺島メソッドが読み書きの指導だけでなく英語の音声指導でも文科省の言うアクティブ・ラーニングを自然なかたちで実現していることに気づかれることと思います。というのは、「リズムよみ」は、今までの説明でお分かりのとおり、「教員による一方向的な講義形式の教育とは異なり、学修者の能動的な学修への参加を取り入れた教授・学習法」になっているからです。これこそ文科省の定義するアクティブ・ラーニングそのものではないでしょうか。

　しかも「班単位でおこなうリズムよみ」は、「グループワーク」そのものですから、寺島メソッドによる音声指導は学修者の「能動的な学修への参加」であり、かつ「グループワーク」になっているわけですから、「アクティブ・ラーニングを二重の意味で実現していることになります。

6　ますます深まっていった、わたしの「理論的確信度」

　話が少し横にそれましたが、私がここで言いたかったのは、授業がうまくいかないから寺島メソッドをやめるのではなく、うまくいきすぎて寺島メソッドをやめる教師が圧倒的に多いということでした。

　先にも述べたように、寺島メソッドの「記号づけプリント」は「英文法の記号づけプリント」と「英音法の記号づけプリント」の二種類があるのですが、この二種類のプリントをつくるのはなかなか大変ですから、寺島メソッドにたいする「理論的確信度」「実践的逼迫度」（『英語にとって評価とは何か』あすなろ社、25頁）が強くないひとは結局この方法をやめてしまいます。

　何度も言うことになりますが、寺島メソッドは効果がないからやめるのではなくて、効果がありすぎるからやめるひとのほうが圧倒的に多いのです。本書第3章でも小川先生が、自分の「リズムよみ」の体験を通じて、この「理論的確信度・実践的逼迫度」のもつ重要な意義を、非常に説得的に語っておられます。

　しかし、私の場合、「記号研」という研究的実践集団に加わって30年近くも寺島メソッドで授業をしてこられたのは、拙著『英語教育が甦えるとき』でも書い

序章　三十年以上も前に始まっていた「能動学修（アクティブ・ラーニング）」

たように、まず第一に「実践的逼迫度」からでした。それほど私は授業に行き詰まりを感じていたのです。そのときに私は幸運にも寺島メソッドを知ることになったのでした。

　外国語大学を卒業したばかりだった私は、「英語で授業」をしようと、意気揚々と初任校に赴任しました。そこでは、最初の二、三年は何とか「英語で授業」をやろうとしていましたが、共学化されて男子生徒が増え、進学のための受験シフトが強まる中で、その気もちは徐々に薄れていきました。そして次に赴任した工業高校では、「英語で授業」をやろうという意欲すら起きないほど厳しい状況が私を待ち構えていました。

　授業は荒れるばかりで、胃の痛くなる毎日が続きました。そこへ寺島先生が現れて私は救われたのでした。今から考えると、初任校の最初の頃に「英語で授業」が通用したのは、そこが女子校だったからではないかと思うのです。男子生徒よりも女子生徒の方が英語にたいするあこがれが強いから「英語で授業」をしても耐えられたのでしょうが、「英語なんか大嫌い」「おれには英語なんか必要ない」と思っている男子生徒が大半を占める工業高校では、反感を買い、はじき返されるだけだったのです。

　そこに救世主として現れたのが岐阜大学に赴任されてきた寺島先生でした。そして記号研に参加してみて発見したことは、この研究会は一種の「駆け込み寺」だということでした。つまり授業がうまくいかなくて様々な本を読み、いろいろな授業技術を試してみてもうまくいかなかった教師が、藁にもすがる思いで飛び込んでくるのが、この記号研という研究会だということでした。

　つまり「理論的確信度」よりも、まず「実践的逼迫度」だったのです。そして、この研究会で学びながら寺島メソッドで試行錯誤する毎日が続きましたが、生徒が私の方に顔を向けて着実に授業に参加するようになることを実感しました。そして同時に、『英語にとって学力とは何か』（三友社出版）などで理論学習をすればするほど、私の「理論的確信度」は強くなっていったのです。

　そして寺島メソッドは、高校だけでなく中学や大学でも通用する実践的理論であり研究的実践だということに、ますます強い確信をもつようになりました。だから私は大学教師になった今も寺島メソッドで授業をしています。そして幸いなことに学生たちからも、それなりの評価をもらい、自分の選んだ道が間違っていなかったいう思いをさらに強くしています。

7 人気予備校講師がひそかにもちいる「寺島の記号」

　しかし他方で、記号研と寺島メソッドをやめていく先生方がいることも確かです。その理由のひとつは先にも述べたように、教科書や投げ込み教材を「英文法の記号づけプリント」と「英音法の記号づけプリント」に編集し直すことの大変さです。ですから、いわゆる「困難校」から「普通科進学校」に赴任すると、従来の教授法で授業が成立しますから、自然と記号研・寺島メソッドから足が遠のくことになります。

　ところが他方で、進学校に異動しても記号研・寺島メソッドから離れるどころか、ますます「理論的確信度・実践的逼迫度」を強める先生方も存在するのです。というのは寺島先生は、直読直解の理論と技術を明快かつ鮮やかに解明され、それを既に『英語にとって学力とは何か』（三友社出版）で提起されていたからです。

　そして「読むとはどういうことか、読みとは、どのようなちからを育てることか」ということの見取り図（たとえば二つの読み方「しぼって読む」「ふくらませて読む」とその武器）も、この本で既に説明されていました。この本が出たのは1986年ですから、もう30年前のことです。寺島メソッドを駆使すれば、センター試験のなかで長文読解問題が一番やさしく感じられるようになるのです。

　本書でも市川先生が、「寺島メソッドのおかげで、九州の東大と称される九州大学の入試問題が怖くなくなった。そして、その結果、今まで短大くらいしか進学しなかった私学から九大合格者が出るようになった」と述べられているように、寺島メソッドは受験指導でこそちからを発揮するという声が、記号研に集う先生方から聞こえるようになりました。それどころか本書で寺田先生は「寺島メソッドのおかげで英検一級をとることができた」とすら述べられています。

　また同じく本書第4章で、後藤先生が述べられていることですが、何と驚いたことに、予備校の講師が寺島メソッドで教えているのです。後藤先生は高校生のとき、予備校の夏期講座で「記号づけ」による読解指導を習ったそうですが、岐阜大学大学院に入るまで、「院生だった自分に修士論文指導をしてくださった寺島先生がその創始者だった」ということを知らなかったそうです。その予備校の講師は、無断で寺島メソッドを使っていたわけですから、考えようによっては「知的所有権」をめぐる大問題にもなりかねません。

　というのは、寺島先生から伺った話では、大阪の予備校講師から「記号づけ・

序章　三十年以上も前に始まっていた「能動学修(アクティブ・ラーニング)」

寺島メソッドを使って予備校で教えたいけれど幾らお支払いすればよいか」というメールがあったり、東京の英会話スクールの経営者から「寺島メソッドを学びたいから記号研の会員になりたいが許していただけるか」との電話があったりしていたそうです。ですから記号研・寺島メソッドというのは、いわゆる「困難校」に勤務する教師にとっての「駆け込み寺」だと思われていますが、これがまったくの間違いだということが分かります。

8　「会話練習」「英語で授業」──「読み」を教えぬ空洞化授業

　しかし寺島メソッドが目指すものは単なる受験学力ではありません。たとえば寺島メソッドでは、「記号づけ」で一文一文が読めるようになったら次の「二つの読み方」「三段階の読み指導」へと授業を発展させていきます。〔これは国語教師だった大西忠治の理論と実践を英語教育に生かしたものです。〕

　　　　二つの読み方
　　　　　　しぼって読む→説明文（論説文など説明的文章）
　　　　　　ふくらませて読む→物語文（詩・小説など文学作品）
　　　　三段階の読み指導
　　　　　　説明文：構造読み→要約読み→要旨読み
　　　　　　物語文：構造読み→形象読み→主題読み

　寺島メソッドに関しては、すでに多くの実践的研究書や研究的実践記録が出版されているので、ここでは「構造読み」その他の詳しい説明は割愛させていただきます。

　ただ私がここで特筆しておきたいのは次のことです。

　現在あちこちの中学や高校でおこなわれている「英語で授業」は、教科書の英文を通読したあと、そこに出てきた英文や熟語成句を使った会話練習が基本で、ほとんど「読み」というものが教えられていないということです。

　その結果、生徒は一文一文の読みすら正確にできないまま会話練習させられるわけですから、文章の二つの読み方「しぼって読む」「ふくらませて読む」を身につける機会を、永遠に失う恐れがあります。

　また一文一文の読みすら正確にできないまま会話練習させられるわけですから英文法がきちんと身についていません。ですから間違いだらけの英文を書くことにもなります。

しかも英語授業のクラスから一歩外へ出れば、そこは日本語の世界ですから、使う機会のない会話のフレーズは、多くのばあい、その翌日には頭から消えてしまっています。
　寺島先生は、これを「ザルみず効果」と名づけておられますが、まさに名言だと思います。ザルに水をどれだけ入れても溜まっていかないからです。私たちが大学で第二または第三外国語として習ったフランス語やロシア語に似ています。
　「英語で授業」の公開授業を見ていると、見かけは活発に生徒が動いているので、まるでアクティブ・ラーニングが実現しているようにみえるのですが、その実態は空洞に近いのではないでしょうか。佐々木先生は本書第7章で、実践モデル校の参観記として、この実態をみごとに活写されています。

9　ほんねで自由な議論──「ディベート」ではなく「構造読み」で討論

　もうひとつ私がここで言いたかったことは、受験指導を越えた寺島メソッドによる「読みの指導」は、文科省の言うアクティブ・ラーニング、すなわち次の定義（下線は私による）をみごとに実現することになっているということです。

　　＊教員による一方向的な講義形式の教育とは異なり、学修者の能動的な学修への参加を取り入れた教授・学習法の総称。
　　＊発見学習、問題解決学習、体験学習、調査学習等が含まれるが、教室内でのグループ・ディスカッション、ディベート、グループ・ワーク等も有効なアクティブ・ラーニングの方法である。

　たとえば「記号づけ」という武器で直読直解ができるレベルに達したら、次の段階で「構造読み→要約読み→要旨読み」「構造読み→形象読み→主題読み」に挑戦させるわけですが、「構造読み」では、読み終わった英語全文をグループで再吟味させます。
　つまり説明文であれば、次のような論点を班内で議論させ、それを全体で発表して、どの班の「構造読み」が正しいのかを議論させるわけです。

　　＊「序論」はどこまでか、それとも「序論なし」か
　　＊「本文」はどこから始まりどこで終わっているか
　　＊「結論」は書かれているか省略されているか、「結論」は「序論」と照応しているか

　こうすれば、自然と「教員による一方向的な講義形式の教育」とは異なった教

序章　三十年以上も前に始まっていた「能動学修(アクティブ・ラーニング)」

授・学習法が生まれますし、このやりかたで授業をおこなえば、全体の前では発言できない生徒でも班内で自由に発言できますから、それは同時に「学修者の能動的な学修への参加」にもなっているわけです。

　また全文に段落番号をふって、それを元に、どの班の「構造読み」が正しいのかを議論させれば、生きた真の意味での「ディベート」が展開され、授業は今まで見られなかったような活気がうまれます。

　そこには「白を黒と言いくるめる」ような偽善的ディベートはありません。文科省が推進するような「ディベート」では、自分が思ってもいないようなことを無理に正しいと主張する必要がありますが、この「構造読み」の議論では、その必要がありませんから、生徒は自分の本音で議論することができ、教室に明るい雰囲気が満ちてきます。

10　教科書英文の矛盾まで発見する生徒たち

　ここで力を発揮するのが、文章における Cohesion、Coherence、Discourse Markers に注目しながら読解させる読みの技術です。これは言わば文と文、段落と段落を結ぶ「読み書きの道標(みちしるべ)」、その道標の「切れと連続」「切れの強度」に注目しながら文の読みを鍛えていく読解法なのですが、教師が集団を指導する力量がありさえすれば、生徒は本当にこの議論に熱中します。まさにアクティブ・ラーニングそのものです。

　従来の文法を Sentence Grammar だとすれば、この寺島先生の主張される新しい読解文法は Text Grammar ということになります。従来の文法は文の中の Syntax を解明するという意味で「文中文法」だとすれば、これは「文と文、段落と段落を結ぶ」文法という意味で「文間文法」ということになります。

　このような「用語」および読みの理論的実践的骨格は、すでに寺島先生の著書で 30 年前に展開されているのですが(『英語にとって学力とは何か』三友社出版 1986)、戸梶先生や佐々木先生の「構造読み」実践で、本書第 2 章でもその成果が紹介されています。たとえば戸梶先生は、本書でそれを次のように述べておられます。

> さらに、驚いたことに次のような予想もしないことが起きたのである。教科書の文章はわかりやすくするために、原典の一部が省かれていることがよくあるが、「先生、つながり方がおかしいから原典ではここに何

か文章があったと思う」という生徒が出るようになったり、学年500人ほどの中で外部模試の成績が中位くらいだった生徒が1年後に学年トップになったりした。

　このように「構造読み」の授業を追求していくと生徒は教科書の文章ですら批判的に読むちからを身につけていくのです。教科書の英文は編集段階で原文を短くして各単元に詰め込むことがあり、これが原文の論理を歪めたりすることがあるのですが、「構造読み」で鍛えられた生徒は、このような歪みを発見する力すら身につけるようになるのです。

　さらには、教師が生徒と一緒になって原典を探しだす努力をして、そこでは英文がどうなっていたのかを調べ探求し、新しい発見をする実践もうまれてきます。たとえば本書第7章の佐々木実践では、そのことが次のように書かれています。

> 　ある Lesson では、「教科書の説明文は英語の構造ではなく、どちらかというと日本語の構造になっている」と生徒たちは結論づけました。指導書には出典がありませんでしたので出版社に問い合わせました。すると原文はドイツ語で書かれたもので、それを日本語に翻訳し、さらにそれを英訳したものだったことが分かりました。そうすると生徒たちの結論は間違いではなかったのだと思いました。寺島先生の論文「説明的文章の基本構造」(『英語にとって学力とは何か』第2章)を元に、「文章構造の日英語の特徴的違い」を説明するプリントを作ったことが、ここで生きてきたのです。

　これこそ、まさに文科省のいう「アクティブ・ラーニング」すなわち「発見学習、問題解決学習、調査学習」そのものではないでしょうか。「英語で授業」をし、教科書に出てくるフレーズを丸暗記し、それを使って会話学習しているかぎり、このようなかたちのアクティブ・ラーニングは、生まれようがないように思うのです。

11　「追試」の重要性——教育を科学にするために

　ところで、寺島メソッドでは「追試」ということを非常に重要視しています。教育が科学になるためには、自然科学と同じように「追試」が欠かせません。寺島メソッドの理論が実践化され、その実践で成果が出た場合、その教材でまず「追試」してみることが大切です。そして、その効果を体験的に納得したら、新

しい教材でも試したくなります。このような過程を経て戸梶実践や佐々木実践も花開いたのでした。

というのは、これらの実践以前に、まず『英語にとって学力とは何か』で理論が提起され、それを受けて有名な民話 The Big Turnip の「構造読み」（寺島隆吉『記号づけ入門』）や、有名な絵本 Crow Boy の「構造読み」（寺島美紀子『英語授業への挑戦』）が生まれました。それらが野澤裕子『授業はドラマだ』における追試へと発展していっています。何度も言いますが、戸梶実践や佐々木実践は、このような「追試」を重ねた結果として花開き結実したのです。

12　教科の論理がきめる――「個別学習」か、「協同学習」か

この関連で、もうひとつだけ述べておきたいことがあります。それは「協同学習あるいは「グループワーク」についてです。

文科省がアクティブ・ラーニングという用語を使いはじめ、その定義のなかで「グループワーク」をひとつの方法として推奨しはじめてから、「初めに協同学習ありき」の風潮が強くなってきています。

極端な場合は、協同学習を取り入れないと「アクティブ・ラーニング」ではないかのように受け取られている学校もあるようです。しかし、これは大きな問題です。

というのは、その必然性がないにもかかわらず、いつも「協同学習」「集団学習」というかたちをとらなければならないとすれば、それは、英語力を育てるという意味では、必ずしも学習効果を上げるとは限らないからです。

学習は「個別学習」と「集団学習」が手を取り合ってはじめて効果をあげるものです。その点で寺島メソッドは、英語学習が「集団学習」「協同学習」を教科の論理として必要とするとき以外は、「協同学習」「グループワーク」をさせません。「協同学習」をさせるのは教科の論理がそれを要求し、生徒がそのような学習形態を望むときだけなのです。

たとえば、「構造読み」の討論は、先に見てきたとおり、教科書テキストの矛盾すらも指摘できる生徒を育て上げますが、これも「班内討論→全体討論」という手順を踏んでこそ得られた、最大の教育的成果でした。この「班内討論」はまさに「協同学習」「グループワーク」そのものです。「個別学習→全体討論」では、このような成果を生み出すことは、たぶんできなかったでしょう。

また寺島メソッドの音声指導では、「リズムよみ」→「通しよみ」→「表現よみ」という発展形態を取りますが、初級レベルの音声訓練である「リズムよみ」では、班単位でとりくむ「協同学習」「グループワーク」は欠かせない教授・学習法です。こうすると、自然に助け合いが生まれ、個人ではなかなか英語のリズムで音読できなかった生徒も、確実に驚くほどの上達をみせます。

　たとえば映画『独裁者』で独裁者ヒンケルと間違えられたチャップリンが最後におこなう有名な演説は、教材としてよく取りあげられていますが、この演説の「リズムよみ」は「班単位」「グループワーク」でおこなう方が、個別指導よりもはるかに高い教育効果が生まれます。しかし、段落毎の「通しよみ」を経て、チャップリンになりきって演説する「表現よみ」は、個別学習・個別発表でこそ素晴らしい成果を生み出します（『チャップリン「表現よみ」への挑戦』あすなろ社）。

14　教育学の全体を俯瞰した「英語教育学」
──汲めども尽きぬ教育技術、教育哲学の宝庫

　しかし、「寺島メソッド」を学び実践すればするほど、その教育哲学の広さ深さに圧倒させられますし、教育技術の多様さにも驚嘆させられます。

　そこで本書では第2部第9章として、寺島メソッドの概論を素描したうえで、第10章では寺島メソッドの「教育哲学」「教育技術」にあたる用語をできるだけ網羅して、解説をつけました。

　これはいわば寺島メソッドの「実践辞典」であり、第1章から第8章までに書かれた先生方の手記を読み解く「実践事典」でもあります。そして先生方が調べやすいように五十音順に項目を配列することにしました。

　また、寺島メソッドを言葉だけではなく視覚的にも理解できるように、この「辞典」「事典」には、既刊書などから集めたさまざまな図表も収録してあります。

　たとえば、これには、寺島先生が日頃よく言っておられる「見える学力」の土台としての「見えない学力」および「その相互関係を示す図表」、さらに「読み書きの構造表」などが含まれています。

　この構造表は、「見える学力」をどのような順序で教授・学習させていけばよいのかを仮説的に提示したものですが　用語集と合わせて、これらの図表も、ぜひ活用していただければ有り難いと思います。

15 「英語力」と「人間力」で、ほんもののアクティブ・ラーニングを！

　最後に文科省が「アクティブ・ラーニング」の目的として取りあげている次の項目と寺島メソッドとの関連を述べて、序章を終えることにしたいと思います。
　「学修者が能動的に学修することによって、認知的、倫理的、社会的能力、教養、知識、経験を含めた汎用的能力の育成を図る」
　私が記号研という研究的実践集団に入れてもらい、最初に驚いたことは、寺島先生が最初から英語力をつけることだけを目標にされていないことでした。そのことは、先生が私たちに向かってしばしば言われていた「英語バカになるな」「私は英語バカを育てるつもりはない」ということばに、よく表れていると思います。
　本書でも新見先生が「記号研」「寺島メソッド」との出会いを次のように書かれていることも、その傍証になるかも知れません。

> 書店の新英研コーナーのとなりに寺島先生の『英語にとって授業とはなにか』という本があり、その本に無性に惹きつけられて読んだことが記号研との出会いの始まりです。その本には英語のことだけでなく、荒れた授業不成立をどう立て直すかなど、授業論や生徒理解、さらには国語教師の大西忠治まで出てきて驚いた覚えがあります。これはこれまでの英語のみに限定された教育方法ではない、根本的な人間観・教育観をもった教育方法だと思いました

　その意味で、ここで特筆しておきたいことは、寺島先生が1997年の時点で、すでに「私の教育原理」という文書を公表され、そこで教育の二大目標として「訓育」と「陶冶（とうや）」を掲げておられることです。
　これは、1997年8月に研究社主催で開かれた「第12回英語教師のための夏期セミナー」に寺島先生が講師として招かれたとき、配布された資料のひとつでした。ここで先生は冒頭でまず、「人間力を育てる訓育」と「英語力を育てる陶冶」を、自分の英語教育の二大目標だと、はっきりと宣言されていたのでした。
　この資料では、この「訓育」と「陶冶」をさらに大項目・中項目・小項目に分けて、詳細に説明されています。そこで、これを本書の第2部の補章に入れておくことにしました。これを丁寧に「ふくらませて」読んでいただければ、先生の目標とされている英語教育が、いかに広く深い視野の下で追求実践されてきたのかが分かっていただけると思います。

寺島先生が愛媛大学英語教育改革セミナー（2005）に招かれて講演されたとき、この「私の教育原理」をやはり資料として配付されたそうですが、そのとき参加者教員のひとりから「英語教育をこのように教育全体のなかに位置づけて英語教育学を考えているひとに今まで出会ったことがない」という感想をもらされたそうです。

　〔この講演は「英語教師、三つの仕事・三つの危険」と題して『英語教育原論』第１章に採録されています。〕

　恥ずかしいことに、外国語大学を出た私は、大学時代も教師になってからも、主たる関心は自分の英語力をつけることだけでしたし、生徒に向かうときも英語力を伸ばしてやることしか頭にありませんでした。

　しかし困難校に異動し、荒れた生徒たちを前にして途方に暮れていたとき「寺島メソッド」に出会い、私の生徒観・教育観が大きく変わりはじめました。でも、この寺島先生の「私の教育原理」の投げかけている意味が本当に分かりはじめたのは最近のことです。

　そして、このところ急に話題になりはじめた文科省の「アクティブ・ラーニング」の定義や解説を読んで、そんなことは寺島先生が30年以上も前から提起されていたことであり、20年前に「私の教育原理」として公に宣言されていたことではないかと思ったのです。一刻も早く本書を出したいと思うようになった所以です。

第1部

英語アクティブ・ラーニングを求めて

その軌跡と到達点

第1章

「リズムよみ」で甦えったわたしの教室
―― ほんものの感動のある英文も教材にできる

岩間龍男

1 『学力とは何か』に一目惚れ―― 学問に裏づけられた科学性
2 寺島記号への直感―― これなら翻訳ソフトにも使える！
3 はじめて知った英音法の幹―― 歌の「リズムよみ」に生徒熱中
4 悔やまれる不勉強―― 教科書の「リズムよみ」で苦い挫折
5 まったく音読しなくなった生徒たち―― 通用しなかった「達人セミナー」音読法
6 「リズムよみ」との10年ぶりの再会―― 『英語教育が甦えるとき』に刺激されて
7 最高の自己研修―― チョムスキー翻訳のとりくみ
8 アクティブ・ラーニングの本道をいく寺島メソッド
＜追記＞ 記号づけプリント―― 翻訳に苦労する英文でさえ教材に

第1部　英語アクティブ・ラーニングを求めて―その軌跡と到達点

1 『学力とは何か』に一目惚(ひとめぼ)れ――学問に裏づけられた科学性

　私と寺島メソッドの出会いは、山田昇司先生との出会いと重なっている。山田先生は、今は大学で教鞭を執っておられるが、かつては私と同じく高校英語教師であった。先生と初めてお会いしたのは、おそらく25年以上も前のことだったと思う。

　教職員組合主催の一泊学習会で、夜の休憩時間に私と同じ部屋で彼は何やら難しそうな本を読んでいた。表紙を見ると『英語にとって学力とは何か』（寺島隆吉、三友社出版）という本だった。

　山田先生に話しかけて、その本を見せてもらったら、何かとても面白そうな本だったので、「面白そうな本ですね。読みたいなぁ」と言ったら、「なんだったらこれもっていかれますか。私はまたすぐに入手できますから」と言われて、その本を譲ってくれた。

　せっかく空いている時間に読もうとしていた本を、私は取り上げてしまった。なんという親切で気のいい先生だと思ったことを記憶している。このときに、山田先生から「記号研」という英語教育の研究会があることを教えてもらった。

　寺島メソッドの理論と実践について魅力を感じたのは、以下の二点である。

　一つ目は、その理論と実践が、きわめて体系的で学問的に裏づけされた科学的なものであると思えたことである。研究会を主宰しておられた寺島先生は、「基本的に誰がやっても同じ結果が得られる授業実践理論を生みださなければ、それは科学とは言えない」というような意味のことを言っておられたことがある。

　私はこのことを聞いたとき、もしそのような教育実践理論があるとすれば、すごいことでとても心強い気もちをもった。また、寺島メソッドの中に出てくる様々な理論は、教師の知的好奇心を強く刺激するものであった。

　二つ目は、技術的な英語教育の指導法の域を超えて、現代社会に生きる人間として、英語を通じて、英語教師自身は何を学ぶべきなのか、そしてその学んだことを土台として、英語教師は生徒に何を教えるべきなのか、をいつも問いかけている点であった。

　以上の二点の寺島メソッドの魅力が、私をどこに導いていったのかを以下に述べる。

2 寺島記号への直感——これなら翻訳ソフトにも使える！

　寺島メソッドに出会う前の私の授業は、おそらく伝統的な訳読式の授業形態だったと記憶している。読解の授業では、最初に新出単語の発音練習をして、本文のコーラス・リーディング、本文の訳の確認と文法的な説明、最後に時間があれば、本文のＱ＆Ａなどをやっていた。

　英文法の記号づけを知ったときの印象は、これは突き詰めていくと、コンピューター翻訳のソフトがつくれるということを感じた。英文構造を見事に分析し、それを目に見える形にしているからだ。

　寺島メソッドを知った当時、私は市内の進学校にいた。比較的、生徒の学力の高い学校で、普通に授業をしていれば、それなりに授業が成立する学校であった。その学校で、私は「寺島メソッド」の文献を読みながら、読解の授業では、○や□や［　］の「英文法の記号づけ」を使い、自分なりの予習プリントをつくっていた。

　当時のプリントが残っていないが、おそらく英文に単純に記号づけをしただけのものであったと思う。「寺島メソッド」で示唆されているのとは違って、単語の意味や熟語の意味など何も載せていなかったと思う。それらはすべて生徒が調べるべきだと考えていたからだ。今から思うと、それは間違いだったのだが。

　したがって授業では、この「記号づけプリント」を参考にして予習をしてきなさいと指示していただけだった。にもかかわらず、このプリントについて、生徒にアンケートを取ったことがあった。総じて分かりやすいプリントだとの回答が多かった。

　しかし、ある英語の得意な女生徒はこんなことを言った。「先生、このプリントって、私たちが予習のときに家で考えてこなければいけないことを、最初から書いてあるプリントですね。最初から答えをもらっては、自分で考えなくなるので英語の力がつかないと思いますよ」というようなことを言った。

　これを聞いたとき、この「記号づけ」されたプリントが答えに見えるその生徒は、本当にしっかり予習をしているのだなあと思っただけで、何の反論もできなかった。

　しかし、今にして思うと、訳して終わりの授業だったからこのような意見が出てきたのであって、寺島美紀子『英語授業への挑戦』や野澤裕子『授業はドラマだ』で実践されているような「構造読み」→「形象読み」→「主題読み」のよう

な高度の授業に挑戦していればセンター試験も難なくこなせる英語力をつけてやることができただろうし、上記のような不満も出てこなかっただろう。

また別のやはり英語のよくできる生徒は、次のようなことを言った。「このプリントねぇ、うーん、分かりやすくていいと思うよ。でもひとつ欠点があるなぁ。熟語が［　］に邪魔されて、ひとつの固まりとして認識できなくなるのが困るなぁ」

彼の言おうとしたのは、次のようなことだと思われる。

たとえば、He (is interested) [in English]. の英文のばあい、is interested in で「〜に興味がある」と覚えているので、[in English] となっていると、熟語としての固まりが認識できないということを言ったのだろう。

彼の言葉を聞いたとき、熟語をひと固まりにして覚えているのだなと思った。私も基本的には彼と同じで、熟語は固まりで意味を覚えていた。私は、高校1年生のときは単語帳、2年生のときは熟語帳を与えられて、毎週小テストがあった。いずれも苦痛な学習であった。とくに熟語帳を覚えるのは、単語よりもさらに覚えにくくて、閉口した記憶がある。

この熟語の問題については、寺島メソッドでは「語順訳」から出発して、原義にもどって意味を捉えなおすことが提唱されていた。そのような方法を使えば、熟語・成句は丸暗記する必要がなく、かつ次のような例を見れば分かるように、interested のあとは必ずしも前置詞句だけではなく、不定詞が来ることも説明してやることができただろうに、と思うのである。

　　　　He is interested to know her personal history.
　　　彼は彼女の生い立ちを知りたがっている。

当時、記号研では、このような考え方に基づいて中学校教科書に出てくる熟語・成句を網羅した辞典をつくろうという話が出ていたが、いくつかの事情でいまだに実現していない。

3　はじめて知った英音法の幹——歌の「リズムよみ」に生徒熱中

「記号研」という名前は、英文法であればマル、四角、角括弧の記号、英音法であれば大小の□と○を英文につけて、授業を進めるところから、この研究会の名称となっていた。

最初、この「寺島メソッド」の理論と実践に触れたとき、生徒にとって、とて

も分かりやすい指導法であること、そして全体的にすごく体系的な理論と実践方法であると感じた。例えば、英音法の記号づけの元となる理論について、『ロックで学ぶ英語のリズム』（寺島隆吉1996あすなろ社）の49頁には次のような記述がある。

「強く発音される箇所が、ほぼ同じ時間的間隔をおいて現れる」という「リズムの等時性」こそが英語音声の基本構造ということになる。この等時性の結果……強音節以外の音声は不明瞭になりがちで、「連結」「同化」「脱落」「弱化」などのいわゆる「音の化学変化」もすべてここから生まれてくる。

上記の理論について、私は全く知らなかった。高校の英語の授業や大学の「音声学」の授業でこのような理論を教えてもらった記憶がない。文法のルールならまだしも、英語の音声について、こんなルールがあることは、私にとっては大きな驚きであった。これまで私は自分自身が英語を音読するとき、なんの羅針盤ももつことなく、漠然と音読していただけに、その驚きは大きなものだった。このルールに従って出てきたのが「リズムよみ」の実践である。

「リズムよみ」については、最初は歌から始めるといいということが言われていたので、もう10年以上前のことであるが、次の赴任校であった普通科高校で歌を何度か授業に取り入れたことがあった。

「総合学習」という時間があって、教師の得意分野でなんでもいいから講座をつくり、希望の生徒を集めて生徒に学習をさせるというとりくみがなされたことがあった。私は「英語の歌」の講座をつくって、別の若い女性の先生とペアで1年間に15曲から20曲の歌の授業をしたことがあった。このときは、当時の記号研の先生が作成した多くの歌の記号づけプリントを最大限に利用させてもらっていた。

ただし授業といっても、テストはなく、ただただ講座を進めていくものであり、カルチャーセンターのカラオケ講座のようなものである。このときの大雑把な授業手順は、以下のようであった。

①歌のCDを聞く
②歌詞のリズムよみ練習をする
③CDに合わせて歌ってみる
④語順訳穴埋めプリントをやり、歌詞の意味を知る

⑤再度 CD に合わせて歌ってみる

　この総合学習の授業パターンで、歌を正規の授業にも取り入れた。授業では、上記に加え、歌詞の 10 回視写とか、一人一人の生徒に歌の暗唱テストをおこなったと記憶している。

　当時、この学校には英語科があり、そのクラスでこの授業はおこなっていた。この授業では、授業が終わって起立礼の挨拶を終えると、「ああー、疲れた」と大声で言っていた生徒がいた。そのとき、私はそんなにこの授業って疲れるのかなぁ、変なことを生徒は言うなぁ、と思っていた。

　あとからよく考えると、この言葉は生徒たちがすごく授業に集中していたからこそ発せられた言葉だったのだろうと推測できた。声を張り上げ英文を音読、歌を歌うこと、視写を 10 回するなどは、やはり相当に集中力を要する。

　「リズムよみ」とは、英語音声の水源地「リズムの等時性」にしたがって強音節をペンで等間隔に打ちながら、「リズムよみプリント」につけられている大きな四角を強くよむ読み方である。

　この「リズム記号」を見ると、規則的に強が出てきていることが分かる。英語音声の原則については、『英語にとって音声とは何か』（寺島隆吉 2000 あすなろ社）の 15-16 頁を引用しておく。

①英語ではひとつの強いところ（文強勢 sentence stress）から強いところまでは、その間の弱いところに関係なく、ほぼ同じ時間で読まれなければならない。

②文全体のリズム（文強勢）が個々の語のアクセント（語強勢 word stress）より優先する。とくに強勢のある音節が続いて出てくることを避ける傾向がある。

③文中で強勢がおかれるのは、一般に意味の上で重要と考えられる語である。したがって特別な意味上の強調のない普通の場合には Content Word（内容語）に強勢を置き、Function Word（機能語）には強勢をおかない。

4　悔やまれる不勉強――教科書の「リズムよみ」で苦い挫折

　この歌の「リズムよみ」と同じように、教科書でリズムよみをしようとしたことがある。そのためには、「リズム記号」をつける作業をしなければならなかっ

た。その作業を私は当時やってみたのだが、どうしても自分として納得のいく「リズムよみ」の「記号づけ」に到達できなかった。

　教科書の英文のばあい、当然であるが楽譜のような別の視点を使って文強勢の位置を確定することができなかった。それにその作業には本当に時間がかかった。そんなこともあって、当時、私は教科書の「リズムよみ」を断念してしまった。

　今にして思うと、私はここで幾つかの誤りを犯していた。まず、教科書ではなく、寺島美紀子『英語授業への挑戦』で実践されているような記号研の典型基礎教材（The Big Turnip, The House that Jack Built）から散文の「リズムよみ」をスタートさせるべきだったのだ。そうすれば日本人の書いたリズム感の乏しい英文ではなく、リズム感にあふれた散文で「リズムよみ」を練習することができたからだ。

　こうして教師も生徒も韻文（歌）ではなく散文で「リズムよみ」することの楽しさを満喫できるようになったら、教科書に挑戦してみればよいのである。記号研では他の典型教材としてチャップリンの映画『独裁者』の演説やキング牧師の有名な演説「I Have A Dream」なども教材化され市販されていたから、今にして思えば、先述の基礎教材を終えてから、このような教材を使って練習し、自信がついたら教科書の「リズムよみ」に挑戦させてもよかったわけである。

　ところが当時の私は不勉強のため、すでに次のような実践的研究書（あるいは研究的実践書）が出ていることも知らなかったのだ。

　　　　　寺島隆吉『キングで学ぶ英語のリズム』あすなろ社 1997
　　　　　寺島隆吉『キングで広がる英語の世界』あすなろ社 1996
　　　　　寺島隆吉『チャップリン「独裁者」の英音法』あすなろ社 1996
　　　　　寺島隆吉『チャップリン「表現読み」への挑戦』あすなろ社 1997

　もうひとつの失敗は、本文のすべてをリズムよみしようとしたことである。教科書全文のリズムよみプリントをつくろうとすれば、とうぜん膨大な時間がかかる。

　しかし全文の「リズムよみ」をしなくても、本文のほんの一部だけ、ある期間に限定して集中してとりくませて、英語音声の基本原則を生徒に教えれば、あとは生徒が他の英文を音読するときも、「リズムの等時性」や「音の化学変化」を意識して読めるようになるのではないか。

そんな「転移する学力」に期待すればよかったのではないのか、と今にして反省することしきりである。あとで調べてみたら、そのようなこともすでに次のような書籍で言及され実践されていた。不勉強を恥じるのみだ。

　　　寺島隆吉（編）『音声の授業と英音法』三友社 1990
　　　寺島美紀子『英語授業への挑戦』三友社 1990
　　　寺島隆吉（監修）野澤裕子『授業はドラマだ』三友社 2002
　　　寺島隆吉（監修）山田昇司『授業は発見だ』あすなろ社 2005
　　　寺島隆吉（監修）岩井志ず子『授業はトキメキ』あすなろ社 2006

　そういうわけで、この「リズムよみ」について私自身の新たな段階を切り開くのは、後述するように、教員生活最後の年まで待たねばならなかった。

5　まったく音読しなくなった生徒たち
　　　──通用しなかった「達人セミナー」音読法

　音読については、「リズムよみ」をうまく授業に組み込めないでいた私は、新たな音読指導方法を求めて、別の研究団体である「達人セミナー」のワークショップなどにも参加して、様々な音読のバリエーションを知る機会があった。

　その頃の私の授業で、「達人セミナー」で紹介された音読方法から取り入れさせてもらっていたのは、「サイト・トランスレーション」で、左側にセンスグループごとの英語、右側にその日本語訳の載っているプリントを使って、ペアで一人の生徒が英語を読み、もう一人の生徒が日本語訳を言うという音読の仕方である。

　この方法は、「コミュニケーション英語」の時間に、本文を一通り終わったあとでの復習の音読練習で使っていた。生徒全員を起立させ、終了したペアから座っていくというパターンでおこなっていた。これは今までかなり長く使ってきた音読練習の方法でわりとうまくいっていたのであるが、ここ2、3年ちょっとうまくいかなくなってきていた。

　その音読の活動をしているときに、全くやらないペアが出てきたり、やったふりをして私語をしているペアが出てくるようになった。また、そのプリントのばあい、カナ振りがしてない白文なので、読めないというペアもある。この読み方では、本当は相手の英語を聞いて、その訳をプリントを見ずに言ってほしいのだが、実際はただ日本語訳を読んでいるだけというのがその実態だ。

さらには、この活動をするときにStand upと指示しても、ぐずぐずとしてなかなか立ちあがらないペアも出てきた。あるときは、その起立の指示を全く無視して「なんで立たなければいけないのか。面倒くせー」と言ってH君という生徒は立ちあがらずペア活動をしないので、私と押し問答になった。
　あまりにも態度が悪かったので、私は腹を立てて生徒指導室まで彼を連れて行こうとしたこともあった。授業の初めの起立と礼をするにも時間がかかるこのクラスの実態からして、このような現象が起きるのは当然のことではあった。
　あるいは、この音読練習をした授業のあとに、あるまじめな女生徒Bさんが私のところに来て、「音読のペアを変えてもらえませんか。あのY君は全くやってくれないし、私は怖くて彼を注意することもできません。このままでは、授業で指示されていることができません。私は学校に勉強に来ているのです。だから、ペアを変えて下さい」と訴えてきた。
　私は次の時間は彼女の注文に応えるかたちで、横の生徒でペアをつくるのでなく、前後の生徒でペアをつくらせて音読練習をさせた。しかし、Y君と誰かがペアにならなければいけないのだから、根本的な解決にはならなかった。
　「達人セミナー」のワークショップで知った音読方法は、生徒の目先を変え気分転換を図るには面白い音読方法がいろいろあったという印象で、私の認識不足や勉強不足もあるのだろうが、その音読方法で生徒に何を学ばせるのか今ひとつよく分からなかった。だから、他にどんな音読方法があったか、今、思い出そうとしても思い出せない。

6　「リズムよみ」との10年ぶりの再会
　　——『英語教育が甦えるとき』に刺激されて

　教員最後の年であった2014年は、2年生で「コミュニケーション英語」4単位と「英語表現」2単位の授業をおこなっていた。「英語表現」というのは、旧課程で「Writing」に当たる授業で、文法作文といった内容だ。その授業で、例文を音読するときがあった。ところが、あるクラスで、私のモデル・リーディングのあとについて読む生徒が誰ひとりとしていなくなってしまったことがあった。
　「授業にならないから、声を出しなさい」と幾度となく警告しても、やはり誰も読もうとしない。私は何時間か冷や汗を出しながら、授業をした。
　さらには、英作文なので、Exercisesの英作文を生徒に指名して黒板に書かせ

ることもしていた。ところが、当てても誰も書きに来ない、いや書けないという状況が各クラスで出てきた。仕方がないので、「私はヒントをあげるので、私に質問しに来てください」と生徒たちに告げた。

しかし、結局ヒントを与えても分からないし、正解を出すためにはさらに時間を要したので、答えを言ってやり、生徒はその答えを板書するという授業となってしまった。これはまずい。このままだと、いずれ授業は崩壊してしまうと思った。

そんなとき、2014年の11月頃のことであっただろうか、何年かぶりに突然、山田昇司先生から電話を頂いた。用件は、最近本を出したので送付したいから住所を教えてほしいとのことであった。「大学の授業実践をまとめられた本ですか？　素晴らしい！　本が届くのを楽しみにしています」と私は答えた。

英文読解については、記号づけプリントをずっと使わせてもらっていたにもかかわらず、じつは「記号研」については、先述のような事情で、私は2000年代の末から会員であることを止め、一時期この研究会から遠ざかっていた。したがって、この山田先生からの電話は、再度の「記号研」（現在は「国際教育総合文化研究所」と改称されている）と私の出会いをつくってくれるきっかけとなった。

その本『英語教育が甦えるとき―寺島メソッド授業革命』が送られてくると、すぐに私は興味深く読ませてもらった。本の中に登場する先生のほとんどは、私も存じ上げていた。そういう点でも興味深い本であった。

また、山田先生は長年にわたり、「寺島メソッド」を使っての実践を深めてこられ、その実践の現在の到達点を示しているという点で、私としても新しい発見があった。そして何よりも山田先生の授業に立ち向かう熱心さに強く心を打たれた。

先にも述べたように高校の授業現場で苦しんでいた私は、大学の授業ではあるが、英語を苦手とする学生たちを相手にした山田先生の授業の様子やプリントを見たとき、何か救世主に出会ったような気がして、自分の中に何かが閃いた。

この本を読んで大きな刺激を受けた私は、そこで、再度「リズムよみ」を使ってみようと思い立った。この音読方法は、「リズムの等時性」をもつ英語の強弱リズム、音の連結や脱落などの「音の化学変化」など、「英音法の幹」を学ばせる明確な目的があるから、再び挑戦してみようという気になったのだ。

このとき、2年生の授業は私を含めて3名の教師が担当していた。その先生たちに私が提案をして、2年生全体で「リズムよみ」をしてみようということにな

り、12月下旬から1月上旬には第7課Part 1、2月上旬には第8課Part 2の「リズムよみ」「グループテスト」をそれぞれ2時間ずつ実施した。いずれもすでに一通り授業でやったところの、復習として、この音読テストをおこなった。

この音読テストの授業は次のような手順でおこなった。

①クラス全体で教師のあとについて、「リズムよみプリント」を見て、ペンを等間隔でたたきながら、英文の強の音とペンを打つ音を一致させる「リズムよみ」の一斉練習をする。

②2名から4名のグループを作らせ、それぞれのグループがペンをたたきながら声を出して「リズムよみ」の練習をする。

③グループごとに教卓のところに来て、「リズムよみ」「グループテスト」を受け、担当教師が合否を決める。

④合格したグループは、事前に用意してある視写プリント（第7課と第8課すべてのパートのフレーズ訳が示され、英語を書く欄がつくってあるプリント）にとりくむ。

この音読テストは1回分のテストに合格したら各2点、視写プリント1枚の提出につき各1点の平常点を与えることを生徒に事前に明示してあった。「寺島メソッド」でいう「評価のしくみ」「公開性・明快性・柔軟性」である。（『私の教育原理』『英語教育原論』および『英語にとって評価とは何か』）

例えば第7課であれば、音読テスト2点×2＝4点、視写プリント1点×4＝4点で、合計8点の平常点がもらえることになる。〔さらに余裕のある生徒は視写プリントを二まわり目もやっていいことになっていた。〕

「リズムよみ」のやり方をご存知なかった先生には、私の授業のグループ音読テストの様子を事前に参観してもらい、これからやろうとしていた授業のイメージをもってもらった。

この授業を学年でやることを提案したのは私だったので、実際に授業をしたらどのようになるのかとても不安だった。ところが、12月下旬から1月上旬に、はじめてこの授業を実施した後の、担当者お二人の先生方のこの授業方法に対する評価はとても高かった。安心すると同時に本当に嬉しかった。具体的にその先生方は次のようなことを言われた。

・音読テストに合格すると、「やった！」と言って喜んでくれる。

・生徒たちは点数に敏感で、音読テストそして視写プリントのとりくみ

に異様に燃える。
　・視写プリントのように、生徒がやるべきことがはっきりしているので、生徒はとりくみやすい。
　・普段、すぐに居眠りしてしまったり、授業に参加できない生徒が、積極的に音読練習に挑戦していたのが印象的だった。
　・音読テストに合格するグループが増えていくと、視写プリントにとりくむ生徒が増え、教室の中が活気のある喧騒の状態から静寂の状態に変わっていくのが心地よかった。

　この音読テストの授業には、私も他のお二人の先生と同じような印象をもった。平常点を明示して「外的動機づけ」を与えてあることも、教師の助けとなる授業テクニックであると感じている（『英語にとって授業とは何か』）。

　こうして英語の音声指導に自信が湧いてきて、「寺島メソッド」による山田実践の「追試」をもう少し続けたいと意欲が出てきたときに私は教員を退職した。この退職の後、わたしは常勤講師として教員を続けたいと思ったが、常勤講師の空きがなく、教員の仕事をあきらめざるを得なかった。

7　最高の自己研修——チョムスキー翻訳のとりくみ

　「寺島メソッド」の二つ目の魅力は、技術的な英語教育の指導法の域を超えて、「現代社会に生きる人間として、英語を通じて、英語教師自身は何を学ぶべきなのか」そして「その学んだことを土台として、英語教師は生徒に何を教えるべきなのか」をいつも問いかけている点であった。

　このことについての端的な実践例としては、「記号研」でのチョムスキー翻訳のとりくみをあげることができる。2001年9月11日に米国同時多発テロが勃発し、翌月から米国はアフガニスタンに軍事攻撃を加えるようになった。この米国の軍事攻撃を批判するために、寺島先生は当時の会員にチョムスキーの翻訳を呼びかけられた。

　この呼びかけがあるまで、私はチョムスキーについては言語学者であり、政治分野の発言をしていることは知らなかった。大学にいるとき、チョムスキーの変形生成文法の授業を受けたこともあったけれど、全く理解できなかった。

　言語学の権威がどんな発言をしているのか興味があったこともあり、私もその呼び掛けに応じて、翻訳に関わるようになった。

第1章 「リズムよみ」で甦えったわたしの教室

　その後、米国はイラクへの軍事攻撃を始めて、フセイン政権を転覆させることになる。イラク戦争についても、米国の戦争政策を徹底的に批判するチョムスキーの記事を私たちは翻訳し続けた。そして、私たちが翻訳したものを寺島先生が訂正して下さり、寺島研究室のホームページに掲載するということを繰り返していた。

　この翻訳がかなり蓄積された段階で、私はこの翻訳を本にできたらいいなと思うようになった。実は、このような翻訳本を出版するというアイデアには伏線があった。

　これより少し前の2003年4月に出版されたケン・ブース編『衝突を超えて──9・11後の世界秩序』（寺島隆吉監訳・共訳、日本経済評論社 2003）の翻訳プロジェクトチームに私も参加させてもらって下訳の経験をし、翻訳本の作成過程をつぶさに見聞する機会があったからである。

　そこで、寺島研究室のHPに何十本も掲載されていたチョムスキーの翻訳原稿の中から、本に掲載したい記事を選び出すことからその作業が始まった。そしてその翻訳記事をプリントアウトして、明石書店に送付して本にしてもらえないかお願いをする手紙を書いた。

　するとすぐに返事が戻ってきて、面白そうな内容なので本として出版してもいいとの連絡が入り、私は小躍りして寺島先生に連絡を入れた。それと同時に、記事の版権が取れなければ本には掲載できないので、チョムスキーのエージェントであるアンソニー・アーノゥブさんにメールを送り、版権を譲ってほしいということを連絡した。

　しかし、チョムスキー翻訳の版権問題はなかなか前進しなかった。出版社は本を出してもいいと言っているので何が何でも版権が欲しいと何回かアンソニーさんに催促のメールを送った。彼の返答は、チョムスキーの記事のそれぞれが全く別のソースから取られていたので、記事ひとつひとつについて版権取得の作業をしなければならないから時間がかかっているというものだった。毎朝、アンソニーさんからの返信メールのチェックをする日々が続いた。

　そして、とうとうアンソニーさんから、「版権取得の目途がついたので明石書店と契約したい、については明石書店から私宛に連絡を入れてほしい」とのメールが届いた。

　このような版権取得や出版社への依頼の経験は初めてのことだったので、出版

の目途がついたときの喜びと驚き、そして興奮は、今でも忘れることができない。この結果、チョムスキー『チョムスキー 21世紀の帝国アメリカを語る』(寺島隆吉訳、明石書店 2004) をやっと出版できた。

さらにその後、チョムスキーの『チョムスキーの「教育論」』(チョムスキー、寺島隆吉・寺島美紀子訳、明石書店 2006) も出版された。この訳本についても、プロジェクトチームがつくられ、私もそれに加わり、下訳に参加させてもらった。

当時、寺島先生がよく言っておられたのは、教師自らもこのような翻訳にとりくみ、英語と格闘して苦しみ、生徒が英語を学ぶ苦しさを身をもって体験すべきだ、ということだった。このようにして、この頃はずいぶん多くの原書を読んで、勉強をさせてもらっていた。私の英語力が伸びていったのも、「寺島メソッド」で英語を読むちからをつけ、寺島先生が呼びかけられた翻訳プロジェクトに参加したおかげだと思っている。

余談になるが、この余勢を借りて、私はさらに寺島先生との共訳というかたちで引き続き、平和な明日を求める9・11遺族の会(編)『アフガニスタン悲しみの肖像画(ポートレート)』(明石書店 2004) を出すことができた。

さらに幸運なことに、TUP(平和をめざす翻訳者たち)という翻訳集団の一員として、『冬の兵士、イラク・アフガン帰還兵が語る戦場の真実』(岩波書店 2009)という本も出版することができた。私が、この翻訳グループに加えてもらえたのも、寺島先生の紹介によるものだった。

このように「寺島メソッド」の世界は、英語教育だけに留まらない奥行きをもち始めている。寺島先生が「記号研」という英語教育研究会を発展的に解消して、退職後に「国際教育総合文化研究所」を起ち上げられたのも、このような流れのなかで考えると、極めて自然なことのように思える。

8　アクティブ・ラーニングの本道をいく寺島メソッド

教師の日々の仕事は、私のばあい、喜んだり感激したりすることよりも、腹を立てたり嘆いたりする場面が多く、疲労が蓄積する日々が続いた。そのことは英語の授業も同じであった。

そんな中でも、やはり感激したり喜んだりする場面はあるものである。この拙論では、寺島メソッドとの関わりの中で、英語授業で嬉しかったこと、面白かったこと、感激したことを中心に述べた。

寺島メソッドは、一方の極に英文法や英音法などの優れた授業技術があり、もう一方の極には内容の豊かな教材があって、そのふたつが、そのメソッドの車の両輪になっていると、私は捉えている。この両輪がうまく働いたとき、はじめて素晴らしい英語教育の実践が可能となるのではないのか。

　先述のとおり、私は2015年の3月に高校英語教師の仕事を辞した。最後の最後まで、英語教師としても、担任教師としても、部顧問教師としても、未熟な教師であった。

　しかし、そのような未熟な教師であっても「寺島メソッド」が私を支えてくれたし、文科省の言うアクティブ・ラーニングの本道を行くのが「寺島メソッド」であることは、わたしの体験から、はっきり断言することができる。

　なぜなら「英語の授業は、英語で」という文科省の路線は、見かけは華やかなだけで、本物の学力を生徒に育てることは期待できないし、それは同時に英語教師を疲弊させるだけではないかと思うからである。

＜追記＞ 記号づけプリント——翻訳に苦労する英文でさえ教材に

　先の第7節で二つの翻訳本の話を書いたが、それと関連した教材をふたつ、英文読解の授業で取り上げたことがあった。

　ひとつは2002年9月23日に「平和な明日を求める9・11遺族の会」から出されたブッシュ大統領への手紙である。これは「9・11で犠牲となった私たちの家族をイラクとの戦争の口実に使わないでほしい。外交的平和的な手段を模索してほしい」という内容の手紙で、自分たちと同じような悲しみをイラクやアフガニスタンの人々に与えないでほしいという、9・11遺族の切々たる思いを伝える本当に感動的な英文であった。

　もうひとつは『冬の兵士』の中にある、ひとりのイラク帰還兵の良心の告白の記事である。

　どちらの授業も、生徒たちから「面白い」「興味深い」「考えさせられた」という声が直接間接に聞こえてきたので、内心ひそかに嬉しかった記憶がある。リトールドされていない原文なので、高校生には難しい。そのため、すべての単語の意味をその下に記入し、動詞は○、連結詞は□、節と前置詞句は［　］で囲

み、センスグループごとに番号づけをした「立ち止まり訳プリント」を作成して授業をした。

　この「記号づけプリント」を使えば、教師が翻訳するのに苦労する英文であっても、それを教材として使うことができた。しかも英語学力がそれほど高くない生徒たちを相手にしても、スムーズに授業が進められた。ふつうの教師ならそんな英文を教材に使うなどということは思いもつかないだろうが、「記号づけプリント」はそれを可能にした。

　これは英語教師にとってはとても大きな魅力である。本物の英文、それも感動的あるいは深く考えさせる中身のある英文を生徒に触れさせることができるだけでなく、英語教師自身も「記号づけプリント」作成などの授業準備をすることで、自分の英語力を高めることができるからだ。つまり、「記号づけプリント」によって教師も生徒もアクティブに英語学習を楽しむことができたのである。

第2章

それは私にとって授業革命だった
——「構造読み」で活性化された創造的思考力

戸梶邦子

1 「この生徒たちの表情が理解できますか？」
2 授業に参加させるのは大変だったが……
3 授業は成立するようになったが……
4 生徒たちは授業を楽しむようになったが英語力は？
5 新たな教授法をもとめて——研究会サーフィンの日々
6 振りだしに戻った教授法——授業が成立しさえすればいいのか
7 これしかない！——寺島メソッド再発見
8 寺島メソッド「センテンス・グラマー」——三つの記号をつけて文を読む
9 寺島メソッド「テクスト・グラマー」——文章の構造を読み解く
10 介入の授業——新聞社もやってきた「構造読み」の公開授業
11 予期せぬ出来事——先生、教科書のこの英文、つながり方おかしい！
12 寺島メソッド「サウンド・グラマー」——英語らしい音声でよむ
13 ハウツーでなく哲学を——アクティブ・ラーニングとは生涯役立つ学習

1 「この生徒たちの表情が理解できますか？」

　大学卒業後16年経って教師になり、その後の教師生活28年間のうち、教授法に悩みながら試行錯誤していたのは18年に及ぶ。その変遷を振り返ってみる。

　最初に赴任した高校は、いつ授業崩壊してもおかしくないような学校であった。そして私はその生徒たちと格闘することになる。そうでなければ学校を辞めるしかないという状況だった。

　大多数の生徒が英語は嫌いだった。けれど私は、なぜ生徒たちは英語が嫌いなのだろうという疑問を持たなかった。高校生は誰もみな英語の勉強をするのが当然であり、授業は静かに聞くものであると思い込んでいた。しかし、その思い込みは教壇に立った初日に間違っていたことを知ったのである。

　初対面の日に静かに話を聞いてくれたのは、私の個人的なことを日本語で話していた時だけであり、英語についての話になると途端に関心を失ってそれぞれ勝手なおしゃべりを始めた。その後、私はほとんどの生徒が聞いていない中で、もし聞こうとしてくれていた生徒がいたとしても、聞こえたのは最前列くらいの生徒だったろうと思われる中で、どうしていいかわからず、とにかく英語の勉強のしかた、授業の説明等を板書して終わった。

　一日にして私は途方にくれたのである。40人を前にして、生徒たちがそれぞれ好きな話をしだしたら、少々大きな声を出しても聞こえるはずもなく、そうすると授業を聞こうと思っている生徒たちも遊び出す。そんな授業を繰り返しているうちに生徒たちは、私が黒板に向かって板書しているあいだに教室の後ろに数人集まってトランプをしたり、勝手に座席の移動をするようになった。

　その頃、私のそのような授業の様子に助言をしてくれた同僚がいた。一つは「ここは忍耐力をつける場所だ。この学校で何とかやれたら大阪府下のどの学校でもやっていける。」もう一つは、雑誌の表紙にあった数人の高校生の写真を私に見せて「この生徒たちの表情が理解できますか？」という言葉だった。表紙の高校生は世間を敵にしていると言えばいいのか、何も信用していないと言えばいいのか、冷めた目でみていると言えばいいのか、寂しそうだと言えばいいのか。そのとき、自分の目の前にいる生徒たちと同じ表情をしていると思った。私には何故そんな表情をしているのか、まるで理解できていなかったのだ。

　そして授業が成立しないのは、生徒たちが原因ではなく私の問題であると考え始めた。この二つはそれ以降、ずっと私の座右の銘になっている。

2　授業に参加させるのは大変だったが……

　授業の方法を変えるしかない。自分で考えるだけではなく、数学や社会科の同僚のしていることを参考にした。

　3年生の文法、2年生の文法、2年生のリーディングが初年度の担当科目だった。とりあえず、説明を最小限にして生徒ができるだけノートに文字を書かなければならないようにすること。そしてできるだけ英文に触れさせること。それを成績の評価にすることを考えた。

　具体的には、文法ではノートの書き方を統一した。教科書を参考にして、その中の基本だけ板書し、それをノートに書かせる。例文を5つ選んで授業中にその例文を覚えさせ、口頭で言わせていく。次の授業で例文の筆記小テストをする。例文5つのうち、3つ出題し2問正解を合格とする。できなかったばあいは、お昼休みまたは放課後でよいから受けにきたら何度でも再テストをする。できたら合格。何回目でも合格すれば同じ点数にする。中間考査、期末考査ごとにノートを集め、評価する。この二つを成績に入れることを生徒に伝えて、授業をした。

　この方法は、騒がしくても自分さえ授業を聞く気もちになればとりくめたようであり、授業中に席を立ち歩く生徒はなくなった。静かに授業ができるようになったわけではないが、私の指示を聞くようになり、再テストを受けながら合格点をとる生徒の数が増えていった。

　そして担任の先生から、何人かの生徒が、「こんなに勉強したのは初めてだ、勉強の仕方がわかった」と喜んでいると聞かされた。

　単純にとても嬉しかった。この方針で1年間やっていけると安堵した。

　リーディングでは、楽しい授業を目指した。ヒントを少し板書しておけば、何とか生徒が日本語訳できる程度の易しい英語の絵本を探した。まず、ノートに英語とその日本語をすべて書くことを指示した。次に上質紙2枚を配布し、絵本のすべてではなく、自分が好きなページを2ページ選んで、英語・日本語を書き、さらに絵も描いて提出させ、よく出来た作品を廊下の掲示板に張り出した。この授業は生徒にも好評だった。やはり周囲が騒がしくてもとりくめる作業であり、日本語訳だけでなく、絵の得意な生徒の作品も張り出したのが良かったようだ。

　しかし、定期考査は学年統一なので教科書の進度等も合わせて授業をしなければならない。教科書の英文をノートに書かせ、単語あるいは語群に斜線を入れさせ、それぞれの英語の下に日本語を書かせた。単語・熟語はあらかじめ註として

板書をし、難しいと思われる箇所は後に口頭で伝えることにしておくと、授業は成立した。

次にしたことは50分のうち、30分授業をし、その日の授業で出てきた単語・熟語を10個、黒板に書き出し、15分で覚え、5分でテストをするというものである。7つ出題し、5つできたら合格。再テストはしないが5点できたら欠点にはしないとの約束をすると、曲がりなりにも生徒は授業を聞いた。

3　授業は成立するようになったが……

上記のような内容で、とにかく最初の1年間は何とかすぎていった。最初の頃のように、授業中に平気で立ち歩いていた生徒たちが授業に参加するようになり、校舎内ですれちがいざまに生徒たちから脅迫めいた捨て台詞を言われたり、目の前に立ちはだかられたりして怖い思いをすることなどはなくなり、生徒たちとの距離は近づいていた。しかし私は生徒たちに英語の力をつけることができたとは思えなかった。

少し学校に慣れてからは、英語教授法の本を求めて時間があると本屋さんに行った。雑誌『英語教育』『現代英語教育』『新英語教育』をはじめ、単行本で面白そうな本を見つけては読んでみた。『新英語教育』には私にも実践できそうなとりくみがいつも掲載されていた。しかし、本だけではわからないこともたくさんあり、夏休みに新英語教育研究会が主催する研究会に参加し、その中で次年度にとりくみたいと思った実践を二つ見つけた。

一つ目は 英語Ⅰ・Ⅱの教科書のレベルを生徒の学力に合わせて易しいものに変えることだった。教師は難しいものを選びがちだが、ハードルを高くすると、生徒たちは見ただけで読む気をなくすのではないかと思ったからである。

二つ目は、文法の教科書を自分でつくってみるというものだ。文法で使われている例文をすべて、文法の順序等はそのままで、例文を全部、無味乾燥な、あたりさわりのない事柄ではなく、生徒たちが現実に暮らしている中での事柄にして身近な話題に変えること。he とか she といった代名詞ではなくその話題が想像できる固有名詞に変えることを考えた。

この二つの工夫によって、生徒が少しは英語に関心を持てるのではないかと思えた。そしてこの構想をもって次年度1年生の担当をするだろうと予想される先生を説得してまわり、同意を得た。

私の要求は受け入れてもらえて、私はまた新しい気もちで生徒たちと向き合えると希望をもった。
　しかし、文法の教科書の例文だけとはいえ、全部つくり変えるのはそれほど簡単ではなかったし、自分たちの日常生活のことではあっても生徒たちがそれで英語を好きになるわけでもなかった。前年度より、授業はしやすくなり、生徒のとりくみ方もよくなったが、生徒たちにとって机の前に座っている苦痛が少し和らいだことが、私にとって慰めになっただけではないのだろうかと思えた。
　今から考えれば、英文の内容が自分たちの日常生活のことであったり、誰か友達のことであるからといって、英語は面白いとか、英語がわかるというものではないというのは当然だったのだ。

4　生徒たちは授業を楽しむようになったが英語力は？

　転勤先の高校では生徒たちの英語の学力は初任校より少し高かったけれど、落ち着いて勉強しようという雰囲気はほとんど感じられなかった。しかし文法に関して、教科書を生徒たちの生活に密着したプリントでつくり直すことまでしなくてもよくなった。
　雑誌『現代英語教育』『新英語教育』をずっと定期購読していたが、それらの本の中にはこの学校の生徒たちにとりくめる良い方法が見つからなかったので、また新英研の全国大会に参加し、そこで新たな刺激を得た。その中で、2年生で実践した方法が三つある。
　一つ目は、生徒が楽しめる英語の短い物語を探して、授業の最初の10分で日本語訳をさせていったことだ。毎回速く読める生徒たちのペースに合わせた量で英文を用意し、日本語訳も用意して、10分たつと英文を回収し訳をわたすという風にしていった。これは生徒たちに好評でほぼ全員とりくんでいた。
　2学期になると、村上春樹の『ノルウェイの森』を読みたいとある女生徒が言ってきた。その生徒はあまり英語が得意ではなかったので、難しくて大変かなと思ったが、あまりこだわらず出来るところまでやってみることにした。途中を日本語だけ渡したりしながらだが、学年の終わりまでずっととりくみ続けた。難しいから嫌だという生徒もなく、投げ出す生徒もなく、全員が10分間とりくみ続けた。私は、このとりくみで、生徒に集中力がついたのと同時に日本語の力がついたのではないかと思った。直訳でかまわないからと言っていたが、上手に訳

す生徒も出てきて、ときどき全員にそれを紹介したりした。
　　二つ目は、英文を色分けする方法である。主語、述語動詞、前置詞句などを中心として、日本語訳をする前に、意味のまとまりごとに英文に色鉛筆で（　）をつけていく。英文をノートに写してくることを宿題にし、（　）の指示は授業中にしていく。単語は基本的には宿題にしたが、してこない生徒もいるので、それにはあまりこだわらず、していない生徒には教えたりした。（　）に色がついており、主語だとか述語動詞だとか前置詞句だとか、それぞれの文法用語を使わなくてもとにかく（　）の中だけを日本語にすればいいので、生徒にはとてもわかりやすいと好評だった。
　　しかし、この実践はあまり長続きしなかった。色鉛筆をもってくるのを忘れることが次第に多くなり、そうすると、とたんにどのように訳していけばいいのかわからなくなり、授業に参加しにくくなったのである。
　　他に何か良い方法はないか探してみようと思ったとき、新英研の全国大会で出会った関西の先生に教えてもらった書店を思いだした。その書店には三友社出版の本がたくさん並べてあり、その中に『英語記号づけ入門』『読みの指導と英文法』『音声の授業と英音法』『授業の組み立てと指導』『中学校英語授業への挑戦』『Story of a Song の授業』（入門シリーズ１〜６）があった。
　　そのときはまだ全巻出版されていなかったと記憶しているが、面白そうだと思って書店に並んでいたものを全部買って読んだ。先に色鉛筆で（　）をつけることを実践していたので、記号をつけることには抵抗がなかった。これまでやったことがある色鉛筆の方法より、すっきりしてわかりやすいと思ったが、前置詞句を日本語に訳すときの方法がややこしくて、私自身はわかっても生徒にわかりやすく説明できなかったら生徒は混乱するのではないかという不安があり、すぐ授業に取り入れることができなかった。
　　新英研の関西地区の勉強会にも参加して実際に授業で使われているプリント等を見せてもらったりしたが、やはりわかりやすいとは思えず、授業では使うことができなかった。結局、英文の意味のまとまり毎に（　）をつけて部分訳をしていくという方法をとりつづけた。記号研の研究会が岐阜であると本に書いてあったが、私の子供はまだ中学生だったので参加することができず、とても残念な思いをした。
　　三つ目は歌を利用して、英語を覚えさせようという方法である。全国大会で販

売していたテープであるが、英語の歌詞の中に、文法項目が入れてあった。その英語の歌をうたって文法項目を暗記させようというとりくみである。これはいい方法かもしれないと思い、毎時間、授業のはじめに歌をうたった。しかしこれはすぐ挫折した。歌詞を覚えるほどうたう時間はなく、覚えたいと思うほど全員が歌をうたいたいわけではなかった。ただ授業の始まりに、ざわついている教室を授業に向かわせることには役にたった。

　そしてまた、生徒たちに英語の力をつけてあげることはできなかったと思いつつ、転勤になる。

5　新たな教授法をもとめて――研究会サーフィンの日々

　次に赴任した高校の生徒たちはほぼ全員が大学・短大を目指していた。中堅の高校だったので、生徒たちはそれなりに勉強にとりくみ、授業を成立させることにエネルギーを注ぐ必要はなくなった。

　英語の力を伸ばすにはどのような授業を組み立てればよいのか。これまでとは違う表情をしていた生徒たちを前にして、私はまた迷い、新英研の全国大会に参加した。そこで出会ったのが西郷竹彦の主宰する文芸教育研究協議会（文芸研）に所属していた方の、国語ではなく英語のワークショップだった。15、6人くらいの参加者が生徒になり、物語の中の「反復」と「対比」を探してゆき、主題は何かを見つけていく授業である。楽しい授業だった。

　最後の感想で、生徒になった参加者全員が楽しかったと述べていたのを覚えている。

　こんな授業をしたいと思った。しかし、文芸研は国語の研究会であり、英語での実践や理論を研究しているのではなかったので、所属することをためらい、相談する人もいない中で、一人で授業を展開していく自信は持てず、実践することはなかった。

　そのとき同時に関心をもったのは、海木幸登『英語の授業づくりを楽しむ』だった。それまでの私は自分が楽しむということは全く考えていなかったので、授業づくりを楽しむという言葉は新鮮だった。早速その本を買って読んでみた。やってみようと思ったのが「要約は大切な学習技能」だった。技能なので、自分のフィーリングで考えていくのではなく、理論があるのだろう。これは生徒に伝えやすいと思えた。しかし、lessonを3つ実践して止めてしまった。私も生徒たちも

楽しくなかったのである。今から思えば、発見も感動もなく英語がわかるようになったという喜びもなかったら、楽しいと感じられないのは当然であったのだ。

　転勤2年目に、大阪府立高校トップの進学校から転勤してきた先生と出会った。その先生からはこれまでの私には想像もつかなかった方法を教えてもらった。日本語訳を渡して、授業では逐一日本語に訳さない。それで浮いた時間を使ってできるだけたくさんの英語を読ませるという方法である。例えば検定教科書を早く終わって、他のテキストを使うことなどである。

　私は英語を日本語に訳すのに、どのように考えていけばいいのかを生徒に教えたい、だからその訳し方を理解してほしいと思うのだが、生徒は訳した日本語を知りたくて、語群ごとの訳より、1文ごとの訳を欲しがった。そのため、生徒が日本語訳を全部書きとれるまで、2、3回繰り返して訳を言わなければならない。その時間がもったいないといつも思っていた。しかしだからといって、全訳を渡すと生徒は勉強をしなくなると思い込んでいた。

　しかし、それは誤解であった。授業ではどのように訳していくかに集中できるように後で全訳をあげるから、全訳をノートに書かなくてもよいと言うと、生徒は以前より授業に集中し始めたのである。この方法は画期的だと思った。同じ学年を担当していた同僚二人に、全訳を各lesson終了後に渡したいと相談すると、日本語訳を生徒たちに渡すかどうかはそれぞれでいいが、倫理観として、渡すのはそれぞれ自分が担当しているクラスだけにするということになった。三人のうち二人が渡して、一人は渡さなかった。それで生徒とトラブルがおこることはなかった。教科書の進度は相談しながら進めていくことになった。

　それで私が担当した学年は、1～2年の2年間で3年生までの検定教科書を終わり、3年生では自由にテキストを選ぶことができた。その当時に出版されたものに、桐原書店の『Words to Remember』があり、その中にキング牧師、マンデラ、ヴァイツゼッカー、マザー・テレサ等のスピーチがあった。3年生の授業の最後のアンケートで、3年間で最も心に残ったものを尋ねると、上記のスピーチを挙げた生徒が比較的多数いた。少しくらい難しくても読み応えのあるものの方が心に残るということを確信した。

　英文のすべてを日本語に訳すという作業をしないで、わかりにくいところだけ文法を丁寧に説明して訳し方を教えると、確かに生徒は授業に集中した。しかししばらくすると、私は本当にこれでいいのだろうかという疑問をもつようになっ

た。文法事項を教えると生徒は日本語訳ができる。けれど自分で文法事項の何を当てはめれば訳せるのかということがわからなければ、いつまでたってもわからないのではないかと思うようになったのである。しかし、その当時はもっと多読をすればわかるようになるのではないか。できるだけ英文を覚えればわかるようになるのだろうと考えただけであった。

そして、そのような疑問をもちながら転勤になる。

6　振りだしに戻った教授法──授業が成立しさえすればいいのか

これまでの高校では、私は、大学に行きたいなら自分でお金を出して予備校に行けばよい、高校は受験のための予備校ではないのだから、それよりもっと大切なことがあるだろうと考えていた。

しかし、四つ目の高校に来てこの考えは変わった。生徒の半数は3年生になっても予備校に行く余裕がなかったのだ。お金を出して予備校に行きたくても、そのお金がないのだ。授業料減免の申請をする生徒がクラスで4分の1くらいはいただろう。

そこで私が考えたことは、大阪府立高校といっても、それぞれの学校の役割は違うのではないかということだった。生徒たちは大学に行きたいと思っているがどの大学でもいいと思っているわけではない。できたらいい大学に入りたいと思っている。どこの大学にいくかによって学問の仕方が違ってくるだろう。遊ぶだけではなくて、勉強できる環境のある学校の方がいいに決まっている。それだったらその生徒たちのために、入りたい大学に入学できる学力をつけてやりたいと考えるようになった。

けれども、これまでの私の15年間の経験と努力では、私の力で何をしても生徒の英語力が伸びたという確信をもつことができていなかったのである。たとえば次のようなことを考えた。単語力をつけるとしたらどのような方法で単語力を伸ばすか、単語帳を所持させるか、教科書の単語・熟語を覚えさせるのが効率的かを考える。また構文のテキストはどれが良いか、長文の問題集はどれが良いか、生徒の学力に合うのはどのレベルが良いのか等を考えて選び、ひたすら覚えさせることを考える。時々、単語帳はどうしても覚えられないからどうしたらよいかと相談にくる生徒がいる。その生徒が自信を失わないようにどう助言すればよいかを考える。そして毎日のように小テストをおこない、採点し、再テストを

おこなう。

しかし、それで生徒たちの英語力が確実に伸びるという確信がなかった。

その上、この高校ではリーディングの授業で全訳を配布することが出来なかった。かなりの進学実績があり、授業の予習として教科書の英文をノートに写し、日本語訳を書いてくるというのがルーティーンとなっていた。

授業の方法を巡って私はまた振り出しに戻ってしまったのである。

7 これしかない！──寺島メソッド再発見

そこで私は次のような本を読んで、授業に取り入れられるものはすべてやってみた。

1．國広正雄『英語の話し方』。その一節「繰り返すということ」から只管朗読という考え方を知って、教科書を様々な読み方で授業中に8回は必ず読むことにした。

2．佐野正之『アクションリサーチのすすめ─新しい英語授業研究』。生徒にどのような力をつけるかという目標を立て、その目標を達成するためにとるべき仮説を立て、その仮説に沿って授業を進めていき、もし予測どおりできていないようなら、修正を加えていくという方法である。具体的にいうと、次のようなことになる。①コミュニケーション力をつけるという目標を立てる。②生徒の実態を把握する。③目標に達成するのに実態に応じて何をどのように伸ばすべきかという仮説を立てる。④予測どおりできていないようなら、修正を加えていくという方法である。

3．靜哲人『英語テスト作成の達人マニュアル─学習者に資するための5つの提言』。私は授業の内容とテストを連動させていくということを、ほとんどと言っていいくらい考えていなかった。生徒の英語力を伸ばすための授業とテストを連動させてはじめて、生徒は授業で集中させなければならないことが何かを知る。そのことに気づいた。そしてその後のテストを大幅に変えた。

4．副島隆彦『英文法の謎を解く─仮定法はなぜむずかしいか』。日本人の感性と英米人の感性が違うということを理解しなければ、日本人にとって仮定法はむずかしいということに気づいた。生徒にはそれを説明しなければいつまでもむずかしいままだと思った。

その他、前置詞の概念、冠詞の使い方等の本から学び、プリントにして生徒に

伝えていったものもある。

　しかし、上記の教授法をすべて実践してみたが、これらすべてが英文そのものを理解できる道筋にはつながっていなかった。

　そして、全訳を配るわけにはいかず、生徒は教科書の訳を欲しがった。授業で英文の説明をしたあと丁寧に日本語訳をすることを余儀なくされ、私はその日本語訳を一生懸命ノートに書いている生徒の姿を見るのが苦痛になった。自分のしていることが虚しく思えてきたのだ。これは放置しておけないストレスになった。

　さてどうしようか。このとき私を救ってくれたのが寺島メソッドである。

　授業には取り入れなかったが授業崩壊寸前の教室を前にして途方にくれていた時からずっと寺島メソッドに関する本は読み続けていた。しかし以前と変わらず記号をつけた英文が何もつけない英文より複雑に見え、一見しただけではわかりやすいと思えなかったこと、そして何より身近にこのメソッドで授業をしている人に出会うことがなく一人で始める自信は持てないままだった。しかし記号研に関する本は面白くてほとんど購入して読んでいた。

　この方法を実践してみよう。これしかない。そう決めた私は『記号づけ入門』を片手に寺島メソッドの授業を始めた。

8　寺島メソッド「センテンス・グラマー」——三つの記号をつけて文を読む

　2年生のリーディングの授業で始めた。教科書の英文に三種類の記号をつけ、英語の下に同じ記号を書いたプリントをつくった。そして下記のように、英語の下に日本語を書いてくることを宿題にした。

He (was｜surprised) ｜when｜ (he (got) a call 〔from the owner 〔of the yacht.〕

彼 (あった｜驚かされて) ｜時｜ (自分 (もらった) 電話 〔もち主から 〔ヨットの〕

　簡単な単語の下の日本語はすぐわかるので、宿題をしてこない生徒がたくさんいた。対策として40人の内、5人宿題をしてこなかったら全員の宿題チェックをして、してこなかった生徒は全員放課後に残り、次の授業のプリントを仕上げることをペナルティーにした。生徒は実際に残るだろうか。もし残らなかったら次の授業からはどうしよう。その日は放課後になるまでドキドキしながらすごしたのだが、該当する生徒は全員残ったのである。15人くらいいたと思うが、何

とか全員やりとげて終わった。よかった、これで次の授業は成立する。ホッとしたことを今でも覚えている。

　授業では、前半の部分と|when|以降の部分を、口頭で日本語訳した。生徒が全部を間違いなく訳せなかった部分だけ、文法的な説明をおこない、その訳をノートに書かせた。

　中間考査までこの方法で授業をした。宿題忘れについては、してこなかった生徒が3人、4人と増えていくと教室中が緊張し、5人目が出るとため息が流れた。しかし宿題のチェックをすると、してきていない生徒はあきらめて放課後に残って次の授業の予習をした。

　ひとつのlessonを終わったところで、記号のつけ方の基本（例えばひとつの単文に述語動詞は基本的に1個といったような説明）を加えていった。

　中間考査以降は、教科書の通りに英文を書いたプリントを配布し、記号をつけてくることを宿題にした。この宿題で生徒が何に躓いているかが明らかになった。英語と日本語の語順が違うというのは、「語順訳」を書かせて、それを元に訳をしていったからある程度は理解するようになっていた。

　しかし述語動詞と準動詞の区別がついていない。準動詞の主語がどれかわからない。従属接続詞と等位接続詞の区別がついていない。これでは日本語に訳せるはずはないのだ。

　ひとつの文に○は1個。2個あるばあいは、従位接続詞でつながれているか、間違っているかのどちらかだ、などと説明していくと、必ず正解にたどり着く。1文、1文確かめていった。定期考査は学年統一であり進度を合わせる必要があったので、次の授業では、日本語の部分で簡単な箇所は書いておいて、難しい箇所だけ空欄にしたプリントを宿題にした。

　2学期になって、とても嬉しいことが起きた。記号をつける授業で、例えば順番に当てられていた生徒が準動詞に○という答えをすると、「それはtoがついているから○にはならない」という声がしたのだ。授業で自分が当てられているのではないときに、誰にも聞こえる大きな声で答えを言うというのは、これまでなかったことである。

　また別の授業で次のようなこともあった。宿題をしてこなかった生徒が答えを言う順番になったとき、「先生、ちょっとだけ待って。考えさせて」と言ったのである。そして、「to不定詞はtoがついているから○にはならない」等と言い

ながら、1文全部に記号をつけていった。

　その後、記号づけについて、指名された生徒が答えを間違ったとき、自発的に理由を言って答える生徒がでてきた。授業に活気が出てきたのは当然である。

　そして2学期の中間考査までにほとんどの生徒が正しく記号をつけられるようになった。記号をつけるとややこしくなるのではなく、記号をつけて生徒は理解できるようになったのである。

　学年の終わりに授業についてのアンケートをとったところ、多くの生徒が記号をつけると英語がわかりやすくなったので、授業が面白くなったと書いてあった。

9　寺島メソッド「テクスト・グラマー」──文章の構造を読み解く

　寺島隆吉（1986）『英語にとって学力とは何か』（p.42）には読解について次のように書かれている。

> 「英文が読める」とはどんなことを指すのか。私はこれを次の四つの段階に分けて考えている。
> 　a. 文が読める。
> 　b. 文章が読める。
> 　c. 段落が読める。
> 　d. 全体が読める。

私が記号づけで生徒を「a. 文が読める」まで高めるのに初めは3年間かかった。けれども、文章が読めるということは、段落がわかって、全体がわかってはじめて読めたということだ。

　私はいつも、生徒にこのlessonは苦労したけれど読んでよかったと思ってもらいたいと願いながら授業をしていた。そのことから考えると、英文の全体を読めるようになったら、きっと英語の授業がもっと面白くなるだろうと思った。

　それで、面白いだろうという思いと、しかし大変だろうという思いとがしばらく交錯したが、寺島美紀子『英語授業への挑戦』第3章に、「d. 全体が読める」について授業をするための手順が詳しく書かれており、それを元に実践する決心をした。

　その頃、当時の校長は学校を改革されようとしていたが、そのひとつに生徒の思考力を伸ばすということがあがっていた。たまたま英語教育について校長に相

談することがあり、そこで校長が寺島メソッドに関心を持たれ、寺島先生を招聘（しょうへい）して寺島メソッドの公開授業をすることを勧めてくれた。

1学期の終わり頃だった。大阪府の高校の先生に寺島メソッドの何を見ていただくのかを考えたとき、せっかく寺島先生に来ていただくのだったら私が挑戦してみようと決心していた「読み」での到達点である「構造読み」（d. 全体が読める）がいいのではないかと思った。

生徒たちはちょうど1学期に記号がつけられる（a. 文が読める）ようになっており、2学期に「b. 文章が読める、c. 段落が読める」、3学期に「d. 全体が読める」に入る計画を立てていたので、公開授業は3学期におこなうことに決めた。

学年統一なので教科書の進度を決めたり、公開授業の日取りを決めたり、外部との折衝をするなどのことが決まった後、私は体調を崩した。いつも内臓が重く感じられすっきりすることがなくなった。とにかく公開授業が終わるまで体をもたさなくては。

10月になって、寺島先生から電話をいただいた。岐阜県郡上市の高校で寺島先生が構造読みの授業をするから見に来たらどうかというお誘いだった。

物語の「構造読み」は次のようになる。1．導入部 2．展開部 3．山場の部（クライマックスを含む）4．終結部。これをグループで相談しながら決めていく授業スタイルである。

本で読んでも実際にグループを使って授業をしたことはなかったので、それがじかに体験できるという、とても有り難い電話だった。

このときの教材は『窓際のトットちゃん』の中の話だったが、クライマックスをどこにするかでグループ討論が盛り上がったことを記憶している。グループ毎に相談はできてもグループの発表者が自発的に発言しないばあい、どのように討論を進めていくのかということを具体的に見ることができて、少し不安がとれた。

10　介入の授業──新聞社もやってきた「構造読み」の公開授業

公開授業をする場合、普通は5～6人の参加者だが、指導助言者として寺島先生が来てくださるというので、33人の方が来てくださった。教育関係の新聞社までやってきた。

生徒はいたって普通だったが私は上手くいくのかとても不安だった。

導入部・展開部・山場の部・終結部は、グループ間で最初は異なる考え方が出てくるが、空間、時間、固有名詞の「切れ」を探すと、たいてい納得できる（寺島美紀子『英語授業への挑戦』3章）。
　難しいのはクライマックスだ。私自身、クライマックスについて事前に寺島先生に何度も電話をして考え方の指導を受けていた。
　しかし当日、各グループの段落分けを黒板に発表した後、討論は思ったようには進んでいかなかった。そのとき、参観されていた寺島先生が「バトンタッチしましょう」と私に代わってしばらくの間、授業を担当された。すると、生徒から次々と意見が出るようになった。
　〔このように授業の途中で指導者が授業者の代わりに教えることを「介入の授業」と呼ぶことを授業後に寺島先生から伺った。斎藤喜博が提起・実践した有名な授業研究の方法のひとつだそうだ。〕
　そのあと再び寺島先生から私にバトンタッチされて、討論がすすめられたのだが、最終的にはクライマックスをひとつに絞りきることはできずに、私が説明して終わることになってしまった。生徒が全員ストンと腑に落ちるように納得するのはとても難しいということがわかった。
　ともあれ、文章の著者は読者に何を伝えたかったのか、読者は何に感動したのか、あるいは何を発見したのか。私は討論しながらこれを探っていくのはとても面白いことだと思ったので、難しいけれどもこれから先の授業の中でも生徒とともに考えていこうと思った。
　参加していただいた方からの授業後のアンケートに次のようなことが書かれていたのがあった。「授業が終わって生徒たちが教室に帰るとき、この授業はいつもしんどいと話していた。生徒が授業に集中していたことがよくわかった」という内容だった。この1年間で生徒たちは聞いているだけでなく、なんと考えるようになっていたのだ。
　公開授業を終えたその日、私の体の中にあった不快な重い塊が消えたのである。自分では気づかなかったのだが重い塊はプレッシャーからのストレスによる体の異変だったのだ。

11　予期せぬ出来事——先生、教科書のこの英文、つながり方おかしい！
　そしてこの経験が私と生徒たちとの授業を変えたのである。

構造読みをするとき、手順を何も持たずに考えたら難しいことだが、文と文、段落と段落の「切れ」と「連続」を意識すると文全体の構造がわかってくるということがわかった。そうすると読むことが面白くなった。

　構造読みをするためには、1年間の目標をもって、2学期の後半あるいは3学期に構造読みができるように授業を組み立てる必要がある。そうすると、それまでの間、それぞれの時期には何を中心にして授業をすればよいのかがはっきりしてくる。

　生徒にも、今は何を理解すればいいのかをはっきり指示できる。年間を通じて、ただ単語・熟語・構文をずっと覚え続けさせるより、授業に変化が出てくる。何より生徒は「a.～d.の読み」の段階すべてで「考えること」を要求される。そして、この授業をすると生徒たちが丸暗記するのではなく理解していく様子が見えてくる。

　構造読みを生徒とともに考えると、とても楽しい授業になって、私は英語を教えるようになって初めて授業が楽しいと思えるようになった。

　生徒たちはこの授業を「国語の授業のようだ」と言った。構造読みをするときは、生徒の手元には英文のプリント1枚と構造読みをするための設問が書かれているプリントが1枚あるだけである。それを生徒たちが国語の授業のようだと言ったとき私は驚いた。生徒たちは英文を和訳しているだけでなく、何度も読み返して英文の内容をきちんと読み取ろうと努力していたのだ。各 lesson の最後に英語で感想を書くように指示したときの文章も短いけれど次第に読み応えのあるものが増えていった。

　そしてさらに驚いたことに、次のような予想もしないことが起きたのである。教科書の文章はわかりやすくするために、原典の一部が省かれていることがよくあるが、「先生、つながり方がおかしいから原典ではここに何か文章があったと思う」という生徒が出て来たのだ。また一方で、学年500人ほどの中で外部模試の成績が中位くらいだった生徒が1年後、学年トップになったりした。

12　寺島メソッド「サウンド・グラマー」——英語らしい音声でよむ

　授業では、教科書を8回声を出して読んでいくことをずっと続けていたが、音読方法についてはとくに工夫をすることはなかった。しかし寺島メソッドの文献に『英語音声挑戦シリーズ』が6冊ある。それらの本を読んで初めて私は英語の

音声には強弱リズムがあり、日本語にはそれがないということを知った。日本語の音声は平坦で一本調子なので、どんなにすらすら英語を読めても英語らしく聞こえないのである。
　このことに気づいた私は、文法の授業でもリーディングの授業でも英語音声の基本構造を説明した後、寺島メソッドの「リズムよみ」で英文を読んだ。簡単そうだが意外と難しく、生徒は戸惑っていたようだが、慣れてくるとだんだんスピードアップして読めるようになっていくのが楽しかったようだ。
　各学期の最後の授業で必ず「リズムよみ」のテストをおこない、成績の評価に入れると約束すると、授業だけでなく家で練習する生徒も出てきた。グループをつくってグループごとに「リズムよみ」をさせて合格・不合格で評価したり、グループで「リズムよみ」ができているかではなくて一人一人で英語らしく読めているかどうかで評価したりした。どちらの読み方にしても不合格のばあいには放課後に再テストをおこない、合格するまで読ませた。これは私一人ではできなかったので、合格した生徒に手伝ってもらって何度も練習させた。そして私が合格を出すと、抱き合って喜んでいる光景が見られた。
　「リズムよみ」をすると自然に「連結」と「脱落」が起きる。そうすると一挙に英語らしく読めるようになった。そして気がつくとリスニング力もついてきたのだ。

13　ハウツーでなく哲学を──アクティブ・ラーニングとは生涯役立つ学習

　私は寺島メソッドで教えているうちに、英語の「水源池」という考え方をはじめ、英語を理解して自分で英文が読めるようになるためには生徒に何を教えなければならないのかということを考えるようになった。それは単に英語構文を150覚えるとか、すべての文法事項の例外まで覚えるということではなかった。記号研・寺島メソッドの文献は、いわゆる how to ではなく哲学というものではないかと思えたのである。英語をどのように理解させていくのか、英語を学ぶことで生徒は何を学んでいくのかということに突き当たる。これは私にとってもとても面白いことだった。
　寺島メソッドに出会う前の授業では、一つ一つの授業はそれなりに充実しているものもあったが、生徒が自分で英文を読んでいく力がついているのだろうかという疑念がいつもつきまとっていた。つねに英語に触れているときはそれでいい

が、しばらくすれば忘れてしまうだろう。例えば学校を卒業して10年後に英語が必要になったとき役にたつのだろうか。

しかし、『英語にとって学力とはなにか』『英語にとって文法とはなにか』を読んだとき、英語は暗記科目ではなく自分で考えて理解していく科目だということに気がついたのである。

アクティブ・ラーニングというのが、能動的学習ということだけであるなら、とくに新しい方法ではなく、私は教壇に立った次の日から生徒に能動的学習をさせようとしていた、と思う。そうでなければ授業は成立しなかった。しかし、それで生徒に生涯役にたつ英語教育ができたとは思えなかった。私は、寺島メソッドで授業を始めてから、英語の幹を理解する力、論理的に考える力、協同作業をする力、などの「生涯、役にたつ力」を生徒につけてやれたのではないかと思っている。

「真に、役にたつ」アクティブ・ラーニングとは「生涯、役にたつ」学習ではないだろうか。

第3章

中学校英語と寺島メソッド
──「記号づけ」で生まれる「能動学修(アクティブ・ラーニング)」と「脳働学習(ブレイン・ラーニング)」

小川勇夫

1　はじめに
2　やはり違っていた！──学生として初めて寺島先生に出会ったとき
3　目から鱗の『学力とは何か』──教師として寺島先生と再会したとき
4　「理論的確信度」と「実践的逼迫度」──私を「リズムよみ」に踏みきらせたもの
5　生徒が独力で和訳できる方法──「立ち止まり訳」は入試でも有効
6　最小の努力で、最大の成果──休み時間まで夢中にさせる「視写」
7　他教科でも使える「授業の三分割」──授業に「型」と「変化」をあたえる
8　私の英語力を大きく飛躍させた「ネクサス読み」
9　「最先端をまなび、最前線にたつ」を胸中に
10　入門期の「発音とスペルの乖離」をうめるために
11　寺島メソッドそのものがアクティブ・ラーニング
12　おわりに

1 はじめに

　私の英語教育実践について語るに値するものがあるとしたら、それは教職10年目からとりくんだ「リズムよみ」「立ち止まり訳」から始まります。それは寺島隆吉先生が主宰されていた「英語教育応用記号論研究会」（略称「記号研」）から学んだもの（寺島メソッド）でした。何故、私がそのような実践にいたったかの経過について寺島先生と私との出会いから述べたいと思います。

2　やはり違っていた！――学生として初めて寺島先生に出会ったとき

　私が寺島先生に初めてお会いしたのは、1983年頃に開かれた北信越教育ゼミナール金沢大会（金沢大学、新潟大学、信州大学の教育学部学生よる自主的なゼミナール大会）の外国語分科会においてでした。私は金沢大学学部生として、その分科会に参加したのですが、その場に寺島先生が外国語分科会の講師として招かれていたのです。その当時、寺島先生は定時制高校に勤務されながら金沢大学院生１期生だったのではないかと思います。

　私は一参加者にすぎなかったので寺島先生には私について記憶はないと思いますが、私にはそのときの分科会と寺島先生のことが今でも記憶に残っています。思わず手を上げて発言したくなるようなワクワクするような分科会だったのです。そのときのことが30年以上経過した今も私の記憶に残っています。

　その分科会では記号づけについては言及されてはいなかったように思いますが、大西忠治氏の生活指導・学習指導の理論を活用した内容だったろうと、いま推測します。いずれにしろ33年前のたった１回の分科会が強く印象に残っているのは、その当時から寺島先生の指導力が卓越したものだったということです。

3　目から鱗の『学力とは何か』――教師として寺島先生と再会したとき

　寺島先生と再会したのは、1993年当時（私が教職について９年ほど経過した頃）和歌山県教職員組合日高支部教研（外国語分科会）に講師として来ていただいたときのことです。

　寺島先生とは大学卒業後お会いしていませんでしたが、寺島先生の最初の著書『英語にとって学力とは何か』を書店で見つけてなつかしく購入しました。

　実はこの本を読み通したのは、２度目に読み直したときでした。初回は途中で挫折してしまいました。その当時の私の問題意識が先生のレベルに達していな

かったのです。

　しばらく期間をおいて再び読み始めたとき、とくに「第4章　文法と英語教育」からは夢中になって読みました。目から鱗が落ちるようなことばかりで、全てが納得させられるもので衝撃的でさえありました。

　そういうことから、日高支部教研（外国語分科会）の運営責任者となったとき、講師として是非ともお招きしたいと依頼したのです。先生には快く引き受けていただきましたが、そのときには岐阜大学教養部教授となっていらっしゃいました。

　寺島先生は分科会がはじまるまでの時間に車を運転して白浜に行き、そこで南方熊楠(みなかたくまぐす)記念館を訪問されました。先生は、英語も独学で習得した「知の巨人」を知り非常に興味深かったと言われていました。

　こうして、そのときの分科会を機会として「リズムよみ」「立ち止まり訳」を知ることとなり、それに感激して「記号研」の会員としていただきました。これがその後の私の実践へとつながります〔記号研は「国際教育総合文化研究所」として発展的に解消し、私は現在その「準研究員」〕。

4　「理論的確信度」と「実践的逼迫(ひっぱく)度」
——私を「リズムよみ」に踏みきらせたもの

　新しい実践に踏み出すときには、そこには理由があります。踏み出さざるえない状況があります。何ごとにも新しいとりくみをするにはエネルギーが要るものです。新しいことですから失敗するかもしれません。それにもかかわらず新しいとりくみ、新しい実践に踏み出すには大きな理由が必要です。

　そのことを、寺島先生は「理論的確信度」と「実践的逼迫度」と指摘されました（『英語にとって評価とは何か』25頁）。その指摘は深く共感できるものでした。というのは、私には「理論的確信度」は十分もち合わせていたからです。私の大学卒業論文が「英語の音変化についての考察」というテーマで、内容は「英語リズムの等時性に起因する音変化」についてであったためです。したがって、記号研の「リズムよみ」理論は全く納得いくものでした。

　一方、そのような内容の卒業論文を書いたにも関わらず、当時の私にはそれを英語教育の実践に生かすことなど思いもよらないことでした。ですからその分科会でその理論を実践にうつす「リズムよみ」を知り、そういう具体化する方法があったのかという思いでした。理論を実践に具体化する方法を作り出したのが記

号研です。そこに記号研の大きな功績があります。

その理論冊子『英語にとって音声とは何か』(出版前の原稿集、のちにあすなろ社から単行本として出版された)を、記号研の全国研究集会へ向かう特急列車の中で夢中になって読んだことが今も記憶に残っています。

一方、「実践的逼迫度」についても、私には十分ありました。教職に就いて10年目に転任した中学校で英語を教えたとき、何と生徒がコーラスリーディングさえもしようとしないのです。ほとんどの生徒が音読しようとしない中で、ごくおとなしそうな女子生徒が、私が「かわいそう」とでも思ったのでしょう。小さな声で私のあとに申し訳なさそうに音読しようとするだけでした。

そんな生徒たちを前にして「どうしたらコーラスリーディングをさせることができるのか」「英語を音読しない生徒に英語の学力がつくはずがない。なんとかしなければ」という焦燥感がありました。「失敗してもこれ以上失うものはない。とにかくやってみよう」という状況でした。まさに「実践的逼迫度」が最高のレベルに達していたのです。

更に、組合の支部教研で実践発表をおこなう予定も新たな実践に踏み出す後押しになったように思います。発表する場をもつということはそういう意味でも必要です。外的動機づけともなりました。

一方、私には「リズムよみ」に踏み出す理由はあったのですが、生徒にはその理由はありません。転任してきたばかりで人間関係もできていない教師のとりくみ、しかもペンで叩きながら音読するという奇妙なことに対する心理的ハードルは高かったのは当然です。そこで生徒に納得させる必要性があります。

私は理論的確信はもっていましたから、寺島先生の『ロックで学ぶ英語のリズム』の中の例文(49頁)を使って「リズムよみ」をやって見せ、生徒にやらせてみました。私の見本のあと、各自での練習をさせ、クラス全体で「リズムよみ」しました。

そのときの「リズムよみ」の例文と説明は次のとおりです(この例文は『英語にとって音声とは何か』第1部第1章にも再録されています)。

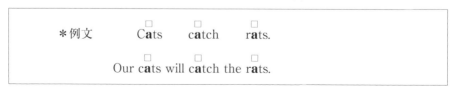

＊私の説明

「単語の語彙数が３語から６語へ２倍に増えても、強く読むところは同じ３語。だから同じリズムで読みます。強いところはペンでたたきながら音読する。これをリズムよみといいます。弱く読む所は短縮されたり素早く弱く読みます。そして同じリズムで読むために"I will → I'll"のような短縮形は生まれたんです。」

こうして始めた「リズムよみ」ですが、１年生や２年生のクラスではすぐに軌道にのりはじめましたが、３年生では最初はなかなか上手くいかず苦労しました。それでも継続できたのは、１年・２年では順調にどんどん進んでいき、３年生でもなんとか声がでるようになってきたからです。

それからおよそ教諭時代の17年間、「リズムよみ」にとりくんできました。ときには「リズムよみ」が惰性にならないように、英文を聞かせて「どの単語が強く読まれているか、どのような品詞の単語が耳に残るのか」と問いかけ、それが「内容語」であることを確認する方法で、「リズムよみ」とは英語の実態に基づくものだということを確かめました。

探してみたら当時の実践の生徒感想と私の分析が保存されていることが分かりましたので、それを以下に掲載しておきます（2006年と古いもので恐縮ですが）。

＊

新たな実践に踏み切る理由は寺島先生が以前に指摘されていたように、「理論的確信度と実践的逼迫度」（『英語にとって評価とは何か』）である。

僕の場合は卒論のテーマがリズムの等時性と音変化であったから「理論的確信度」は十分であった。一方、「実践的逼迫度」は、前任校の一年目、全く音読しようとしない生徒を前にしたときの焦燥感にあった。

「リズムよみはリズムがとれて読みやすかったです（O.M.）」――この生徒は学年でもきわめて学力が低位にある生徒である。その生徒がリズムよみは決して難しくない、わかりやすかったという感想をもったのは、リズムよみがまじめにとりくもうとさえすれば、だれでも到達可能な課題だからであると考える。

「ペンで叩きながらの音読は大きい声で音読しやすかったので、やりやすかったし、アクセントの勉強にもなった（H.S.）」――この「ペンで叩きながらの音読は大きい声で音読しやすかった」という感想は、実は中学校で授業をしたものにとって、きわめて重要な感想である。なぜなら中学校では学年が上がるにつれて

音読の声が小さくなってくることが多いからだ。教科書を思いっきり音読しなければ英語学力がつくはずがない。

「とても楽しかったです（S.E.）」「リズムをとりながらやったのですごく英語が楽しくなりました（S.H.）」——教科書の内容は中学生の知的関心に合致しないものが多い。そのなかで、英語音声のもつ魅力は「リズムの等時性」にある。それは「言葉あそび」とも言える。内容の空疎さを言語のもつ魅力で補う力を「リズムよみ」はもっている。その魅力をこれらの感想は表現していると考える。

「リズムよみ」で音読の声が大きくなる理由は、生徒の意識がペンで叩くことに集中し、周りの生徒への意識が薄れること、「リズムよみ」独特のリズムの心地よさに酔いしれることにある。不思議なもので、ペンで叩きながらの「リズムよみ」は、音読の声が必ず大きくなるのが僕の経験である。これは、今年、教育実習に来た学生の、次の感想でも同様であった。

「3週間という限られた教育実習期間で、私は指導教官の小川先生からたくさんの技術を学びました。中でも、『リズムよみ』という指導方法にはとても衝撃を受けました。この指導方法は、声の出ない生徒にとってとても有効で、リズムよみをするのとしないのとでは、生徒の声の大きさが違います。またペンでリズムをとることにより、どの部分にアクセントがあるのか、どの言葉が大切なのかがすぐに分かるのです。私も試してみましたが、リズムよみをすると、知らず知らずのうちに、それらの英文がすぐに頭に入り記憶に残ります。（実習生）」

他にも生徒の感想には次のようなものがあったので、次に再録しておく。英文を憶えやすくなり、英検や高校入試にも役立ったと書いてあったことが私にとって大きな驚きであった。

「文章を覚えやすかった（Y.Y.）」「今では自分で大体のアクセントがつけれるようになりました（Y.M.）」「強弱をつけて読むと英語らしく音読できてよかったです（F.K.）」「英検で英文を音読する試験も満点を取ることができました（K.Y.）」「入試のときのリスニングの所ではやっぱり英語独特のリズムがあり、とてもすらすらと問題に答えることができました（Y.R.）」

5　生徒が独力で和訳できる方法 ——「立ち止まり訳」は入試でも有効

英語の読解では、「立ち止まり訳」という方法でセンスグループ毎に生徒が意味をとっていきます。「立ち止まり訳」の理論は寺島美紀子先生の『英語「直読

直解』への挑戦』がたいへん参考になりました。

　この「記号づけプリント」の「番号づけプリント」を使えば、生徒が自分で意味がとれます。いくつかのセンスグループをまとめて意味の通る日本文にするのは、普通の日本語力をもつ中学生であればそれほど困難ではないからです。

　自分で無理なく意味がとれるというのは重要です。かつて私が高校生だったとき同級生が「テストでは日本文を暗記してテストを受ける」と言っているのを耳にしたことがあります。そのとき、私は「そんなことをして何になるのか。時間と労力の無駄だろう。気の毒に」と思った記憶があります。ですから、生徒が独力で意味をとれる仕掛けをつくることが大切なのです。そしてそれを可能にするのが「立ち止まり訳」なのです。

　また、「記号づけプリント」の「立ち止まり訳」を見れば、生徒がどこでつまずいているか一目瞭然です。プリントの空欄の部分が生徒のつまずいているところで、そこを指導すればよいわけです。そうして生まれた時間のゆとりは低学力生徒の指導に集中できます。その際の留意点は、できた生徒・英語の得意な生徒には「やって自分に役に立つ、英語の力が着実につく」という課題を与えておくことです。そうでないとよくできる生徒が満足できません。

　当時のファイルを探してみたら、「立ち止まり訳」の生徒感想と私の分析は以下のようになっていました。

＊

　「『穴埋め語順訳』で一つ一つ意味をとりながらやったのですごく分かりやすかった（S.H.）」「１年の最初の頃『英語なんて』と思っていましたが、この『立ち止まり訳』を通して意味が簡単にとりやすくまとめやすかった（Y.R.）」

　この生徒（Y.R.）は、３年時だけで50日以上アトピーで欠席した生徒であった。２年の時でも夏休み以降に休み出し、30日を超えて欠席していた。その生徒が３年の夏休み以降アトピーの症状が改善され登校しはじめたが、それだけ休んでいたにもかかわらず、県立高校に無事入学できた。合格時には号泣したのが忘れられない。そうした苦労を重ねた生徒であるからこそ、喜びはひとしおであったろう。

　ただ、それを可能にしたのが、記号研の「立ち止まり訳」実践であった。ヒントのたくさんついたプリントがあればこそ、つまり長期欠席をしても授業に参加できるという授業方式だからこそ、それが可能であったと考える。最近は、クラ

スに一人や二人、不登校生徒がいるのが当たり前の時代である。彼らが登校してきてもすぐに対応できるということは極めて重要なことである。

「私は英語を訳すのがあまり得意ではないけど、この方法だと意味をとりやすかった（K.Y.）」「英語が苦手な人に対してとても分かりやすかった。区切ることにより文の意味がとりやすかった（M.K.）」「意味をとることによって英語の物語が読めるので良かった（T.A.）」「入試では前から順に素早く読む力が必要です。『立ち止まり訳』をしていたので入試では役に立った（H.S.）」

この最後の生徒（H.S.）は英語が得意であるが、英語を得意とする生徒にとっても「立ち止まり訳」は、「視線の流れるままに意味をとる」という点でも有用である。

生徒は意味のある文章を読むことは嫌いではない。問題は英語の教科書にそういう読み物が少ないことにある。しかしそれでも、独力で英語の物語を読めるということは生徒にとって大きな喜びである。私の「立ち止まり訳」の授業で「はじめて英語を読む楽しさが分かった」という生徒の声を聞いた。

6　最小の努力で、最大の成果——休み時間まで夢中にさせる「視写」

上記の「立ち止まり訳」を終えた生徒に与えた課題は、新出単語10回書き、本文2回、和訳1回をB4プリント（横線を何本も書いてある用紙）に書くというだけのものです。提出日は翌週の授業日、つまり1週間の期限を与えます。たいていは、生徒はその日のうちに済ませたいので、必死でとりくみます。ときには休み時間になってもやっています。

この課題をやることによって、英語の単語力がつくのですから大変貴重な課題です。とくに英語はスペルと発音の乖離(かいり)が大きくその点が学習者の大きな壁になっているのですから、書いて覚えるということも大切なのです。後で述べるように、とくに入門期の1年生で学ぶ単語はスペルと発音の乖離が大きいので、その意味でも、この一見単純な作業はじつは非常に重要です。

その書き取りプリントが終われば、市販のワークブック、それも終われば受験用の参考書をどんどんやればよい。学力はつくし、宿題も減る。これは生徒にとっても大きなメリットです。生徒にとって「最小の努力で最大限の成果を残す」ために教師は学び工夫することです。生徒には部活動もあれば、他教科の学習もあれば、趣味もあります。塾もあります。

7 他教科でも使える「授業の三分割」——授業に「型」と「変化」をあたえる

　生徒の集中力は15分しか持たないと考え、50分授業を大きく三つに分ける。これも寺島隆吉先生の『英語にとって授業とは何か』から学んだことでした。それぞれの15分ごとに内容を変え、それが生徒を飽きさせない仕組みですし、授業に変化を与えます。

　私の場合は、新しい文法の説明（ここでも「記号づけ理論」が役にたちました）とその口頭練習などに15分、単語、本文の「リズムよみ」15分、「立ち止まり訳」プリント15分が基本のパターンでした。

　この「授業を三つに分ける」「授業のなかに『静』と『動』をつくる」は、英語のみならず道徳の授業や全ての授業でつねに意識していたことでした。三つに分けることは、授業者の心理的負担も小さくします。

　50分単位で授業を考えることの心理的負担は大きいですが、15分単位の内容・活動を考えるならば心理的負担も小さくてすみます。このことも記号研から学びました。その15分単位の中身を充実させることが教師の工夫するところです。

　15分単位の内容をそれぞれ「動（ペア活動、リズムよみ等）」と「静（視写、立ち止まり訳、説明を聴く等）」とし、これらを組合わせることによって授業に「型」と「変化」を与えます。

8　私の英語力を大きく飛躍させた「ネクサス読み」

　私の英語力が大きく向上したのは大学時代ではなく、教師になってからです。寺島隆吉先生の著書を読み、そこで学んだ記号づけを用いながら英文を読むことで、私の英語力は着実に伸びました。記号づけの効果は、実際にやってみるとはっきりと実感できます。茨城県の大手山茂先生が岐阜の「記号研集会」へ来る電車の中で「記号づけしながら英語雑誌タイムを読んでいたら、どんどん読み進められて、電車での旅があっという間であった」という趣旨のことを述べられていましたが全く同感です。

　記号研「寺島メソッド」で学んだことは枚挙につきませんが、「英語の二大特徴」（『英語にとって文法とは何か』）は特に印象に残る点でした。英語の二大特徴の一つとして「英語は発達した前置詞句の体系をもつ」を挙げられ、前置詞の役割を英語の二大特徴の一つだとまで言い切った指摘は今まで他に見聞したことがありませんでした。その指摘の正しさは前置詞句を〔　〕でくくれば強く実感で

きました。記号づけすればその指摘が実感として迫ってきます。

　さらに、「発達した前置詞句の体系」に加えて、「記号研」で学んだことで強く印象に残ったことに「ネクサス」構造があります。「ネクサス」構造とは単文の中に隠れている意味上の主語（S'）と述部（P'）の関係をさします。

　例えば『英語にとって学力とは何か』128頁には次のような例文があげられています。この（1）の単文に含まれている意味上の主語（S'）と述部（P'）を複文に書き換えると（2）になります。

　　　(1) I think him honest.　→　(2) I think that he is honest.
　　　　　　　　S'　　P'

　この「ネクサス」を学んだことによって、「ああ、これもネクサスだ」と実感することが多々あり、英語の仕組みがよく見えてきたのです。この「ネクサス」理解によって、熟語や文型の「丸暗記」でなく、その本質の「理解と納得」、そして自分の英文の「生成能力」が向上したように感じました。

　大学受験参考書で読んだ have one's hair done（あるいは cut）の表現が、なぜdoneと過去分詞となるのかがよく分からなかったのですが、「ネクサス」のもつ意味を寺島先生の著書を読んで初めて納得できたのです。

　この「ネクサス読み」については『英語にとって文法とは何か』88-96頁でも詳述されているのですが、寺島先生はネクサスについて著書『英語にとって教師とは何か』185頁において次のように述べられています。

　　　「ネクサス読み」とは単文の中に複文を読みとる作業、文法的には単文とされているものを「元の二つの単文」に復元する作業なのである。これは複文を元の単文に分解する作業よりもはるかに難しい作業なのである。つまり英文を読むという作業は、「単文の中に複文を読む」「複文の中に単文を読む」という弁証法的思考そのものであるということになる。

　この「ネクサス読み」に関連して、もうひとつ「寺島メソッド」が私にとって大きく役立ったことに、「熟語・成句」は丸暗記する必要がない、ということがあります。

　寺島隆吉先生と山田昇司先生の共著論文「動詞の意味を学ぶ授業書 get と turn の考察」（岐阜大学教育学部研究報告 2006）では、熟語・成句の裏に隠されている自明のitや再起代名詞を補うことによって熟語・成句は丸暗記する必要がないことがみごとに説明されていました。

この「補うべきネクサスの主語」を「再帰代名詞」とした分析は見事としか言えません。たとえば、上記論文では、get の意味の混乱（get がなぜ「得る」「なる」「来る」と関連性のない意味となるのか）の理由を明らかにし、理解と納得、英文生成能力の育成へとつなげるものでしたが、これは中学校英語教育においても重要な提言だと思います。

　先の共著論文129頁では、get off（～を脱ぐ）の熟語について次のよう引用があります。（『読みの指導と英文法』32頁）

> やはり take と off を分けて考えてみることが大切です。なぜなら take「とる」、off「分離」（～から離れて）とおさえておけば、「自分の体から上着を分離して取る＝脱ぐ」という意味は簡単に得ることができるからです。
>
> 　(take) his jacket 〔off (himself =his body)〕
> 　(取る) 上着　　　〔～から（自分の体）〕

　そして同論文が分析・指摘しているように、例えば get に関する熟語「なる」「来る」「着く」は、get ＝「得る」の原義に戻ることによって統一して理解できます。

　　　get（oneself）homesick　　　　　　　　＝ get homesick
　　　　得る　自分が病気の状態を　　　　　　　　病気になる
　　　When did you get（yourself）there？　＝ When did you get there?
　　　　　　　　　得る そこに自分がいる状態を　　　　　　　そこに着く

　こう理解すれば、英文をより深く理解できるのみならず、英文を生成する能力につながります。英語教師であれば是非とももっておきたい知識です。

　そして中学生でも3年生ともなり彼らの中に一定程度の熟語群が蓄積された時、その熟語群に「ネクサス」の串を一本さしてやれば、一気に視界が開けて言葉のおもしろさが味わえるのではないでしょうか。中学生の知的レベルは決して低くはありません。

　記号づけの視覚的効果も重要です。動詞・動詞句をマルでくくればそれが視覚的に浮かび上がってきます。この視覚的効果は「英語の心臓部」である動詞、動詞句を浮かび上がらせます。

　中学校でターゲットとなる文法項目はこの「丸・楕円」で囲む動詞・動詞句、そして「四角」でくくる「連結詞」（接続詞、関係代名詞、間接疑問詞）がその大部

分を占めます。それをマルとシカクの記号が浮かび上がらせるのです。

〔註　上記の論文「動詞の意味を学ぶ授業書 get と turn の考察」は、山田先生が寺島先生の指導のもとで下記の「寺島の仮説」を検証する修士論文を書く過程で生まれたものです。

　「いわゆる句動詞は丸暗記する必要がない。なぜなら、句動詞の裏に隠されている自明の it や再起代名詞を補うことによって熟語・成句の意味がとれるからだ。これらの it や再起代名詞など自明の目的語が句動詞におけるネクサス構造の意味上の主語となっていることを、そのつど思考実験によって確かめることが重要であるゆえんである。」

　この修士論文は後に「句動詞における〈削除された自明の目的語〉の考察」（岐阜大学教育学部研究報告 2007）というかたちで、再度まとめ直されています。「動詞の意味を学ぶ授業書 get と turn の考察」という論文と一緒に、ぜひ単行本として出版してほしいものです。〕

9　「最先端をまなび、最前線にたつ」を胸中に

　教諭時代に胸中に秘めていたのは、「最先端を学びながら最前線で実践する」ことでした。「最先端である」ことは、「記号研で学ぶことが常に最新の情報に触れること」であるという確信がありました。そしてそれを中学校現場で実践にうつすことが「最前線に立つ」ということでした。私が英語教師として自負心をもって教壇に立てたのは記号研で学ばせてもらったことに尽きると思います。

　生徒はたいていは「塾」に通っています。塾と同じことをしていては生徒にとって英語の授業はつまらないでしょう。塾では教えてもらえない方法でしっかりと英語学力がつく。そしてその方法が独りよがりでなく言語学にきちんと基づくものであること。そんな方法が「記号づけ」であり「立ち止まり訳」であり「リズムよみ」でした。

　今はどの学校にも不登校生徒はいるものだという覚悟がいります。私にも経験があります。その不登校生徒が再登校してきたとき、「寺島メソッド」が大いに役立ちました。「リズムよみ」で英語の発音を知り、「記号づけ」「立ち止まり訳」で、教師の少しの支援があれば自分で意味がとれます。なぜなら、「記号づけプリント」にはたっぷりとヒントがついていますから、それを見ればなんとか自分で意味がとれるのです。

10　入門期の「発音とスペルの乖離」をうめるために

　私が中学1年生に英語を教えるときに心したことは、初めて英語を学ぶ中学1年生にとって英語を発音したり、正しく書くことは簡単ではないということです。

　それは、先にも述べたように、英語においてスペルと発音の乖離が大きいからです。例えば、なぜ、book の oo を「ウ」、always の a を「オー」と発音するのでしょうか。

　しかも、中学1年生で出てくる日常の英単語ほど、このようなスペルと発音の乖離が大きいのです。中学1年生で習う英単語ほど文字を見て発音するのが難しいのです。

　ですから、うまく英語を読めない生徒は、分からないことに正当な理由があるにも関わらず劣等感をもつかもしれません。そうならないようするのが専門職としての英語教師の力量です。

　教師がまずなすべきことは、英語は綴りと発音が乖離が大きいこと、英語を読んだり書いたりするのが難しいのは当然のことだと伝えてあげることです。そして、そうした英語の本質に気づいたことをほめてあげることです。

　教師も、かつて習い始めたときは、そのような体験をもったはずなのでしょうが、英語を習得していく過程でそのことをすっかり忘れてしまうのでしょう。英語が読めない、英単語を覚えられないのを子どものせいにする教師もいます。

　そうした英語の難しさのなかで、綴りと発音を教える「幹」は何だろうと考えたとき、寺島先生は私との往復書簡のなかで次の点をおっしゃっていました。

　　1．子音字は、アルファベットの名前から母音を引いた音
　　2．母音字は、アルファベットの「名前よみ」（エイ、アイ、ユー、エイ、オウ）か、「ローマ字よみ」（ア、イ、ウ、エ、オ）が基本
　　3．困難さは、「母音の合わせ文字」（例 ea: break, instead, meaning）によることが多い

　英語文字の「幹」を教えるとき、生徒に「なるほど、これだけでいいんだ。これなら分かりやすくて自分でもできる」という明るい「見通し」を与えるものでなければなりません。したがって綴りと発音の乖離による困難さが主に「母音の合わせ文字」にあるとしても、その点をおさえつつ、アルファベットの「名前よみ」や「ローマ字よみ」が、英語を発音したり書いたりする上で有用であること

を生徒に伝えることが大切です。

　そうした観点で寺島先生の指導のもと、往復書簡のやりとりをまとめたものとして「英語入門期における単語発音の指導」(『岐阜大学教育学部研究報告』2004)という共著論文ができあがりました。

　この研究成果をふまえて、生徒たちとスペルと発音の問題を確認しながら発音したり書いたりしていくと、随分と英単語もしっかり読めて書けるようになってきました。

　上記の論文を読み返してみて、「発音とスペルの乖離（かいり）」という英語学習上の大きな問題は次の諸点にあったことが、いま改めて納得できます。

　　(1) せっかく小学校で「ローマ字」を学習しているのだから、それを生かして、綴りと発音の乖離（かいり）の溝をうめる手段とすること
　　(2) 教師がその道筋と方法を明確に理解して指導することが大切であること、しかし残念ながら、まだその道筋を論理的に明らかにすることができていないこと
　　(3) したがって、この「論考」がそのことを明らかにするというとりくみであったこと
　　(4) そもそも、その当時、私自身に指導の道筋が整理できていなかったために、「どうも中学1年生を教えるのは得意ではない」という当時の思いがあったこと

　フォニックスに関しては、寺島先生は「フォニックスもルールが多すぎて、必ずしも生徒に教えて役立つルールにはならない。ルールは三つまでだ」と言われていました。私の体験からしても、本当にそうだと思いました。

　いま小学校から英語が教科となりますが、初歩ほど専門性が要ります。それを小学校の先生に求めるのであれば、せめてここで述べたことを学ぶ機会を設けてほしいと思います。そして、小学校の先生のエネルギーは漢字などの日本語力、算数教育など「読み・書き・そろばん」と言われている基礎的能力育成にまず注ぐことが児童のためでしょう。

11　寺島メソッドそのものがアクティブ・ラーニング

　アクティブ・ラーニングが「思考を活性化する脳働的学習」であり「能動的かつ協働的」であるならば、「記号研方式」「寺島メソッド」はまさにアクティブ・

ラーニングそのものです。

　なぜなら、「記号づけ」（英文の動詞・動詞句にマルを、前置詞句に角カッコを、連結詞に四角をつける）することが、まさに「思考を活性化する」「脳働的かつ能動的学習」です。どこにマルをつけ、カッコをつけるか、四角をつけるかで考え込みます。新たな発見もあります。そして論争も生まれます。

　そうした「思考を活性化する脳働的学習」が「記号づけ」から生まれます。そして「記号づけ」できれば、日本人として求められる英語力の基礎はできたといえるでしょう。つまり「寺島メソッド」では到達目標が具体化され視覚化されているのです。

　グループでの「リズムよみ」は協働学習を生み出します。「リズムよみ」をグループでするために苦手な生徒に周りから援助が入ります。皆が同じリズムとスピードで読むためには、一定の熟達が必要だからです。それが協働となります。人間的つながりも深まります。

　また「記号づけプリント」「立ち止まり訳」では、ヒントを見ながらセンスグループ毎に意味を考える、それらのセンスグループをまとめて意味の通じる日本文にする。これらは日本語力を鍛えます。学習はじっくりと独習することが当然基本ですが、「記号づけプリント」では、分からないセンスグループがあっても、到達目標が具体化され視覚化されているので、教えあうこともできます。

　つまり「寺島メソッド」では独習と協働が可能なのです。そのような仕組みがつくられ用意されているのです。

12　おわりに

　私は寺島先生の「教育と研究を切り開いていく力」にも感服させられています。寺島先生は「記号研」発足後、メールもない時代でしたので、『Applied Semiotics』という24頁にもわたる月間の機関誌をつくり、100名をこえる全国の会員に発送されていました。

　大変な労力であったろうと思いますが、この機関誌『Applied Semiotics』が会員の実践発表の場、成果を共有する場となりました。私自身、そこに投稿することも自分自身の励みとし、実践を進めることができました。

　新たなことを「切り開いていく力」は、経済産業省の言う「社会人基礎力」の根幹をなすものであり、「前に踏み出す力（主体性・実行力・働きかけ力）」そのも

第1部　英語アクティブ・ラーニングを求めて―その軌跡と到達点

のではないでしょうか。

　このような力は、文科省が言い始めているアクティブ・ラーニングにも直接つながるもので、それは同時に、寺島先生が常に記号研で提起されていた「恥をかく勇気」ともつながります。私もそのような力と勇気を身につけたいと願い、日々精進してきました。

　私に書く価値があるものをもっているとしたら、それは「記号研」で学んだ「寺島メソッド」しか思い浮かびません。そこでタイトルを「中学校英語と寺島メソッド」とした次第です。私のささやかな実践と経験がお役に立てれば幸いです。

第4章

中学英語はこう変革された！
——「寺島メソッド」で身につく真の自己表現力

後藤幸子

1　暗中模索の10年間
2　師を得たよろこび
3　日本人として英語を学ばせる——世界情勢についても伝えたい
4　ただやるのではなく、理論を持ってやる——予備校の有名講師も使っていた！
5　中学でキング牧師の演説ができた！
6　英語教師としての生き方が決まった！
7　「枝葉」ではなく、英語の「幹」を教えたい
8　英語の授業で、日本語の力もつけてやりたい
9　「思考実験表」と生徒のつまずき——習得順序仮説は正しいのか？
10　高校に進学した生徒——「先生、動詞に丸をつけると意味が見えてくるよ！」
11　あとは鼻歌♪——教室に行くまえの準備こそすべて
12　生徒を正しく捉える——「生徒の内面をきちんと見ていますか？」
13　それでも私は寺島メソッドをやめない

第1部　英語アクティブ・ラーニングを求めて―その軌跡と到達点

1　暗中模索の10年間

　教師1年目のことですが、ある先輩教師に「あなたは生徒に、英語の先生と言われたいか、○年○組の先生と言われたいか」と聞かれました。「もちろん英語の先生と言われたいです」と即答したものの、期待どおり生徒にそう呼んでもらうには、あまりにも自分の英語の授業に自信がありませんでした。

　学生の頃は先生がいて、その先生に指導していただいた通りに活動していればよかったのですが、教師になると自分で模索していかなければなりません。たくさんの先輩教師の授業を参観させてもらったり、自分の授業を見ていただいてアドバイスを受けたりしたものの、一向に自分の授業に自信をもつことができませんでした。なかには「将来、先生のように英語の先生になりたい」と話してくれる生徒もいましたが、それらの生徒は真面目に教えている私の姿勢を認めてくれているにすぎないと思っていました。

　私が中学校の英語教師になってから最初の10年間はそんな暗中模索、試行錯誤の状態でした。私は生徒に英語の力をつけさせるべく、たくさんの研究会にいったり授業を参観したりして自分の教え方を見直し、自分が良いと思った活動や教授法はすぐに取り入れ、それを真似たり自分なりに改善したりするなどして、指導の技術を磨いてきたつもりでしたが、私の中にはつねに次のような疑問があり、それは年ごとに大きくなっていきました。

　一つめは、どんなに話す練習をさせても書く練習をさせても生徒に思うように力をつけさせてやれないのはなぜだろう、ということでした。

　英語が得意な生徒は単元ごとによく話せてよく書くことができるようになり、既習の文法や語彙を使って会話の内容をふくらませたり、自分の思いを簡単な英語で表現したりすることができるようになりました。しかし実際はその場だけの会話文をスラスラと話せているだけで本質的な英語力がついていないのではないか、と感じることが多かったのです。

　またそれまでのような活動では、英語が苦手な生徒に充実感を持たせることがなかなかできずに、「分かるようになった」という喜びを感じさせてあげられませんでした。

　二つめは、教科書どおりの授業で、英語の学習はじゅうぶんなのだろうか、という疑問です。

　教科書の内容は何年かごとに変わり、最近では「英語が話せる日本人」になる

ようにと会話文が多くなりました。しかし会話文は主語が無く、中学1年生でも、難しい表現を使って買い物をする場面があったり道案内をしたりする場面があります。ですがそれらの会話文をたくさん覚えたとしても、英語の長文を読む力には直結しがたいし、日本のようなEFLの環境では使ってみる場が限られていて結局は忘れてしまいます。ですから、会話文では思うように学力をつけてあげることができないのではないか、と思うようになりました。

　三つめは、より効果的に英語力を身につけさせる教授法はないのだろうか、ということでした。

　研究授業で、見た目には華やかに会話をさせているような授業や、いかにも自分の意見をスラスラと書いているような授業を見たことがあるのですが、しかしそれは表面上の活動ではないだろうか。単元ごとにいろいろな活動を組み合わせているだけで、一貫した教授法で貫かれているわけではないので、断片的な知識しかついていないのではないだろうか。

　では効果的に英語の力をつけさせる教授法には一体どんなものがあるのだろうか。そして中学校だけにとどまらず、高校や大学の英語の基礎となる確固とした理論に基づいた教授法は無いのだろうかと思うようになりました。

2　師を得たよろこび

　そんなとき、教師人生を変える「転機」がありました。教師12年目にわたしは「内地留学」をさせてもらえることになり、岐阜大学教育学部大学院への派遣が決まったのですが、そこで当時、教授をされていた寺島先生と出会ったのです。

　院生の授業だけでなく、先生が授業をされている学部の授業にも出席をさせてもらいました。大学生に英語を指導される先生の授業を、丸一年間受けた経験があったからこそ、実際に自分が寺島メソッドをもちいて授業を展開する際、とてもやりやすかったのだと思います。

　まずは先生がこだわっていらっしゃる授業スタイルについてその理由をお聞きし理解した上で、学校の設備を考慮しつつ完全に「追試」をしようと努めました。私はその後の記号研の研究会などでも、寺島先生が授業について話されるとき、先生の授業を思い出しながら聞くことができるので、とても理解がしやすいのです。このような経験をもつ自分は、寺島先生を師と仰ぐ多くの先生方の中で

も、幸せ者のひとりだといつも思うのです。

　さらに自分が幸せ者のひとりだと思えるのは、寺島美紀子先生の授業にも何度か参観させてもらえたことです。以前、私は同僚に「あなたは中性の教師だね」と言われたことが何度かありました。女らしくないのです。「女の教師」として、どんなことに配慮すればよいのだろうかと悩んだとき、「そうだ、美紀子先生の授業を見させていただこう」と思い立ち（今から思うと大変ぶしつけで失礼でしたが）、朝日大学での授業を参観させていただけるようお願いし、快諾していただきました。

　隆吉先生の知性と気迫あふれる授業とはまた違って、知的でありながらも繊細で、始終笑顔を絶やされない穏やかな物腰が、安心して授業を受けられる雰囲気をつくり出しておられました。大学生とは言えども学力がさほど高くない学生たちは、英語に対する意欲は低いのですが、美紀子先生の授業なら出たくなるのだと思いました。

　また、お忙しいときに突然お願いして参観させていただいたのですが、これまで使用された学習プリントが丁寧に綴じられたファイルを、「どうぞ」と手渡して下さいました。ただ嬉しいだけはなく、ずっしりといろいろな意味の重みをも感じました。

　美紀子先生は授業だけなく研究会でも気配りの行き届いた方です。男女平等の時代かもしれませんが、お茶出しだけなく研究会場についても女性ならではの配慮をされます。「気づけない」「動けない」では、よい研究者にはなれないことを学びました。

　また「学ぶ人」に対しては、学生や教師であっても、同じように大切に接することの重要性を教えていただきました。寺島ご夫妻は英語教師としてだけでなく、温かな人情味あふれるご夫婦であり、私の「師」です。

3　日本人として英語を学ばせる──世界情勢についても伝えたい

　さてここからは寺島メソッドから学んだことについて述べたいと思います。まず、英語の授業で何を学ばせたらよいのかについてです。英語という言語を教えるときに、何を聞かせ、何を話させ、何を読ませ、何を書かせるか、という問題です。

　文科省が推奨するようにオールイングリッシュで、ただ教科書に沿って文法を

教え、会話、スピーチ、ディベートを繰り返す。教師はまるでエンターテイナーのように振る舞い、楽しい雰囲気を醸しだし、生徒には英語が話せるようになったかのような錯覚と充実感を味わわせる授業をしている人が、中学校の英語教師に多いと感じます。

そんな授業では、教師が疲れ果てるだけで、生徒に真の英語力や学ぶ力をつけられないのではないでしょうか。小学校英語などはまさしく「英語でお遊戯」だと、どの授業を参観しても感じました。地に足をつけた確かな英語力を身につけさせなければ英語教師とは言えないと思うのです。

次に、英語教師のひとりとして、世界情勢についての最低限の知識を得なければならないと教えていただきました。世界を知ることで日本について学ぶことができるからです。

寺島先生が「アメリカに憧れて行くような生徒を育てるために英語を教えているのではない」と話されたとき痛感しました——わたしは確かに、外国の素晴らしさや国境・人種を越えたものの考え方についての指導はしている。しかし新聞やテレビの情報だけに流されず、世界を正しく捉えられるような指導は全くしていないと。

中学生の英語の授業で世界情勢について話す時間はなかなかありませんが、どんな知識を身につけておけば英語使用時にいっそう役に立つのかを教えることは、英語教師の役目のひとつだと知りました。「例文ひとつにしても、いつも主語が男の子や犬や木でなければなりませんか」と教えていただき、それからは例文も自分で考えるようにしています。

例えば、たいてい中学校の現在進行形の例文は The boy is watching TV. などですが、ニュースでシリアの人々がヨーロッパへ流れているのを見聞きしている生徒も多いと思うので、Many Syrians are moving to Europe. くらいなら生徒でも理解できました。このように世界情勢を盛り込んだ例文をもちいてちょっとした知識をついでに話せば、生きた教材になると感じました。

知的好奇心の強い生徒は家ですぐに調べてきて、「先生、シリアっていう国、初めて知ったよ。ニュースで話題になっていたのに、聞き流してたよ」と話しに来てくれました。そんな私たちのやりとりを聞いて、他の生徒も世界情勢に興味をもちはじめています。

生徒は良い意味で「知りたがり」ですし、中学生ならそこそこの理解力もあり

ます。生徒の知的好奇心を掻き立てるきっかけを作ってやるのは教師なのだ、と教えてもらったことを実感しています。

4　ただやるのではなく、理論を持ってやる
──予備校の有名講師も使っていた！

　生徒に文法を教えるときや音読をさせるとき、教師だけでなく生徒が一生使える学習法として身につけられるのは、寺島メソッドです。院生のとき、「寺島メソッド」で英語を学習し直しました。そしてそれは中学生でも十分理解できるものだと感じました。

　記号をもちいれば、英文が目に飛び込んでくるようで、その記号があればどんなに長文でも正しく日本語に訳すことができる方法でした。大学生が読むような英文でさえ、中学生が読めるのです。これなら、中学生にはちょっと難しいと思って導入をやめていたものでも、躊躇せず提示できると思いました。

　実際に戦争を扱う単元では『うましめんかな』、グローバルな視野を扱う単元では『もしも世界が100人の村だったら』、継続的に英語にかかわらせたいなら『となりのトトロ』や『魔女の宅急便』などの「マラソンプリント」を与えています。

　〔この二つのプリントは山田昇司先生が高校で教えておられるときに同僚の先生と共同で作成されたものです。記号づけされた英文を「立ち止まり訳」させるもので全ての語義が与えられています。〕

　実を言うと、寺島先生にお目にかかったのは院生になったときがはじめてだったのですが、「英文に記号をつける」というのは以前から知っていました。というのは、高校2年生の夏、私は某有名予備校で夏期講習を受けたことがあるのですが、有名講師というのは受講予約が殺到するのです。当時、名古屋校で大人気の講師が、夏期講習だけ岐阜に来るというので、早速申し込みました。

　長文読解では、その講師はものすごいスピードで一文一文に○や［　］の記号をつけて読み上げました。例えば「Obama offered no apology for the bombing.」という英文だとすれば、こんなふうです。

　「Obama offered、offered に○、no apology for、for の前に前括弧、最後に括弧とじる」

　受講生はぜったい聞き漏らすまいと、必死でテキストに書き込みます〔記号研のように記号をつけたプリントを配布してくれれば、時間の短縮になったのですが〕。

英文は Obama (offered) no apology [for the bombing]. となり、動詞に○、前置詞句に［　］をつけるのは記号研方式と同じです。講習後に一人で復習するとき、この記号がついた英文を読み返してみるとほんとうに理解しやすかったことを覚えています。

　きっとその有名講師は「記号研方式」「寺島メソッド」をどこかで習得したものと考えられます。たぶん寺島先生の著書を読み漁り、読み尽くしたのでしょう。そして人気を博する講師に……。ですから、のちに寺島先生がその講師の人気の「水源地」であったと知ったときは、ほんとうに驚きました。

　しかしその有名講師は、無料で勝手に「寺島メソッド」を利用させてもらって自分は予備校の超人気講師になり、報酬も並みの給料ではなかったでしょう。他方、寺島先生は粗衣粗食の日々を送っておられます（作務衣と玄米菜食）。何か矛盾を感じます。

5　中学でキング牧師の演説ができた！

　それはともかく、音声指導も「寺島メソッド」を使うと効果抜群です。そのひとつが「リズムよみ」です。

　「リズムよみ」は、「いい音がするペンを正しくもって」と声をかけると、生徒はさっとペンを取り出します。そして私の後に続いて音読した後は、6人ほどのグループで声とペンの音がピタッと揃うまで何度も繰り返し練習します。4月の最初の頃はペンで机をたたく音にびっくりして、何人もの先生が教室をのぞきに来られるほどです。

　今年度は Cornell West という黒人教授のスピーチを映像で見せ、彼の手振りが「リズムよみ」と一致することを紹介すると、喜んで真似をして「リズムよみ」をしていました。発音も大切だけど、文の意味内容に合わせて強弱をつけることの方がさらに大切だと、寺島先生に教えていただいたとおりに生徒に教えています。〔このスピーチ教材と映像資料は美紀子先生が大学の教室で実際に使われていたものです。〕

　授業で英語の歌を歌っていますが、その歌の教え方も習いました。「キング牧師」を扱う単元のとき、「We Shall Overcome」を教えています。まずはキング牧師についての動画を見せ、時代背景をつかませます。そして私が大きな声で（アカペラで）「We Shall Overcome」を歌います。生徒は変わった歌だし、私の

大声にも度肝を抜かれます。強く印象づけられて、生徒は歌を習いはじめます。

ある年、ピアノが得意な生徒が「先生、いつもアカペラだから伴奏を書いてきたよ。弾いていい？」と申し出てくれて、その日から伴奏付きになりました。その生徒たちが卒業して中学校に遊びに来ると、「先生、『We Shall Overcome』は今でも忘れられない」と言って歌い出します。

キング牧師の演説「I Have A Dream」の「リズムよみ」もおこないます。中学生でも「記号研方式」なら誰でも「リズムよみ」ができ、実際のキング牧師のスピーチ原稿を高らかに「リズムよみ」する生徒の姿を見ると、ほんとうに記号研の素晴らしさに感動します。教科書の内容だけでなく、その授業ではどっぷりとキング牧師に浸らせることができます。

もちろん「I Have A Dream」の「リズムよみプリント」も記号研（現在は国際教育総合文化研究所へと発展的解消）で教えてもらったものです。記号研にない教材は、記号研方式で自作します。基本を理解すれば誰でも作成できます。教師の工夫次第で、生徒を満足させられる教材ができるのです。

6　英語教師としての生き方が決まった！

さてここからは私が大学院の寺島ゼミで学んだことや先生の指導の下でとりくんだ修士論文についてふりかえってみます。

中学校に長く勤務していると、教科書では易しい会話文しか載っていないので、自ら求めなければ難しい英語の文章や長文を読む機会がありません。ですから、大学院1年生の前期は、自分の英語力や指導力をブラッシュアップするよい機会となりました。

それまではなかなか本を読む時間さえありませんでしたので、専門書を何冊もじっくりと読み、知識を高めることができました。以下の本は自分が英語力を高めることが出来たり、教授法などについて新しい知識を得ることができたものです。

　　　大津由起雄『英語学習7つの誤解』NHK出版
　　　金谷憲『英語リーディング論』桐原書店
　　　金谷憲『和訳先渡し授業の試み』三省堂
　　　寺島隆吉『英語教育原論』明石書店
　　　村野井仁『第二言語習得研究から見た効果的な英語学習法・指導法』大修館書店

第4章　中学英語はこう変革された！

福田誠治『競争やめたら学力世界一』朝日新聞社
Ellis, Rod *Second Language Acquiition.* Oxford
Hofman, Th. R. *10 Voyages in the Realms of Meaning.* Kurosio

　これらの本に書いてあったようなことのいくつかはこれまでの実践ですでに体得していました。そして実際に現場にいたからこそ分かる表現などもありました。中学校では研究授業をおこないその意見交流をする機会が年に何度がありますが、それまでは理論や教授法を基にして話し合っているわけではありませんでした。しかし今後は身につけた知識をふまえて意見を言うことができそうに思えました。

　しかしとりわけ私に大きな影響を与えたのは寺島先生が書かれたものでした。私の英語教師としての人生を変えたといってもいいすぎではありません。

　寺島隆吉『国際理解の歩き方』では、アメリカという大国の存在について考えさせられました。日本とアメリカがどのような関係にあるのか、またアメリカがどのような国にどのような影響を及ぼしているのかを知れば知るほど、同時に日本の政治についても目を開かされていくようでした。

　寺島隆吉『英語にとって評価とは何か』では、これまでの自分の評価のつけ方や考え方がいかに曖昧であったかと反省させられました。どのような評価が生徒のモティベーションをあげるのか、この本にはヒントがたくさん詰まっていました。大学院２年生で現場に戻って実際に中学校で再び教鞭を取ったときには、この本で学んだ「量」を書く指導や「関心・意欲・態度」の評価の考え方をさっそく取り入れさせてもらいました。

　英語の授業が週３時間になってから、英語の歌を授業中に扱うことをやめていましたが、英語の歌を復活させるきっかけとなったのが寺島隆吉『英語にとって音声とは何か』でした。以前に英語の歌をやっていたときにはただ歌わせただけでしたが、歌を教材として使うことがこれほどまでに英語の力をつけるのに有効な手段だとは思いませんでした。中学校１年生でも毎時間の授業で、次の三冊の歌が歌えるようになりました。

寺島隆吉（編）『Singing Out』Vol. 1-3　三友社出版

　実際に授業で歌を導入するときには、さらに寺島美紀子『STORY OF A SONG の授業』（授業の工夫６）を参考にしています。また、寺島隆吉『キングで学ぶ英語のリズム』からは英語の歌だけでなく、教科書本文を「リズムよみ」す

る技術を学びました。これも実際に授業で取り入れ、棒読みになりがちな文章を、楽しく自然に強弱をつけて読ませる手段として欠かすことができなくなっています。

　そして、全ての生徒が自分の力で英語の日本語訳ができるように、と始めたのが「記号研方式」「寺島メソッド」です。教科書本文に記号をつけ、「語順訳」→「立ち止まり訳」→「日本語訳」という順で訳をさせています。その指導をするためのプリントづくりの技術を支えてくれているのが寺島隆吉『英語記号づけ入門』です。

　教科書の本文が長くなる３年生ころからは、「構造読み」や「主題読み」にも挑戦させていきたいと考えています。そして教科書だけでなく、下記のようなワークブックでさらに英文読解の力をつけさせたいと、今から構想を練っています。

　　　寺島隆吉（編）『大きなかぶ』
　　　寺島隆吉（編）『ジャックの建てた家』
　　　寺島隆吉・寺島美紀子（編）『魔法の英語』

最後に英語教師としての自分を根幹から支えてくれているのが次の四冊です。

　　　寺島隆吉『英語にとって学力とは何か』
　　　寺島隆吉『英語にとって文法とは何か』
　　　寺島美紀子『英語授業への挑戦』
　　　寺島美紀子『英語「直読直解」への挑戦』

7　「枝葉」ではなく、英語の「幹」を教えたい

　大学院での研究は、中学校での英語の授業で役に立つものにしたいと決めていました。また、これまでの自分の疑問が解決できるものにしたいとも考えていました。

　あるとき寺島先生の授業で、「ほんとうに生徒に学ばせなければならない、木に例えると幹の部分がある。しかし英語教育の現状を見ると、枝葉の部分ばかりを教えている」と言われました。寺島美紀子『英語授業への挑戦』では、次のように書かれています。

　　　要するに「枝葉」は難しいから定着せず、他方「幹」はきちんと教えられていないから、何が幹かもわからず、結局落ちこぼれていく。その意

味で、いま最も求められているのは、教えなくてもよい枝葉をはっきりさせ、それを大胆に切り捨てる勇気ではないだろうか。(24頁)

　わたしがこれまで中学生に一生懸命に教えていたことは枝葉の部分ばかりだったような気がしました。幹がしっかりとしていなければ、枝葉は生い茂らない。何が「幹」で何が「枝葉」なのか。それを知らずして英語の授業が成り立つはずはありません。

8　英語の授業で、日本語の力もつけてやりたい

　日本のような EFL（English as a Foreign Language）の環境では、全く日本語を介さずに英語を教えるのは無駄であり無理でもあります。しかしその日本語による文法用語が英語を教えるときの支障になっていないだろうか。また日本語が不十分な生徒に英語を教えるとき、どのようなことに気をつけなければならないのだろうか。

　英語教師が文型を教えるとき、「主語＋動詞」とか、「名詞」「形容詞」「副詞」などのように品詞を使って説明している。しかし中学生はこれらの言葉を理解できているのだろうか。単語を見て、すぐに品詞が言えるのだろうか。きっとほとんどの生徒が言えないだろう。ではなぜそんな用語を使って説明するのだろうか。他に良い方法が無いからである。結局はここにぶちあたる。

　そして日本語に訳すときに日本語らしい訳にすればするほど、その英文が浮かんでこなくなるほど文章が変わってくることもある。そんな訳をしていたらやっぱり「英語はむずかしい」と思わせてしまうだろう。日本語の力がなければ、日本語らしい訳なんて到底むりである。寺島隆吉『英語にとって学力とは何か』では次のように述べられています。

> よく「易しい英語で話しなさい」とか、「会話やある程度の作文は中学程度の英語力で十分です」とかいう話をあちこちで耳にするが、ことはそれほど単純ではない。実は頭の中で、自分の言いたいことを易しい日本語に言い変えることがすぐに（あるいは簡単に）できるかどうかが問われているのである。それは英語力ではなく、実は日本語力そのものである。(13頁)

　外国語の力は母語力を上回ることができない。ヴィゴツキーは『思考と言語』で「外国語の習得は母語の発達の一定の水準に依拠する」と言っている。だから

こそ、「国語ができないから英語もできないのだ」と教える側がお手上げになるのではなく、英語の授業のなかで母国語の力をも同時につけていってやりたい。『英語にとって学力とは何か』から学んだのは、このことでした。

　英語の文章は、長くなればなるほど「美しい日本語」「こなれた日本語」に直すのが難しい。「後ろから訳せ」と言われるように、英語とは語順が異なるために「訳す技術」をも持たなければならなくなる。つねに「後ろから訳す」なら分かりやすいが、ときには前後させて訳さなければならない。

　しかし、この「美しい日本語に訳す」という作業は徹底して身につけなければならないものなのだろうか。話されている英語を聞くときにいちいちそんなことを頭の中でやっていたら何も聞けずに終わってしまう。ほんとうに身につけなければならない技術は、まず前から訳して意味が取れることではないだろうか。

　その答えとなる教授法が「記号研方式」でした。これを身につけることの方が絶対に英語の力になる。もう「後ろから訳す」技術に時間を費やす必要はない。寺島美紀子『英語「直読直解」への挑戦』は、SIM方式などと比較しながら、この方法・技術を詳しく解説してくれるものでした。

9　「思考実験表」と生徒のつまずき──習得順序仮説は正しいのか？

　教科書の文法の配列と、「第2言語の習得順序」は一致していない、という言葉を耳にしたことがある。しかし教科書の文法の配列はどうすることもできないのだろうか。もしそうならば、生徒のつまずきを最小限に抑えることができる方法はないだろうか。また自分は生徒のつまずきについてどれほど知っているのだろうか。そんな疑問をもちました。

　そこで、寺島隆吉『英語にとって文法とは何か』の164頁にある表を中学校の生徒に書き込ませて練習させてはどうかと思いました。というのは、寺島先生が何度も指摘されているとおり、「英語単文の心臓部」は述語動詞であり、この述語動詞の「単純形」「進行形」「完了形」の形式と内容が習得されていない限り、英語を「話す」ことも「書く」ことも不可能だからです。

　寺島隆吉『英語にとって文法とは何か』によれば、この表から次のようなことが分かるという。

> 　ところでTenseとAspectのどちらを先に教えるかとなるとかなりむずかしい問題が出てくる。なぜならAspectだけから成る教材というのは

ちょっと想像できないからである。しかし言語習得順序からいうと（中略）、進行形の方が過去よりも早い（三人称・単数・現在の -s などは最後に近い）。Krashen らの研究に接する以前から、私は上記の表をやらせてみて、Tense よりも Aspect の方が生徒にとってやさしいことを知っていた。というのは定時制高校にいた頃、むずかしい学力調査をするかわりに、上記のような表を与え、He plays tennis every day. という基本文を書きかえさせる作業を毎年やらせてみていたからである。この表には、未来・進行形などをつくり出す〈公式〉と be・have などの〈活用形〉がすべてヒントとして与えられていた。にもかかわらず生徒の一番できの悪かったのが単純形、とりわけその疑問・否定であった。（163-164頁）

寺島先生が生徒にやらせていたのは定時制ではあったが高校生である。では中学生にも同じものをやらせたら、どのような結果になるのだろうか。そして調査から得た誤答から、何かしらの指導のヒントを得ることができるのではないだろうか。そう私は考えてこの問題を私の修士論文のテーマとして取り上げることにしました。

最初におこなったのが『英語にとって文法とは何か』の164頁にある表を用いての調査でした。（本書第2部第10章の「思考実験表」の項も参照）

自分がこれからひとりの英語教師として英語を生徒に教えていくために、何を一番きちんと身につけさせるべきなのかを知っていなければならない。それを知ることで、より生徒に分かりやすい授業を提供することができ、生徒のつまずきを極力減らしていくこともできるはずであると私は思いました。

そのために「思考実験表」を中学生と高校生にやってもらい、その誤答や誤答数を表にして分析する。その結果から、生徒が苦手としている部分が浮き彫りになり、どのような間違いに陥りやすいのか、その傾向を知ることができる。さらにこれまでのいくつかの習得順序に関する研究について、それらの正しかった部分を証明し、さらには新たな発見もできるのではないかと考えました。

このときの修士論文はのちに寺島隆吉・後藤幸子「言語習得研究の英語教育の新展開（上・下）」として岐阜大学の紀要に掲載されました。なお、この修士論文発表会で拙論を紹介したところ、それを元に朝日大学で新しい追試がおこなわれ、その結果が寺島隆吉・寺島美紀子「TENSE・ASDPECT・VOICE の認識と

指導」『岐阜大学教育学部研究紀要：人文科学』第 58 巻 1 号（2009:103-146）として論文化されました。

10 高校に進学した生徒
──「先生、動詞に丸をつけると意味が見えてくるよ！」

　前節では大学院で学んだことなどを述べてきましたが、ここからは最近の生徒の話やいま働いている学校の様子を書きたいと思います。

　私は中学校教師ですので、「寺島メソッドを十分に活用しているか」と言われると、その点に関してだけは自信がありません。なぜならば寺島メソッドは、難しい英文になればなるほどその威力を十分に発揮するとも考えられているからです。中学校英語においてこの寺島メソッドをフルに活用できるチャンスは少ないかもしれません。

　しかし、寺島メソッドの幹となる部分を中学生がきちんと習得できたならば、高校や大学では、さらに高度な学力を無理なく身につけられると信じています。実際に学力の高い生徒が通う高校へ進学した生徒たちは、「先生、他の中学校の人たちは『リズムよみ』をしてなかったから、音読で強弱がつけられないよ。それに、リスニング力も弱いみたいだよ」と言います。

　いつも「リズムよみ」をしていた彼らは、記号がついていなくても自然に強弱をつけて読むことができる力をつけていたのです。何度も繰り返し教科書を読み続けることで、リスニング力も身につけたのだと考えられます。

　また、「ただ英文を読むだけだと、何が書いてあるか分からないけど、動詞に○をつけて前置詞句を［　］でくくると、意味が見えてくるようになった」とも言います。中学生には自分で○や［　］をつける練習をさせてはいませんが、このことについても自然にやれるようになっているとは驚きました。

　日常の授業でも、スピーチ原稿を書かせ音読練習をさせると、中学生が「リズムよみ記号」を自分でつけて練習をはじめます。記号をつけるところは、ほぼ完璧にできます。それに I'm from Japan. を「私の出身は日本です」と訳さず「私は日本出身です」と英語に沿った自然な訳をします。中学生から寺島メソッドを正しく身につければ、その後の英語教育に差が出ると実感しています。

11　あとは鼻歌♪──教室に行くまえの準備こそすべて

　現在の赴任先である中学校は「研修校」です。教育課程の全てにおいて、とても研究熱心です。そして教師の時間外労働もかなりのものです。最近の２か月間、帰宅時間を平均すると翌日の１時です。朝は家を６時10分頃に出ますから、睡眠時間は４時間あればよい方です。

　もちろん私だけが学校に残っているわけではありませんし、朝も数人が私よりも早く来て仕事をしています。私は決して仕事が遅いわけではありません。ただ仕事が多いのです。飛び入りの仕事が毎日のように舞い込むのです。それもけっこう時間のかかる仕事が。

　こんな状況ですから、自宅で夕飯を食べられません。しかし痩せてもいません。大量のお菓子をつまみながら仕事をするからです。誰が聞いても健康でいられるとは思わないでしょう。体育室で集会があって床に座ると１分もたたないうちに寝てしまいますから、ずっと立っています。

　花粉症がひどくなり、便秘や視力の低下、胃痛や肩こり、先月はギックリ腰にヘルペスまで……。病院に行くほどでもない病気が、次々に私を襲いました。

　だからといって、授業の手抜きはしませんし学習プリントを作成していないなんてこともありません。それは教師としてのプライドです。寺島先生はどんなに体調が悪かろうと、仕事に手を抜かれるどころか、より良い英語教育を求めて、まさに身を粉にして研究しておられます。私のような者にまで「元気にやっとるか」と電話をかけてくださり、先生よりは若い自分が手抜きの仕事などできません。体に鞭を打ち「教壇に立ったらいつでも全力でなければ」と思うのです。

　前に立つ教師が生き生きとしていないと、どんなに魅力ある教え方や教材・資料でもその魅力が半減します。寺島メソッドを使って学習プリントを作成すれば時間の短縮ができますし、記号研の教材・資料は、さまざまな英語教師によって実践され改善もされていますから、授業の準備に時間をかけることなく生徒を惹きつける授業ができます。記号研の教材・資料は「宝の山」ですから、こんなに忙しい自分をも支えてくれています。といっても、やはり教壇に立つまえの準備にこそ全力をかけています。

12　生徒を正しく捉える──「生徒の内面をきちんと見ていますか？」

　寺島先生に私の授業を何度か見ていただいたことがあります。自分が担任をし

ている生徒たちの授業でした。その授業が終わってから、先生は本を読んでいるある生徒に声を掛けられました。

「何読んでるの？」

「『老人と海』」

「へえ、面白いかい？」

「うん」

その生徒は担任に手を焼かせるひとりだと伝えると、先生は「中学生があんなに難しい本を読んでるとは驚いた。中学生だからといって、教材選びを馬鹿にしてはいけないですね。それにあの子は賢いよ。あなたはひとりひとりの生徒の内面をきちんと捉えてますか。その生徒のレベルで話をしてあげないと、心にストンと落ちないですよ。どんな本を読んでいるかが、その生徒のレベルの指標になるから」と教えて下さいました。

また、学級の（悪い意味での）中心人物と信頼関係を大切にすることも教えてもらいました。よい信頼関係を築くことができれば、その生徒の影響力で他の生徒をも良い方向へと導くことができること、英語が嫌いな生徒には「マラソンプリント」や「記号づけプリント」が良いことなども。

実際に授業に出ないで廊下で過ごしていた生徒に私がつくったプリントを渡すと、ものの数分でやり終えました。彼らの中には学力が高い生徒も低い生徒もいるのですが、誰でも日本語訳が簡単にできるプリントなので、「あのプリントなら、またやってもいいよ」と言います。そうなると、ふだん腹が立つようなことを言っていた生徒でも急に可愛らしく感じて、私もニッコリと笑うことができました。

生徒たちも「先生の授業なら出てやってもいいよ」と言うようになり、良いスパイラルに乗せることができました。寺島先生の生徒観が私の生徒観を変え、教師として成長させて下さいました。

13　それでも私は寺島メソッドをやめない

ここまででお分かりのように、私には文章力がありません。寺島先生に「英語力が母語力を上回ることは決してない」（「母語力上限の法則」）と教えてもらったことがあります。また先生の著書を読んだ感想にたいして、「読めども読めず」と言われたこともあります。どれだけ読書をしても、実力やセンスの限界を感じてい

ます。

　しかし、寺島先生を嫌いになったことも記号研を（そして研究所の研究員であることも）やめたいと思ったこともありません。寺島先生と研究所から離れてしまったら、私は成長が止まった教師になってしまうからです。つねに新しい研究が報告され、どこかで教材や資料づくりに膨大な時間と労力をかけている同志のことを思うと、どんなに疲れていても力が湧き、研究員のひとりでありたいと強く願うからです。

　もっと言えば、私のような教師でも寺島メソッドをもちいれば、これまで以上によい授業をおこなうことができ、生徒はその恩恵を受けて英語力を高められるのです。これが私が寺島メソッドを続ける理由です。「寺島メソッド」は私にとって英語アクティブ・ラーニングの「水源地」だからです。

それから一三年後、一九九七年のことですが、私は念願の英語のWritingの授業で、映画「天使にラブ・ソングを」を見せて、ついに英語で感想を書かせることができたのです。高三で感想文を書くという「自己表現」にとりくんでいました。高校入学時なら「寺島メソッド」を導入することに何の問題もありません。英語の「読み」も、「記号づけ」を教えれば簡単にクリアできます。しかし卒業学年である高校三年で初めて「記号づけ」「寺島メソッド」に出会わせて、しかも英作文にとりくませるのはどうなのか、大きな不安がありました。

しかし研究会機関誌に載せられていた寺島論文「和文英訳と自己表現」(上、下)を読んで大いに勇気づけられました。一気に読みました。すごいと思いました。そんなに教えてしまってはもったいないとすら思いました。

そして、この論文を手引きにして英作文にとりくんでみて、「太陽が東から昇り、西に沈む」のと同じように、「記号づけ」は「真実」でした。「真実」を学ぶのに遅すぎることはなかったのです。

その報告は本書の第三部で詳しく述べましたが、私はこの実践で「自分の言いたいことが英訳できるようになること」を確信しました。「記号づけ」に出会う前に生徒に守るように言った「自分らしい英作文をしよう」がついに実現した瞬間でした。

この実践レポートを翌年七月に「全私研（全国私学教育研究集会）」で発表したときには私に質問が集中しました。そしてそこで出された意見や疑問をすぐあとに開かれた「記号研」の「夏の研究集会」で討議してもらったことを懐かしく思い出します。

　　　　　＊

望感すら覚えてしまいます。……」

私は二〇〇〇年三月に定年退職しました。もっと早く「記号づけ」に出会いたかったと思いました。あるいは、私がもっと若ければいいのに、と思いました。これからどんどんいろいろな実践が出来る若い先生方を見ると、うらやましくなります。なぜなら「記号づけ」の実践は、生徒だけでなく教師にとっても「楽しい」実践、「力がつく」実践だからです。

寺島先生ご夫妻の文献をはじめ、「記号づけ」の論文や実践記録はどれも、あたたかく、具体的、そして実践的です。私は、それらの論文や実践記録から、ここでは述べきれないほど多くの事を学んできました。「いただきっぱなし」で来ましたが、この本にまとめられた私の実践記録が、これから実践される方にとって少しでもヒントとなり役に立つものであるならば、大変うれしいと思います。

（野澤裕子・著、寺島隆吉・監修『授業はドラマだ』二〇〇二「まえがき」）

〈追記〉

私は「記号づけ実践」の楽しさが忘れられず、定年退職一年後の二〇〇一年四月に、「寺島メソッド英語塾NEW」(Nozawa English Workshop) という私塾を立ち上げました。そして、①ロック&ポピュラーソング・マラソン、②リズムよみマラソン、③リーディング・マラソン、④ライティング・マラソンを通じて、寺島メソッドで楽しく教えています。一五年たった今も、二〇代の若者から七〇代の老年まで塾生は多様です。しかも、一〇年間も継続して学び続けている塾生も、少なからずいます。

これも寺島メソッドのおかげだと思っています。

もっと早くに出会いたかった「寺島メソッド」

野澤裕子

私が「寺島メソッド」（英語の「記号づけ」）に出会い、手さぐりで実践を始めたのは一九八五年、実践報告を初めて書いたのが一九九〇年のことでした。

それ以来、実践報告を書くことが一年間の締めくくりとしての習慣になっていきました。とくに、「報告」すれば必ずコメントやアドバイスをいただける（寺島隆吉先生や研究会の討論を通じて）という実益が大きいことにすっかり味をしめてしまったようです。

そして、そのコメントやアドバイスに励まされながら、次の年度の実践に踏み出して行きました。年度順に実践報告の題名を書き出してみると、その年その年の私の置かれていた状況が思い出されます。

学校の方針、英語科の方針、担当科目毎の方針、担当生徒たちの状況や気分、それらとのかねあいの中で、私の実践は最後の最後までジグザグとして模索を繰り返しています。その模索ぶりはこの本に収録した「実践記録」にるる述べられているわけですが、「記号づけ」に出会う以前はどうだったのかを、ここで手短にでも記しておきたいと思います。なぜなら、私の文章のトーンの違いが対比的に分かっていただけると思うからです。

*

「寺島メソッド」「記号づけ」に出会う前、私は生徒に授業開き

で次のようなことを守るよう話していました。

① その課が終わるまでには読めない単語をなくそう。
② 英文そのものと取っ組み合いをしよう（和訳の速記のような授業にならないように）。
③ 指された人に脇から教えない（指された人は自分の分かることだけ言えばいい。分からないことは分からないとはっきり言う）。
④ 自分らしい英作文をしよう。

しかし今から思うと、「何の手だてもなく、かけ声ばかり」でした。授業の進め方としては、出来るだけ受け身の授業ではなく生徒が参加する授業にしようと心掛けてはいました。学校からも「工夫の跡が見られて良い」とか、あるいはいくつかの教育研究集会でも、それなりに評価されたりはしました。でも記録を拾って見ると、一九八四年までは次のような「嘆き」が続いていました。

「今いちばん解決できないでいる問題は、英文の訳のさせ方です」「読まない、覚えようとしない、自分で訳そうとしないこと へ、どう切り込んでいくかに四苦八苦した」「個々の努力を要する部分で生徒を追い込んでいない」「丸暗記の悪習慣を断ち切れず本来の英語の力になっていかないことに、いらだちを覚えてしまう」「何人かの生徒が変わっていきましたが、クラス全体の雰囲気が変わるまでには至りませんでした。自分で工夫したことが全く無意味に思えて、疲れがどっとでてきました」「昨年よりた一段と学力が低いのを痛感します。基礎をやり直したことで分かっていった（あるいは嫌いだった英語が好きになった）生徒の数は、期待できないという感じです。ちょっとやそっとのことで、その分からなさを何とかしてやれるようなものではないという絶

第5章

受験学力を超える
——「記号づけ」で培われた構文の自動解析力

寺田義弘

1　教員1年目、授業不成立
2　「追試」を開始——寺島記号の魅力
3　寺島先生に直撃のFAX相談
4　教員5年目、「追試」として英語で卒業文集をつくる
5　「追試」実践がなんでも自由にできた、次の赴任校
6　「リズムよみ」の実践
7　「見える学力」「見えない学力」
8　「構造読み」の実践——英語教育と国語教育との統合
9　「書く力」が鍛えられた——記号研「メルマガ」編集長時代
10　英検一級合格、そして「翻訳の下訳」という自己研修
11　記号研なんかやめてしまいなさい
12　授業の三分割——授業に「静」と「動」をつくる
13　大学院に内地留学——「記号づけ」と第2言語習得理論
14　「記号づけ」は進学校でこそ有効
15　もっと寺島メソッドを

1　教員1年目、授業不成立

　23年前、大学を卒業し、ついに英語の教師として教壇に立つ日が来た。最初の学校は、4クラスが普通科で4クラスが工業科という特殊な学校だった。赴任先の決定は電話連絡だった。その学校の校長から直接電話がかかって来たとき、最寄駅を尋ねると、電車は通ってないと言われ、同じ茨城ながら初めて聞く地名に戸惑い、電話を切ったあとにすぐに地図で場所を調べたのをよく覚えている。いわゆる「陸の孤島」と呼ばれている地域で千葉の銚子から利根川を挟んで10分の場所にある茨城の最東端の町だった。

　1年目は本当に辛かった。生徒を席に座らせるのにも苦労した。2年と3年の普通科就職クラスのみの担当だった。イメージ的に生徒指導が大変なのは工業科だと思っていたが、あの頃、その学校では普通科の方が荒れていたと思えた。誰もやりたくないから、新採に押しつけたのではないかと、私の思い込みかもしれないが思ったものだ。

　「授業開き」で私は若気の至りでいきなり歌を歌った。実は教員同士の歓送迎会が先立っておこなわれ、その場で私の前任者だった先生が最後の授業で「尾崎豊」を歌ったからお前も最初の授業で「尾崎」を歌えと言われていたからだった。私は尾崎豊の「愛の消えた街」をギターをもっていって歌った。皆よく聞いてくれた。授業の進め方や、自分のことを少し話して、最初の授業は意外といい感じだったのだ。

　ところがである。次の日から教室にいくと、もはや誰も私の話を聞いてくれない。というか、みな勝手きままなことをやっている。私の授業開きの軽はずみな行為から、完全に生徒に「この人はチャラい。大丈夫」となめられてしまったのだ。教室に入ってから、授業終わりまで、チャイムが鳴っても変わらずである。これが俗に言う「授業不成立」だとそのとき知った。自分も中学時代に先生方に対して似たようなことしていたかもしれないとそのときばかりは心から反省した。大声を張り上げても、一瞬しか変わらなかった。正直、英語の授業どころではなかったのだ。

　それでも教室を見渡すと数名だが真面目そうな生徒たちもいた。その子たちを相手に、授業を虚しく始めることとなった。そんな調子で、夏休みまで、情けないことに授業は本当に少数相手に誤魔化し誤魔化しおこなっていた。毎回教室に入る前、そして教室の扉を開けるとき、大きく深呼吸したのを覚えている。それ

だけ精神的に相当なエネルギーを使うことを覚悟して毎回教室に入ったのだ。当時から隔週のペースでALTとのTTもあったが、生徒たちは全く変わらず、勝手なことばかりやっていた。ALTが私に「動物園みたい」と言ったのを強烈に覚えている。

　その夏休み、大学時代に本屋で偶然見つけて購入していた美紀子先生の『英語授業への挑戦』を読み返していた。農業高校の素晴らしい実践を元に書かれた本だが、購入当時は、今まで聞いたこともない独特な実践を興味深く読んだものの、そういう学校は、自分で経験するまではあまりピンと来なかったし、英文にいろいろ書き込むという「記号づけ」に抵抗があって本棚にしまっておいた状態だった。多くの高校教員は、それなりに授業が成立していた学校を卒業しているし、教育実習も母校か付属の学校なので、授業不成立の学校なんて経験しているはずもない。

　夏休み後、思い切ってその中に書かれていた「立ち止まり訳」（いわゆるフレーズ訳）のプリントを「マラソン形式」の授業でやってみることにした。このままの授業を続けるのは耐えられなかったのだ。同時に「ガラス張り評価」にして何をどれだけやれば「１」をつけないか、「５」が欲しければどれだけやらねばならないかを提示することにした。これもこの本に書かれていることだった。

　最初の赴任校での５年間、この『英語授業への挑戦』が私のバイブルだったと言える。何度読み返したか分からない。それでも、英文にいろいろ書き込むのはその頃の私にはなぜか抵抗があったので、プリントは英文をフレーズごとに番号づけした形のものを使った。〔記号研のプリントには、レベル別に、記号がついているもの、ついていないもの、単語ごとに意味を記入するもの（穴埋め語順訳プリント）、フレーズ毎のものと様々なプリントがある。〕

　プリントによる個別学習はそれなりに上手くいった。個別学習というより、生徒は勝手に友人と一緒にやるものも多く、教えあいがあり、自然発生的なグループ学習といったところである。私のストレスはだいぶ減った。やらない生徒もまだまだたくさんいたが、それまでのことを考えると、自力で勉強して次のプリントをもらいにくる生徒がいるだけで授業をしている気になれた。

　また授業でいろいろ話したかったような英語の話は「教科通信」を書いて配るだけにした。すぐに捨てる生徒も何人かはいただろうが、中には楽しみにしてくれている茶髪のヤンキー生徒たちもいて、「うちの母ちゃんが楽しみにしてんだ

よね」って言ってくれたのを覚えている。それで満足だった。

　またこのプリント学習さえ当初はやらなかった生徒たちも最後の頃は、「1」をとらないために必要最小限は提出してくれるようになっていた。教師1年目、私は「ガラス張り評価」と「マラソン形式」が授業成立のための鍵であることに気づくことができた。それと英語通信の重要性。

　教育実習の指導教官に言われたのを覚えている。「どんなに授業が下手でも通信を書くことはできるはずだから、教師になったら、クラス通信でも、教科通信でも書いた方が良い」と。だから手書きで教科通信を出したのだが、けっこう「手書き」というのが良かったと今は思っている。心が多少でも通じるのではないかと思えるからだ。

　ところで「マラソン形式」は教科書の全英文を短く分けて、3行程度の英文にし、プリントに作り替えることから始まる。それに単語のヒントをつけてやり、生徒はフレーズ毎に自分で日本語に訳す。訳し終わったら教師のところにきて、チェックを受け、合格になったら、2枚目をもらう。2枚目が終わったら3枚目と進むという形式だ。

　プリントをもってきたとき、人間関係ができてきたら、ちょっとした会話もできるので生徒との良い人間関係も築けると思う。生徒がちょっとやる気になったら自分で訳せるように、ヒントはたくさんつけてあげるというところがポイントである。

　また、サイズはA4判かB5判で、必ず挿絵を入れると良いなど、うまくいくコツが会員の中では共有されていた。ヒントの位置もいろいろ検討されていたほどだ。ヒントを見るために目を横に移動させるのが面倒な生徒もいるなら、それにも対応しようと試みていたのが記号研という研究会だった。

　「マラソン形式」をおこなう場合の注意点は、この形式の授業では基本的に自学となるので、やる気になった生徒がやってみたら自分でできたと思わせることができるかどうかである。このチャンスで、やっぱりダメだって思わせたら、もう二度とチャンスはないかもしれない。だから準備がとても重要なのだ。

2　「追試」を開始──寺島記号の魅力

　2年目、工業科と普通科の進学クラスも受け持った。別の学校だと思うくらいちゃんと授業を受けてくれる生徒たちもいるということを、このとき初めて知っ

第5章　受験学力を超える

た。また地元に英語の授業研究サークルがあることも知った。たまたま行った出張先で出会った先生に声をかけていただいたのがきっかけだった。

　そのサークルの名は「アントレ」。新英語教育研究会にも所属しているようだった。私は月例会に参加するようになった。月例会はレポーターが一人発表するごとに忌憚のない意見が飛び交っていた。みな授業づくりに困っている先生方だったが、似た悩みをもつ仲間が集まり非常に元気をもらった。

　同時にこの頃、私は美紀子先生の本の中の「記号研」そのものに興味をもち、手に入る本を買いあさっていた。寺島隆吉（編）『記号づけ入門シリーズ』と寺島隆吉『英語にとって学力とは何か』『英語にとって授業とは何か』、寺島美紀子『英語学力への挑戦』である。

　そして読んでいくうちに、動詞に丸をつけたり、連結詞を四角で囲むこと、前置詞句を括弧でくくること、といった三つの「寺島の記号」の意義と理論とを理解すると、その魅力に取りつかれ、自分で読む英文には全て記号を書き込んで会得しようとした。

　するとそれまでなんとなく読んで満足していたのが、すごく英語が分かるように思えてきた。あのままなんとなく英文を読んでいたら、なんとなく英語を教える中途半端な英語教師になっていたと思う。

　動詞を○で囲むことで、準動詞との区別がつくようになる。とくに過去形と過去分詞が同じ形のものは、述語動詞なのか過去分詞の後置修飾なのかの区別が重要である。その良い訓練となることに気づいた。また連結詞の数と動詞の数との関係も言われれば当たり前だが、興味深く私には思えた。動詞が二つあれば、連結詞（接続詞・関係詞・疑問詞）が一つあるはずである。

　またこの関係から、「関係代名詞の省略」に気づくのに、「名詞・名詞・動詞」の並びを意識させることの重要性にも気がつけた。ここにカッコをいれることで、名詞［名詞・動詞］のようになり英文はだいぶ読みやすくなる。最初の名詞が動詞の目的語になっていることが視覚的に分かりやすくなるからだ。

　こうして「英語を教える武器としての記号づけ」に私は魅了され、文法説明のときも英作文のときも読解のときも同じ記号を使って説明できるようになった。これは、進学校に移った現在も非常に役立っている。

　3年目からは教科書を「記号づけプリント」にして、「マラソン形式」の「追試」を始めた。「追試」という言葉もなぜか非常に魅力を感じた。他人の実践を

「追試」すると、当然、対象が違うので全く同じ反応とはいかなくとも、概ね反応が予想できるようになるし、コツもつかめるようになっていくのが分かった。この方法で教師として授業のレベルを向上できると直感した。

以前、新英研の大会で発表したときに、「君の実践はどれも寺島実践の模倣にすぎない。私は君の実践を聞きたい」と批判されたことがあったが、そのときも今も後悔は微塵もない。追試を続けたおかげで、教師として大きく成長できたと自分で感じているからである。

「マラソン形式」では、夢中になった生徒たちは、先に進みたくて床に膝をつきながらやったり黒板で立ちながら記入している生徒も現れ、寺島先生夫妻の本に書かれているのと同じ状況が生まれてきていた。「走り出したら止まらない生徒たち」を私もこの目で見ることが出来たのだ。何を後悔などする必要があるのだろうか。

3　寺島先生に直撃のFAX相談

担任ももち始めたので、生徒指導の問題もたびたび起こり疑問も多くなった。寺島先生に思い切ってはじめて相談したのは英語のことではなく、生徒指導のことだったと思う。寺島先生の著書の中で、服装や頭髪指導についての話が書かれていたからだった。(『英語にとって教師とは何か』)

寺島先生が生徒指導関連として参考にされたというマカレンコの『教育詩』は、既に買って読んでいた。アマゾンなどない時代だから本屋に注文して購入した。「爆発の原理」(ときには真剣に怒ることも必要)や「集団は前進しなければならない」など大切なことを学んだと思う。上巻の最後で、マカレンコたちが新しい敷地につくられた学校に集団で移動する際、生徒たちに言う「諸君、何も恐れることはない」っていう言葉は今も心に突き刺さっている。

さて寺島先生への相談だが、あの当時はメールというものがなかったからFAXを使ったと思う。手紙でなくFAXを送ったというのだから、なんと私も無礼な若者だったのだろうかと反省している。すると突然、寺島先生から職場に直接お電話を頂き、相談に直接のって頂くことができた。職員室で受けたので、その場では同僚に聞かれてしまう。誰もいない部屋を探して電話するのが大変だったのを覚えている。あの当時は携帯電話もなかったのだ。とても緊張して話をしたことを覚えている。

その電話がきっかけで記号研というものに誘っていただき、入会することになった。その後は毎年、夏の大会に参加して研修させて頂き、日々の疑問点もFAX攻撃で直に指導を仰ぐようになった。当時の記号研の夏の大会は、テニスをやったり、釣りをやったり、BBQをやったりする時間もある一方で、夜遅くまで議論できる本当に充実したものだった。多くの刺激を毎回もらい夏休み明けを楽しみにして迎えることができた。

　レポートも毎年書くようになり、書くことで発見することも多いことに気づいた。実践報告を書くということは、教師にとって極めて重要なことだと今も思っている。

4　教員5年目、「追試」として英語で卒業文集をつくる

　教師5年目のとき、寺島先生の定時制での実践を参考に「追試」して、卒業文集を生徒に英語で書かせることができた。まず生徒に原稿用紙2枚分の日本語を書かせ、それを自分でも訳せる日本語で書き直させて、それから英訳させるというものだ。おかげでその翌年、新英研の全国大会があった四国で発表する機会をいただき、なんとあの中嶋洋一先生と同じ分科会で発表することもできた。このことは私にとって大きな自信となった。これも記号研との出会いがなければ到底かなわぬ実践だったと思う。

　この実践は次の赴任先の高校でも3年生を出すとき2回「追試」したが、同じように無理なく実践することができた。このときに何度も読み返したのはやはり『英語にとって授業とは何か』の寺島先生の実践であった。日本語を英語にしやすい単文に書きかえる方法というのは私の中では画期的だった。これをもとに、英作の授業の方も自分なりに楽しみながら無理なく実践することができた。

　英語が苦手な生徒には、①まず与えられた日本文を、自分でも英語にできそうな簡単な日本文に自分で直し、②次に英語の語順に、日本語のまま並べ替える。③それから英語にする。という3つのステップが必要だ。授業であらかじめこれに慣れていると、今度は自分で書いた日本文を英語にすることに生徒は「見通し」が持てるので、卒業文集も教師の手間がだいぶ少なくできるようになるのだ。

　この実践の参考になるのは「英語『自己表現』の指導」(寺島1991)と呼ばれる寺島先生の論文である。この論文は、新英研会長だった正慶岩雄氏のことば——「いわゆる「自由英作文」には、形式の自由はあるが学習者の生活からの叫

びがなく、それを書くことによって科学的な認識へと導かれるという見通しもない」「現実の生活からの叫びがあり、現代をどう生きるかに関係のある文章が「自己表現」である」──を引用し、その自己表現のためには「量を書かせることが重要」だと主張している。

　さらにこの論文では、「作文の手引き」という量を書かせるための方策がいくつも紹介されている。私が参考にした手引きとは「小見出し」のリストで、何をどの順番で書くと書きやすいかということの例を示してあげるというものだ。この手引きをアレンジしたものを生徒に提示したからこそ、私の生徒たちも量を書くことができたのだと思う。何もなく、ただ作文を書けと言ってもなかなかたくさん書くことなど望めない生徒たちであった。

　余談だが、正慶氏は私の母校の中学校の英語教師だった。直接教わったことはなかったが、中学校のとき、全員『楽しい英文法』という三友社の参考書を持たされていたのは、正慶先生の推薦があったのだと今は思う。アントレに入ってからは、とてもお世話になった。

5　「追試」実践がなんでも自由にできた、次の赴任校

　職場の同僚と結婚したため最初の学校は5年で転勤となった。2校目は、普通科8クラスの、部活のさかんな中レベルの学校だった。私はこの学校に12年在籍することになった。

　この高校では、やりたい実践は何でもできた。自由にいろんなことができる学校だった。レッスンの導入として、関連する見せたい映画を3コマも使って見せたり、歌は毎回、授業の初めに歌っていたし、「リズムよみテスト」や歌のテスト、チャップリンのスピーチやキング牧師のスピーチも思う存分実践することができた。

　音読を重視して、BGMと感想つきでカセットに吹き込んだものを提出させたり、「音読しおり」を配って音読回数を記録させたりもしていた。一人一人のカセットを聞いて評価をつけるということまでしていた時代だった。

　「音読しおり」とは富山県の海木先生の実践で、しおりにマークシートのようなチェックするマスがついている。1回読むごとにマークを塗っていき、毎課、最後の授業で回収し新しいものを配る。最低でも20回は音読しなくてはいけなかったので音読の習慣は身につくと思った。もちろん「リズムよみ」で読むことを奨

励した。カセットに録音しての提出も海木先生から学んだ実践だったと思う。

6 「リズムよみ」の実践

　この学校では、「リズムよみ」の実践はいろいろ試行錯誤して進めてみた。毎月1つの歌を紹介し、授業の最初に毎回歌った。生徒から好きな曲を募集して、いま流行(はや)りの歌を何曲も「リズムよみプリント」にして歌えるように工夫した。歌のテストも実施してノリノリで歌う生徒の姿が懐かしい。たまに卒業生に会うと、決まって「先生、まだこれやっていますか」とペンで机をたたく真似をされ、「いまだにカラオケで、あの曲うたえる」などと言われる。なんとも嬉しくなる瞬間だ。

　「リズムよみプリント」をつくるのは大変で、何度も何度も聞いて、強勢のある箇所を見つけていくしかないが、寺島先生が『音声の指導と英音法』『ロックで学ぶ英音法』で言われているように、教員のリスニング力が向上するのは約束できる。また、流行りの英語の歌を歌えるようになることも、嬉しい副産物だ。

　教科書の英文も、「リズム記号」をつけて配布し、授業では「リズムよみ」を練習し、音読テストはグループごとの「リズムよみテスト」でおこなっていた。全員がボールペンたたきを揃えて読めれば合格、そろわなければ不合格というものだ。何度も私に不合格にされ、練習することになるが、たいていは全グループが最後には合格していたように思う。

　この「オール・オア・ナッシング」の評価方法も「生徒を走らせる」寺島先生の技である。「意欲を評価する」ことについては、『英語にとって評価とは何か』に詳しい。「ゼロか百かの評価方法」「何度でも挑戦できる」「量で評価する」がキーワードである。

　こういった「大学の教科教育法」では学べなかったことが、たくさん記号研からは学べたと思う。「見える学力」「見えない学力」というのもその一つだ。この話は、今も生徒や保護者を前に話をするときによく使わせていただいている。

7 「見える学力」「見えない学力」

　寺島先生が定義された「見えない学力」とは、①集中力　②持続力　③計画力の三つである。この三つの学力が身につかないと、結局、テストの点数などの成績は目に見える形では上がることはない。だから授業においては、この①集中力

②持続力　③計画力というものも同時に生徒につけさせるようにしなくてはいけない。

　例えば集中力がなければ課題にはとりくめない。昨日はたまたま課題にとりくめても、今日は気分が乗らないからやらないのでは意味がない。計画性がないと、単に目の前のことを時間配分も考えずにやるから締め切りまでに終わらないという結果は目に見えている。マラソンプリントの例が分かりやすい。例えば今週中に20枚のプリントがあるとする。授業は4回ある。ということは一日5枚やらなくてはいけない。と考えてやるのが計画力だ。やってみたら今日は途中で友達としゃべっちゃって3枚しか終わらなかった。この時点で修正して次回からは6枚やるとするのが計画力である。これは、大学で卒論を書く時も、就職して書類を作るときにもきっと必要になる能力である。高校を卒業するまでにつけさせてあげたいものだ。

　こういった「見えない学力」という視点を持てると、生徒の様子も違って見えてくると感じた。寺島先生の本には「分からなさの構造」という言葉も出てくる。分からないには理由がある。それを知る術を教師は身につけなくてはいけない。

　記号研から学んだことは計り知れないが、若いときに記号研の文献で読んだ一つ一つの言葉を今でも鮮明に覚えている。それだけその言葉を必要としていたときに、パーフェクトタイミングで出会ったということなのかもしれない。

　昔、寺島先生と電話で話していて言われた言葉が忘れられない。「本というものは自分がいま必要としてる箇所のみ、頭に残るんだ」。その通り。心配しなくても、良い本を読めば必要なことは頭に残るものなんだと学んだ。そして寺島先生の本はまさにそんな感じであった。

　とくに『英語にとって学力とは何か』『英語にとって授業とは何か』は、これまで何度読んだか分からないくらい読んだが、実践に行き詰まり、ヒントを求めて読むたびに「え、こんな素晴らしいヒントが書いてあったっけ」っていう箇所が出てくるから不思議だ。

　いま学年主任として学年通信を毎週書くのだが、何か生徒に向けて良い言葉がないかと色んな本も読んでいるが、意外とそのときそのときでなぜか心に残るぴったりの言葉が見つかるものだが、きっとそういうことなんだろうと思うのだ。

8 「構造読み」の実践——英語教育と国語教育との統合

　この学校では、年度の最後には、投げ込み教材を入れる余裕もあった。記号研の先生はみな同じだが、「記号づけプリント」を使うと授業の進度はかなり速くなるようだ。私の担当するクラスも他の担当の先生方の受けもつクラスより教科書の進度がかなり速いらしく、余った時間で読ませたい教材を勝手に入れることができた。そのことで文句を言う生徒も先生もいなかったのが良かった。断っておくが、進度が速いからといってテストの結果が悪かったことは一度もない。分かる授業はつねに心掛けてきた。

　投げ込み教材や教科書の教材を使って「構造読み」実践も何度か挑戦してきた。「構造読み」とは、大雑把に言うと、説明文なら「序論」「本論」「結論」の三つに、物語は「導入」「展開」「山場」「終結」の四つに分割しながら英文を読むことである。

　黒柳徹子『窓際のトットちゃん』の英文を使った「構造読み」では、どこがクライマックスかで、かなり寺島先生とも論争になってしまった。論争といってもこっちが勝手に思い込んでいただけかもしれないが、当時、私が作ったネットの記号研「掲示板」上でけっこう長く寺島先生にしつこく疑問を投げかけたように思う。

　このとき、私は大西忠治の「読み研」や「一読総合法」など、国語科の実践にも興味をもちはじめ、書籍を購入しては読みあさっていた。さすがに大西忠治の全集は買っても狭い自宅に置くのは無理だと思い、学校の図書館に買ってもらった。今もその図書室の一角にあると思うが、当時も私以外にその本を借りているものは一人もいなかったのが残念だ。

　国語科の授業と英語の授業は、共通する点があるはずだ。例えば発問などは、国語科の発問の出し方に大いに学べるはずだ。文章構造の分析を大西は、「切れ」と「連続」という点で「＋」「－」という記号を使っておこなっていたが、これなども、英語の要約を作る際に使えそうな考えだ。大西の「柱」という概念と英語の「キーセンテンス」など、学べば学ぶほど応用したくなるものだった。海外の文献に英語教育のヒントを求めるばかりでなく、せっかく素晴らしい国語教育の財産が国内にあるなら、それにヒントを求めるという姿勢はとても大切なことだと思う。寺島先生の実践から、「大西忠治」のことを知れたことは私にとってとても意義があることであった。

ちなみに、この大西忠治氏は、私の家からそれほど遠くない茗渓学園でも教鞭をとられていたことを知り、驚いた。そしてその学校卒の同僚と大西忠治の国語の授業法で話が合い、不思議な体験をしたものだった。

9　「書く力」が鍛えられた──記号研「メルマガ」編集長時代

　この学校にいるころ、記号研の機関紙をメルマガでおこなうことが提案され、なんと私が編集責任者になってしまった。HPも同時に作り記号研の宣伝に少しでも貢献できればと張り切って始めたものだった。

　この毎月のメルマガの作成は非常に大変であったが、私にとってはとても勉強になった貴重な経験だった。毎回、寺島先生にOKをもらうまでに十回以上のやりとりがメールであり、かつ電話で細かく指導を受けた。マンツーマンで寺島先生の授業を受けていたわけで、いま思えばなんとも贅沢な話だ。

　「知られざる世界のニュース」というコーナーを途中から作ったのだが、私も必ず全てに目を通してコメントを書く必要があり、寺島先生から電話やメールで補足説明を受けていた。書く力をきびしく鍛えられたと同時に、寺島先生のおかげで世界を見る眼も確実に変わっていったように思う。またメルマガ編集長ということで自分でもある意味プライドをもって普段の授業の実践もおこなえていたような気がする。

　このメルマガは、私が現在の学校に赴任するまで続いた。現在の学校に赴任しても、なんとか最初の1年は続けていたのだが、母校ということで硬式野球部の部長もすることとなり、段々と校務との両立が厳しくなって、お断りするほかなかったのは残念なことだった。

10　英検一級合格、そして「翻訳の下訳」という自己研修

　前任校では自分の英語を磨く余裕も持てた。単語集を使ってボキャビルをコツコツとはじめた。そして教員9年目のときに思い切って英検一級にチャレンジしてみた。すると2回目で筆記はなんとか合格。しかし2次のスピーチで脳死についてしつこく問われ、上手く話せず不合格となってしまった。悔しくて滅茶苦茶練習して、再チャレンジ。今度は教育制度についての話だったのでけっこう楽に話せて合格することができた。実を言うと学生時代、オーストラリアから帰国してすぐ受けたのだが、筆記も通らず落ちてしまっていた。

合格したとき、教員になってからの方が大学のときより英語力がついていることが分かり、すごく嬉しかったのを覚えている。実はこの筆記試験のとき私は「記号づけ」をしながら英文を読んだ。正確に速く英文を読む「記号づけ」の効果を私自身が身をもって体験したのだ。テスト中「集中力」が増すのも感じたし、構文を素早く取ることもできたし、自信をもって選択肢を選ぶこともできたのである。このときの合格は本当に「記号づけ」のおかげだと思っている。

もうひとつ寺島先生に感謝しなければならないことがある。それは先生から会員に対して、これまで何度か「翻訳の下訳」という英語の研修課題のようなものが希望者に出されたことだ。恐らくは、我々の下手な訳を添削しながら直すより、最初から寺島先生がご自身でなさった方が仕事としては速いのかもしれないが、我々にも翻訳の経験を与えて頂いた。その多くはネットに載せて頂いているが、その中でチョムスキーの『教育論』と『衝突を超えて』の二冊が出版されている。

英語力そのものだけでなく国際情勢に疎いので、その過程で背景をいろいろ調べることとなり大変勉強になった。と同時に、世に役立つ仕事の一部でもお手伝いできたことは非常に良い経験だった。

11　記号研なんかやめてしまいなさい

この学校には長く居すぎて、自分の授業のマンネリに悩んだ時期が後半に訪れた。とくに、授業中にフレーズ訳を作るという作業が、結局「和訳」することと変わらないと感じると、なんか自分の授業が自分でも物足りなくなってしまった。

極めつけは一番出来の悪い生徒が寝ていて注意すると「先生の授業つまらない。結局、訳して音読だけじゃん」と言われてしまったことだ。寺島先生に相談すると、「ならば記号研をやめたらどうだ」とまで冷たく突き放され、自分の授業をもう一度、最初から考え直す機会となった。

12　授業の三分割 ── 授業に「静」と「動」をつくる

授業成立に悩んでいたとき、その打開策として「ガラス張り評価」「マラソン形式」の二つを先に挙げたが、もう一つ大事な要素があった。「授業の三分割」である。これも寺島先生の初期の本の中では何度も出てくる言葉だ。

〔いわば授業に「静」と「動」をつくりだすのである。授業に「型」と「変化」をつく

ると言ってもよい。これも寺島先生の『英語にとって授業とは何か』に詳しく説明されている。〕

ひとこま50分の授業を生徒に集中させるのは難しい。実際TVの語学番組も、＊＊コーナーとしていくつかに分割している。生徒の集中できる時間がおよそ15分から20分とされているので、ならば授業を15分×3として三分割しようというわけだ。生徒の集中力もそれならもつようになるし、教師も授業が成立しないクラスで50分を頑張ろうとするより、15分の授業を三つやろうと考える方がだいぶ楽である。

例えば、①歌　②フレーズ訳　③「リズムよみ」とすれば、生徒も最初の15分は頑張るけど、次は少し休憩、そして最後の15分はまた頑張るなんて気になるかもしれない。授業が成立しにくい状況ならそれもありである。

現在、私は、①理解　②暗記　③応用（使う）の三分割を意識して授業をおこなっているが、けっこう、私も生徒もそれほど「つまらなさ」を感じてはいないような気がする。

以上、授業成立に困ったら、記号研の実践の中で「ガラス張り評価」「マラソン形式」そして「授業三分割」を私はおすすめしたい。「見えない学力」→「集中力」→「授業の三分割」という根本的な点に立ち返ってみるわけである。

13　大学院に内地留学——「記号づけ」と第2言語習得理論

そんな中、教員16年目のとき、私は筑波大学大学院に内地留学させてもらうチャンスを得た。給料をもらいながら大学院に通えたわけである。

修士論文は記号研の研究をするつもりだったが、指導教官の許可をもらえず、論文の一部は筑波大学教育研究会新人賞という名誉ある賞を取ることができたものの、『英語の語順知識と英文読解の関係』という、私が本当に興味があったこととは少しずれた研究になってしまった。しかし、その過程で学んだものは記号研のこれまでの実践の有効性を科学的にも大いに実証できると信じるに足るものだった。

大学院の勉強で一番の収穫は、その読書量だった。日本語・英語の両方で、自分でも信じられない量の論文や本を読むことができたことが最高の収穫であったと自信をもって言える。おそらく最初の4か月で、それまでの3年間で読んだ英文と同じくらいの量の英文を読んだような気がする。英語教師として恥ずかしく

もあるが、大げさではなく事実だ。

　大学院1年目の夏には記号研の研究会に参加し、私はそれまでの4か月に大学院と文献で学んだことを、これまで自分が記号研で実践したことと結びつけて発表させて頂いた。もう少し詳しく言うと、SLA（Second Langage Acquisition、第2言語習得論）でいうところの、①「下位処理」と「上位処理」、②「自動化」、そして③「気づき」と呼ばれるものが「記号づけ実践」の中の読解指導の理論的な裏づけとなることを報告させていただいた（詳しくは「寺島メソッド同好会」のホームページに掲載されている拙論「記号づけ実践と第2言語習得理論」を参照ください）。

　また、あるアンケート結果から、日本人高校生の良い読み手はまず文法知識を使って読解をすることを確認できた。

　日本人学習者においては、まず統語知識という「宣言的知識」を使った学習から始め、次にその「手続き化」を促して、文の統語処理の「自動化」を目指すことが賢明であること、そして「自動化」が進み、その分ワーキングメモリーの資源を並列的に他の処理へと割くことができるようになれば、私たちは上位レベルの読解指導を今まで以上に自信をもっておこなえる。こういった趣旨のことをその際に述べた。そのために構文解析の自動化における「記号づけ」の役目は非常に大きいのだと改めて思うようになった。

　〔自動化が全然進んでない状態では、読みを英語でおこなっているのか、与えられた和訳あるいは自分で書き込んだ和訳でおこなっているのか分からないことが多いはずだ。〕

　「リズムよみ」についても、「韻律論的アプローチ」と呼ばれるものの中に「①文章の読解過程に音韻符号化に基づく音韻処理経路が存在しており、②それがリズムなどのプロソティに係わる情報を補い、読み手に対し情報処理単位を形成する重要な手がかりを提供しているのではないか」という仮説があることを知り、「リズムよみ」の練習が統語処理に貢献する可能性があることにも大変興味をもち、それについても報告させていただいた。

　それまで、寺島先生からあまり褒めてもらえることはなかったが、この発表を聞いた先生より、「大学院に行っている成果だね」と言ってもらえたのが何より嬉しかったのを覚えている。

14　「記号づけ」は進学校でこそ有効

　現在の勤務校は私の母校である。文科省のSSH（スーパーサイエンスハイスクール）

にも認定されており、文武両道の進学校である。英語の授業は、研修指定校ということでもあり、1年次からALTとのTTでディベートの基礎練習をおこなう「学校設定科目の授業」が週に1コマ入っている。同じ授業を学年全クラスがおこなう。ペアとなってお題が与えられると肯定派と反対派に分かれて交互に発言する文章を短い時間でメモしてから話すという練習がメインの活動となっている。

また授業の冒頭では1分間スピーチも毎回おこない、こちらは即興でおこなう。紙に書いてから話す、準備をしてから話すというだけでは、実践的とは呼べないということで併せて始まった。ペアでおこない、お題を与えて1分間話をすることになる。パートナーは相手の発話数を数えることになっていて、後で紙に記録するというものだ。2回ペアを変えておこない、発話数の多い方を記録している。この授業は1、2年と続き、2年では最終的にはディベートの試合をおこなうことも、研修指定校であるが故の実践だ。

この「語数・発話数」つまり「量で評価する」という考え方では、寺島先生の岐阜大学でのスピーチの実践がとても参考となる。『国際理解の歩き方』の第3章第3節に詳しく寺島先生のスピーチの指導が書かれている。それは次の三つの手順から成っている。

　　（1）見る価値のあるビデオ、見て自分の意見を書きたくなるビデオを見せながら、それについて感想を英文で書かせる。
　　（2）感想を学生相互に見せ合いさせ、読んで分からないところをお互いに質問させ、簡単な誤りについては添削させる。
　　（3）書いた感想を基に、前に出て英語で感想・意見を発表する。目標は「3分間」のスピーチとし、とうめん内容の「質」は評価の対象としない。

これが大きな授業の流れだが、寺島先生はストップウォッチを持参して時間を計り、「スピーチした分数×5点」で点数をつけるとしている。途中で詰まったりした場合はストップウォッチを止める。

学生たちは、最初は書いてきた英文の棒読みだったのが、これをやめさせるため「メモのみ許可」としたところ、半期5回の発表タイムの間に、日本語のメモだけでスピーチができるようになったという。

このストップウォッチで時間を計るという評価の仕方は、私もこの学校設定科目の授業の中で1年生に対しておこなったことがあるが、生徒の量を書く動機づ

けとしては効果がかなりあった。

　このSSH関係の授業では、1年の最初に、show and tell と問題解決型スピーチという二つのスピーチをすることになっており、その評価方法は、ALTが内容を、私が時間を計って評価すると伝えた。グループ内での相互添削もやってみた。

　残念ながら、2回しかおこなっていないので「メモのみ許可」というレベルまでは要求できなかったこと、感動教材を与えての感想文ではなかったこと、またALTが内容も評価していたという点で、「追試」と呼べるものではなかったが、グループ内での相互添削は教員の手間もだいぶ省けるだけでなく、いざスピーチを聞くときに、グループ内の生徒のものなら、一度読んだ英文なので理解が容易になり、一石二鳥という感じになった。この点も寺島先生の著書に書かれていた通りとなった。

　スピーチの指導については、『英語にとって評価とは何か』第3章第3節にも詳しい。その中の、「聞き取りを可能にする共通土台」について書かれている箇所はとても興味深く参考になる。その中で、スピーチの授業の失敗する理由は「内容が聞いていて分からないこと」にあるとして、二つの要因を明示している。一つは原稿の棒読み・丸暗記、もう一つは発表者の話題が全くバラバラで発表者まかせであったこととしている。たとえ馴染みある内容でも、スピーディに日本人特有のリズム感に乏しい調子で棒読みされては、英米人でも理解できないし、丸暗記の場合でも同様に忘れる前に話そうとすれば棒読みになってしまう。これを防ぐのが、メモの利用であった。二つ目を防ぐためのものが、相互添削と共通話題である。

　さて、私のその他の授業はというと、ここでどうしても述べておきたいことは「記号づけ」による読解指導である。

　1年生の1学期は「記号づけ」を自分でつけて精読できることを目標にしている。「初期指導」というものは進学校ではどこの学校でもことさら重視しているはずだ。前任校では自分で「記号づけ」して読むようになった生徒は少なかったが、現在校では、ほとんどの生徒が可能だと考えている。

　茨城県のほとんどの学校では教室にプロジェクターがあるので、ペンタブレットを使って実際に「記号づけ」の実況中継が可能である。教科書をPDF化したものをプロジェクターに映して実際に記号をつけながら読んでいってあげると、

教科書の2レッスン分もおこなうと、「記号づけ」を予習してくることも可能なようだ。

　そうなれば授業では、難しくて生徒が間違いそうな個所のみ確認してあげれば、大幅な時間の節約になり、授業時間を意味解釈以外の、音読や要約など他の活動に使える。「記号づけ」は進学校でこそ有効な気がする。

　入学時、中学や塾で習ってくるみたいでスラッシュを入れながら読む生徒も多いが文構造が見えにくく、同じカタマリを作りながら読むなら、「記号づけ」の方が、文構造が見えて便利だし、学年が進むにつれて後置修飾など文構造が複雑になっても困らないと自信をもって生徒に言っている。今では多くの生徒が、私が英検を受験したときと同じように、課題や模試の英文に記号をつけて読んでいるのが見てとれ、私も教え甲斐があるというものだ。

　TOEICをはじめ検定試験の中には、英文に記号を書き込めないものもあるが、それは構文解析の自動化が進めば問題はない。頭の中で無意識に構文解析ができるようになるのが目標で、「記号づけ」はそれまでの道具にすぎないと考えている。記号をつけなくても読めるようになるのが最終目標である。寺島先生が繰り返し言っておられるように、「記号なしで読めるようにする」ためにこそ「記号づけ」はあるのだから。

15　もっと寺島メソッドを

　これまで記号研から頂いたものは計り知れない。もし記号研に出会わなければ、授業をこれほど研究する姿勢は持てなかったかもしれない。単に流行りの授業スタイルのおいしい部分だけをまねるだけで、自己満足の授業の日々であったように思う。

　この記号研の実践をもっと多くの人に知ってもらいたいとこれまでずっと思ってきたし、今も切に思っている。「寺島メソッド」こそ、英語アクティブ・ラーニングの本道を行くものだと思っているからだ。

　現在、私は自分の母校で授業をしているわけだが、将来、英語の教師を目指す生徒がでてくるかもしれない。その生徒が私から学んだ「記号づけ」の方法を未来の子供たちに指導してくれれば、こんなに嬉しいことはない。だから今は目の前にいる生徒に伝えられる限りのことを伝えようと思っている。

第6章

英語力を鍛える「寺島メソッド」
―― 学びつづけたくさせる「記号づけプリント」

市川忠行

1　我が人生の総括を――と言ったのが運の尽き
2　さっきやった授業の英文、再現できる？
3　普通校新設――アルファベットも書けない生徒をまえに
4　過去形ではじめる GDM に感激
5　ちょっとおかしい？　SIM の「フレーズの切り方」
6　波乱の人生、弁護士志望をあきらめる
7　よし、教師になろう！――往復ビンタを成績で見返した赤点生徒に感動
8　GDM、SIM、中津方式から離陸――ついに出会った「寺島メソッド」
9　寺島メソッドで九大入試も楽勝――代々木ゼミ全国7位の人気講師
10　『魔法の英語』で無料の早朝補習――有名国立大学の合格者続出
11　書きたいことはいくらでも
＜追記＞　これぞ生涯学習――親までやり出した「寺島メソッド」

1 我が人生の総括を──と言ったのが運の尽き

　研究論文レベルのものは力量からいって「書けません」と寺島先生に言ったら、「時系列的に過去の出来事を書き連ねていけば、立派なものになる」と言われて、ああ、そうか、過去の事実を書き連ねるのは、そう困難なことではない、と。

　最初に読んだのは寺田先生の原稿「英語と私」で、その中に SIM 方式（＊）の記述があって、ああ、同じような軌跡なんだ、となんか安心感が出てきて、ここで「研究員志望ではないが、一度我が人生の総括という意味で、書いてみようか」と寺島先生に言ったのが運の尽き。でも「ぜひ書いてみて」と励ましやらプレッシャーやら分からないままに「書いてみようか」と思いながら決心がつかない。

〔＊ SIM : Simultaneous Interpretation Method の短縮形〕

　前々から、なんでこれほど長期に渡って「記号研」（今は「国際教育総合文化研究所」）に関わっているのか、自分でも不思議だったが、先日、研究所の課題小論文として書かれた寺島美紀子先生の原稿「英語と私」を読んで、ああ、このことだったのか、と得心がいった。美紀子先生の原稿に、こんな一節があった。

> 　ともかく夫を通じて「記号づけ」を知ってからは、いきなり同僚や生徒から「難しいから分からない、説明してほしい」という英文を見せられても、たじろがなくなった。それどころか、その場で「記号づけ」しながら英文を読んで説明してあげると相手がびっくりするというような場面を何度も経験した。「記号づけ」を使えば、どんな複雑な文でも、ほとんど相手が納得するような構造分析が可能なのだった。

2 さっきやった授業の英文、再現できる？

　教師が教師に質問するという場面は、なかなか学校現場では見られない。切磋琢磨という概念がそもそもない。それで、私が、英語科主任の頃に、「若手の先生にこっちから質問をしてみよう」と思い立って、「先生、さっき授業から帰られたようだけど、教室で説明した英文をメモ用紙に書いてみて」ともちかけた。

　唖然としたが、誰一人、さっきまで授業で説明していた英文を再現できる先生はいなかった。実はこれは予測可能な場面だった。なぜなら私自身が、「記号づけ」を知る前の実態だったからだ。

　教室から帰って、その日の「授業ノート」を書く習慣があって、毎日、テキストを見ながら講義した英文を書き写し、ノートに講義の内容を書いていた。それ

が「記号研方式」「寺島メソッド」の勉強を始めてから、或る日、テキストを見ないでスラスラと英文を再現していたではないか、あのときの驚きは今でも忘れられない。私自身の変容の第一歩が始まった時だった。

そういえば、或る日生徒から「先生は、教科書の英文を板書するときに、テキストを見ませんね、他の先生はテキストを見ながらいつも書き写しているのに」と。気にも留めなかったが、その日に授業する英文を「記号づけ」して読んだあとだったので文の構造分析を終わって完全に英文が自分のものになっていたんだ、ということに気がついた。複文を「寺島メソッド」の「連結詞」で単文に分解した時点で、内容は既に頭にインプットされていたんだ、ということに気がついたのだった。

ふつうの教科書の文章は、ほぼ矛盾のないように論理的に流れていく。高校生対象の英文の中身なんて、そう深い哲学的な内容を含んでいることもない。「記号づけ」で文の構造分析をしっかりやっておけば、暗記しようと思わなくても、自然に頭の中に残っているという事実に気がついたわけである。

国際教育総合文化研究所のメーリングリスト「研究仲間」で、寺島美紀子先生からメールで送られてきた小論文「英語と私」をプリントアウトして、丁寧に読んでいて、ああ自分が言いたかったことを見事に代弁してくれている、さすがだ、と感心して、某日、寺島先生に電話をした。そして美紀子論文の感想を述べた。

そのとき寺島先生から再度、「市川さんも『英語と私』を書いてご覧よ」と言われて、それがまた大きなプレッシャーになったが、書いてみようという気もちは残っていた。そこで再々度、美紀子論文を読み返してみた。A4で31ページだから、1ページで400字詰原稿用紙4枚分あるので、合計すると原稿用紙124枚分になる。これを一気に書き上げる力量にも肝をつぶす思いだった。

しかし再度、寺島先生に電話して「こんな感じで書いています」と。「ああ、それでいいんじゃないか」と激励を頂いたので、よし、この調子で書き抜いてみよう、と再度心が決まった。

3　普通校新設──アルファベットも書けない生徒をまえに

さて、前の話に戻るが、先生たちが今さっき授業した英文を再現できない中で、自分はスラスラと再現できるのは何故か？　このときに「寺島記号式」のすごさを知った思いだった。それからである、授業が心楽しく軽いものになってきた。

私は、もともとが研究者タイプではなく、サーフィンタイプで調子の波にのるのが得意な体質で、調子に乗って授業を乗りこなしてきた。そして、或る日、愛妻を亡くすという悲劇に見舞われた。授業展開に、喜びと快感を感じていた日々に、家内は闘病生活を。そして運命の日がやってきた。

　私の勤務校は当時、商業科しかない私立・女子校だったが、時代の波というか、「普通科」を創設して、生徒募集の新しい局面を迎えていた。普通科新設の「準備委員長」の指名があったので、家庭の事情を理由にはできず、まさに東奔西走の日々だった。

　なにしろ歴史のある学校だけど商業科1本でやってきた学校なので、普通科のカリキュラム一つ組めない教師陣だった。当時、ちょうどタイミングを合わせるかのように、博多駅前に「代々木ゼミナール」が開校した。そこで、なんとか「代々木ゼミナール提携校」を売りにしようと、あらゆる伝手を頼って、いろいろと知恵を絞った。

　幸か不幸か、代々木ゼミナールも、地元博多の学校評判に疎く、提携の話がスムーズに進んでいった。進学実績のない「普通科新設」の実業高校との提携に、今思えば、よくぞ決断してくれたものだ、と。3年先の生徒募集を見越しての英断だったのだろうか。

　提携の話と同時進行で、普通科の「カリキュラム作成」作業に入った状態で、1年後の新出発に備えた。

　この当時、普通科長の責にあった私が、目標とする「九州大学」の入試問題を半分も解けないという、厳しい現実があった。普通科の新設という大仕事と同時に、私自身の「英語力」の問題が、これは誰にも分からないだけに、自分ひとりで解決しなければならない大問題だった。

　商業科の生徒相手に、実業高校レベルの教科書の解説で授業をやりくっていた時と違って、普通科では、模擬試験問題の解説やら大学の過年度問題の解答など、難問山積だった。日頃から入試問題に接していれば、それなりに対応できただろうが、何しろ20年近く入試問題なんか見たこともないから、新コース開設の準備よりも、自分自身の英語力のアップこそが焦眉の急で、あの当時のことを思うと今でも胃が痛む。

　毎晩10時前に学校を出たことがなく、同僚を送り出して、あとは「自分の勉強」で、このことは誰にも言えず、大変に苦しんだ。

このころ研究社の月刊誌に「入門期の英語指導法」の研修会の広告が掲載されていた。英語の出来ない生徒を相手にして日々の苦闘中だったから、「そうだ、高校生と思うから、出来ないことに腹立ちを覚えるのだ、うちの高校に入って来たのは〈英語を初めて学ぶ〉入門期の生徒と仮定してみよう、それなら英語が出来なくても当然だ」と。そう思ったら少し気が楽になった。

　実際問題、びっくりされるかもしれないが、昭和40年代に入学してくる生徒は、アルファベットが満足に書けない生徒がクラスに3分の1はいた。(中学3年間はなにをしていたのか⁉)当時のクラスは、私立高校で生徒急増期を迎えて、最大1クラス65名という現状だった。机間巡視ができるスペースがなくて、机の上を鵯越えよろしく、後ろまで。今では信じられない現状だった。

4　過去形ではじめるGDMに感激

　それまでにも、私自身は「英語の授業」への関心は高く、いろんな授業法にトライしてきた。最初に私費で神戸の講習会に参加したのは、直接教授法で有名だったGDMの研修会。基本語500語で、いわゆるベーシックイングリッシュ。

　神戸の研修会で忘れられない思い出がある。山の中腹に大きな池のあるところだったが、その池のそばを、私はColaを片手に研修所の玄関にむけて歩いていた。ちょうどそのときに、小さなボートに数名の小学生が乗って横を通りかかった。ボートの小学生と目が合った時だ。「You will give it to me」と大声で叫ぶんです。私の手にあったColaを指さして。

　一瞬何を言っているのかわからなかった。2回目に叫ばれて、私は慌てて「オー、ノー」。小学生が、英語で、コーラを寄こせ、と。実に衝撃的な出来事でした。

　3泊4日での研修は、まさに目から鱗の体験だった。*English through Pictures*というイギリスの本をテキストで使用するのですが、なんと2時間目には、過去形も未来形も学んでしまうのです。

　日本の中学では、過去形が出て来るのは中学2年から。中学1年で、大半の日本人は英語を習い始めますが、1年間は「現在形」だけで、「―した」という過去表現は学習しません。

　しかし考えてみれば、日本語で語る話題は、昨日のあのテレビが面白かった、昨日食べたリンゴは美味しかった、昨日はどこそこに行ったよ、と過去の話題ば

かり。ところが学校では英語を習い始めても、昨日のことが言えない英語表現ばかり。だから興味津々だった軽やかな気もちは、それで興味がじょじょに失われてくる。

　　　Last night we watched TV drama.
　　　It was very interesting.

　このような、子どもたちの話の大半を占める「昨日の話題」が、現在の中学教育では、英語で語れない。ところがGDMは違った。テキストの2時間目に、その「過去形」が出て来る。これには正直驚きましたね。実際に教壇で教師が身振り手振りでやるのです。

　そのシーンを再現してみます。

　教卓に一冊の本がおいてあります。教師はA book is on the table. と発話します。生徒がそれに続いて同じように、1冊の本がテーブルにある、と言う。それから、その本を30センチほど横にずらして　再度A book is on the table. と発話します。場所が違っただけで、表現は同じです。

　そして、次に元あった場所を指し示してIt was on the table. と何回か繰り返します。今ある場所をさして、is の表現が、元あった場所を指す時は、was に変化しているのです。今はここだけど、さっきはあそこにあったんだ、という状態です。

　続いてI am here. 横に移動してI was there. こうして何回か繰り返して、今と「さっき（過去）」の表現の違いを説明していくのです。

　これには私自身、びっくりしました。過去形は語形変化等があるので1年間じっくり英語に慣れてから、という中学校英語の方針を根本からひっくり返す発想でした。

　恥ずかしい話ですが、私はその研修会で初めてit の意味が理解できました。まず自分を指さしてI、目の前の相手をさしてYou の発話訓練をしてから、第三者の女性をさしてshe、男性をさしてhe（女子校ですから男役を決めて）、そして「物」を指さしてit と発話するのです。ここで初めてit はものをさす言葉だと。

　机の上に教科書やらノートや鉛筆をおいて、一つずつ指さして、生徒にit を言わせます。その後、一人の生徒を教卓の前に立たせて、「it を手にとって」と指示します。生徒はちょっと迷いますが、適当に取ってくれます。ああ、残念、それじゃないの、こっちだよ。これで生徒は完全に迷ってしまいます。これをと

れば、あっち、あっちをとれば、こっち。そこで、おもむろに、ノートを取って、すかさず It is a notebook.

　物には名前があること、そのために日常生活がうまく回転していくんだよ、と。日本語では「教科書」というけれど英語では「textbook」という名前がついているんだよ、と。必然的に英語を学ぶということは、それぞれの名前も覚えないとね、と。

　吉沢美穂先生や片桐ユズル先生という名前だけは記憶していますが、当時の錚々(そうそう)たる大学の先生方が指導者として来ていました。*English through Pictures* を使っての授業は、高校で英語を教えている私にとっては画期的な出来事でした。

　このことが契機になって、学校に帰ってからは、しばらくこのテキストをプリントして教えました。人称代名詞を教えると、My father is ……という英文があって、次に my father が He に変わっても、「彼は」という訳語を当てる生徒は激減しました。「父は……」という具合になっているのです。

　こんな例がありました。My boyfriend is in my class. He is ……ときて、なんと生徒は、「彼氏は」という訳語をあてたのです。驚きでした。he は彼で、she は彼女と覚えこんでいた訳語が「ボーイフレンドは、今で言う、彼氏じゃん」って感じで。日本語の訳語を通さないで、英語を英語で理解させる、そこに GDM（Graded Direct Method）の意味があるのですが、2 時間目に過去形、3、4 時間目に未来形、進行形と自然に進んで行くのです。もちろん「文法用語」は出てきません。その場の状況をしっかり目で確認して、動作の表現を覚えていく過程で、文法用語は不要です。

　これは、記号研でも同じですね。センマルセンで構造分析していけば、文法用語の入り込む隙はありません。あの文法用語って「教師のため」ではないかと。英文の構造を説明するのを容易にするための教師用ではないか。記号研で学び、初めてそんな感じが。

　しっかり生徒に「文法用語」を教えこんでも英語力とは関係ない。記号研で学び、そんな実感をもちましたね。この教師の便宜のために、生徒は無駄な労力を、それがあたかも「英語力」であるかのように。今はそんな感じをもっています。

　しかし、学校の正規の授業は指定の教科書があります。学期始めにシラバスの提出もあって、実際身動きがとれません。共通の定期試験があって「評価」の問題がありますから。それではどうするか？

ところが生徒に興味・関心が増してくると、授業に熱気が漂います。学年共通の試験範囲をさっさと済ませて、「今回の中間試験範囲はここまで」と宣言。こうしてGDM方式で教える時間を確保しました。試験には関係なくとも生徒の興味はつのるばかりです。「静かにしろ！」と叫ばなくていい授業の醍醐味を味わいました。お互いに指をさしながら、英語を発話していく授業中は、騒々しいのですが、中身があります。自分は口に自信をもって、英語が出せている、そんな輝きがありましたね。

　GDMの話を続けます。当時、アルファベットもしっかり書けない生徒にも、GDM方式の授業は大変好評でしたが、いかんせん、中学校で3年間、英語の洗礼を受けています。それだけに理解も早かったのですが、中学1年生のように「本当に初めて英語に接する生徒」に教えてみたいという欲望が膨れ上がりました。

　当時の私立高校は、すべてそうとはいいませんが、教員給与が世間と較べて、けっこう低かったのです。1967（昭和42）年の私の初任給は2万2600円でした。忘れもしません。全日空に入社した同期生は、4万5000円でした。当時の一流企業の半分程度でした。或る日、靴箱に靴を入れながら、「待てよ、2万2600円というのが、自分に社会が下した価値なんじゃないか」と。もし全日空に入る力量があれば、倍の給料だ。そうか、これが俺の正当な評価なんだ、と。

　当時の一軒家の貸家は、月の家賃が4万ほどでした。結婚が予定にあって、その借家に入ることにしていたのですが、給与の倍の家賃です。さあ、どうしたものか？　当時の受けもちの生徒の保護者の紹介があった借家だったので、断るわけにもいきません。それで新妻にも応援してもらうことにして、新居に落ち着きました。

　「よし、お金が足りないなら稼げばよい、幸い学校は夜のバイトを、大目というより勧めている」それで、GDM方式で「塾」をスタートさせたのです。昭和40年代の「小学生に英語」はかなりセンセーショナルだったのでしょう。私の住んでいる街の、商店街の子供たちや、医者の子供たち、わーっと押し寄せてきました。英語の成績がいい＝良い学校に入れる、という図式ができつつある時代でした。

　大成功で家賃の心配もなく、借家が手狭だということで、「英語教室を併設した自宅」まで新築することに。人生の転機になったのが、いわゆる英語教授法への探求の結果というのは、人生の不思議を感じます。

同じく新設普通科で、自身の英語力不足を補って余りある「寺島記号式」との出会いも、なにか運命的なものを感じます。

5　ちょっとおかしい？　SIMの「フレーズの切り方」

　それではどうして「寺島の記号」に出会うことができたのか、そのきっかけをお話します。商業科の英語教師としては、楽勝気分で日々の教壇に立っていましたが、いよいよ自分の英語力がためされる土壇場にたって、「寺島記号」に出会う前に、SIMという方式に関心と興味をもっていました。

　その前は中津燎子さんの「中津方式」の研究会にも所属し、独特の理論を仲間と実践していたから、私はけっこうな研究熱心だったのかも知れません。この研究会はかなり身体的負担がキツくて、たとえばアルファベットの練習も、10メートルぐらいの距離をとって、相手に届くように発声するわけです。「エイー、ビー、スイー」と大声でやるわけですから、ジャージ姿で。ここまでやるの？「英米人の発声はうわ唇が上にめくれている、ラッパ口型だから」等々という説明。どうにもイマイチ馴染めない感じでしたね。

　そこで國弘正雄先生の「只管朗読」等々、いろんな、これは良い、という勉強法や、発音方式を学びながら、或る日、SIMに出会ったのです。大学で英語を専門に勉強していない人が苦労の末たどりついた「SIM方式」というのに惹かれて、ダン・上野さんに直々に会いに行きました。

　そのときに博多で有名な「鶏卵素麺」というお菓子をおもちしました。これはお菓子で、素麺ではありません。これをもらった東京の方が、素麺という名前なので「茹でないといけないのか」と茹でたそうです。そんなエピソードがあるお菓子でしたので、その話をダン・上野さんにすると、「私は、九州は佐賀の出ですから、鶏卵素麺はよく知っています」と、大笑いに。

　それを契機に仲良くしてもらって、テープを購入したりして、勉強を。その折に、同じ志の仲間の紹介等あったのです。その仲間の一人が「どうも上野先生のフレーズの切り方はちょっとおかしい」と言っている大学の先生がいるよ、と耳打ちしてくれたのです。

　その大学の先生というのが寺島先生だったのです。先生がお書きになった論文を読ませてもらいました。どの文章かは忘れましたが、衝撃でした。理路整然として、矛盾なく、上野理論を木っ端微塵に。まさにガーンという衝撃でしたね。

私の人生の信念の一つに「創造者に直接会う」というのがあります。躊躇（ちゅうちょ）することなく、寺島先生に会おう。そこで岐阜大まで電話をしたら快く会って下さるというので、さっそく岐阜大を訪ねました。あの有名な「柳ヶ瀬ブルース」を思い起こしながら、岐阜大まで先生を訪ねました。

考えてみれば「寺島記号式」に出会うまで、GDM〜中津方式〜SIM等の洗礼を受けながらようやく「本物」に出会うことが出来たのです。

6　波乱の人生、弁護士志望をあきらめる

いま思い起こせば、第二次世界大戦が終戦した時が4歳。宮崎の片田舎に大阪から引き揚げて兄弟7人の大家族。配給（この言葉分かりますか？）の豆腐に当たった兄と妹は、赤痢で急逝（きゅうせい）。同じく僕も食べたはずですが、生き残ったのです。また、長兄の背中におぶわれて、間一髪の焼夷弾（しょういだん）の爆撃から逃れて、命拾い。子どもの頃に二度は死んでいるのです。

親父は大変ハイカラな人で、当時すでに運転免許証を所持。田舎では貴重な免許ということで兵役を逃れて、大阪時代の「タクシー会社経営」から一転、大衆食堂を開業。食糧事情の悪い時代にこれが大当り。昭和35年に高校を出ましたが、そのときは大学受験に失敗、結果2年も浪人を。さすがに3年は無理と、2浪して、公立の大学で英語専攻学科に。

話をもとに戻します。中学のときに初めて「英語」に出会うのですが、進駐軍のGIたちがジープを疾駆（しっく）させ、チョコレートやガムを車から投げ捨てていく光景がよく見られました。そんなこんなで「英語は格好いい」という雰囲気が。

やはり人間、外見は大事ですね、背は高いわ、目はブルーだわ、顔立ちはシャープだわ、スタイルはいいわ、一種の憧れがあったのですね。英語を学ぶ、一種のアコガレに。*Jack and Betty* という教科書でした。なんと単語のスペルを覚えるのに、1000回筆写を。当時を思うと、英語の勉強は手が真っ黒という記憶が。is, are, in, on, I, you など、1000回筆写を目標に必死でしたね。おかげで今でも数回単語をなぞれば、自分のものに。

英語の成績が良いので、サーフィンに乗った感じで、当時は珍しかった「英語塾」にも通っていました。この塾の先生が大変むずかしい話をする先生で「イェスペルセンが言うには……」中学生相手に高度なお話でした。実に60年以上も前の話ですが、このイェスペルセンだけは記憶に。今でこそ塾通いは普通ですが、昭

和30年代に、宮崎の片田舎で、英語の塾が存在したのです。

　お陰で学校の英語の成績は問題なくクラストップでした。当時、いわゆる不良グループがいたのですが、成績のいい生徒には絶対に手を出さないのです。これには助かりましたね。腕力にはもとより自信がないタイプでしたから。そのために勉強に励んでいたようなところもありましたね。

　高校進学はなんなく突破して、いよいよ大学です。郷里のトップ高でしたから、当時は、大学進学は当たり前という感覚でした。家の商売が順調だったことや、周囲の成績トップクラスは、みんな大学進学でしたからね。世間はまだまだ「集団就職」で関西や東京に多くの友人は行きましたが、幸運というか恵まれていた環境でした。大学進学率が14％ぐらいの頃です。

　実はこの安易な大学進学の姿勢が、大きくその後の人生を左右していきます。当時の英語塾の先生の息子さんが、大阪大学だったので、安易に自分も、と。結果ひどい目にあって3回も連続受験を。見事に玄関払いでした。大阪の予備校に通ったのですが、田舎者の悲しさで、受験の厳しさも全く理解できていませんでした。

　だいたいが数学が苦手でしたが、予備校の模試で98点を取ったことがあります。これならまあ2、3番には行くだろうと、成績発表を掲示板で。なんと98番だったのです。100点が数人、99点が90名以上で、98点は98番目。これほどのショックは初めてでした。田舎の高校では98とれば大体上位の順位です。しかし、現実は厳しい結果でした。1点の怖さをしみじみ思い知らされました。

　英語は、当時は旺文社の全国模試だけでしたが、5万人の受験生で7位に。どうもこのあたりが英語に対して「根拠のない自信」を増幅させた気がします。阪大は法学部でしたが、結果2浪までして、滑りどめで北九州市立大学の英文科を。そしてここだけが合格。3教科試験で苦手な「数学」がなかったのです。結局、弁護士志望を諦めて。

7　よし、教師になろう！──往復ビンタを成績で見返した赤点生徒に感動

　しかし、人生はわからないものです。このすべり止めに引っかかったお陰で、就職は、高校英語教師の職を、そして「寺島方式」に巡りあえたのですから。

　実は、まあ英語とはあまり関係ないのですが、時系列的に文章を紡いでいくと、やはり避けて通れないものがあります。浪人2年のおかげで、大学の英語の

授業は楽勝な感じでした。なにしろ入学試験は完全解答し終わって30分で退出。そして大学に入って最初の原書講読の時間のテキストが、予備校で勉強した教材でした。担当教授が「誰か和訳してくれないか」。いち早く挙手をして、スラスラと。この教授が、実は後刻、私を指名して、私立高校の講師の仕事を世話してくれたのです。

大学通学当時は麻雀に凝って、「学校の授業はできるだけ出ない」、そして「部活動を優先する」方針で、なんとあの当時、1962（昭和37）年、「航空部」に所属して、グライダー飛行に夢中だったのです。月に1週間は、飛行場で合宿訓練、その費用が半端じゃないのです。そのためにアルバイトの連続。授業にでる時間はありません、それで無事に卒業できたのですから、考えてみれば日本の大学というところは不思議なところでした。

「市川君、バイトバイトでお金に苦労しているみたいだな。割のいいバイトがあるから、やってみないか」と、あの「原書講読」の教授が声を掛けてくれたのです。最初の授業でスラスラとやったことが印象にあったのでしょう。当時の時間給は破格で、私立高校の非常勤講師のアルバイトに出会ったのです。まさか、これがその後の人生を大きく展開させるとは、まさに思いもよらないきっかけになったのです。

北九州ではまさに悪名高い男子高校でしたが、土地の者ではありませんから、高校の評判なんて知りません。ただただ時給の良さに惹かれて、承諾しただけですから。

今でも覚えています。ある日の授業のことです。授業を全く聞いてない生徒がいました。それだけならまだしも、机の下で弁当を開いているのです。さすがに頭に血がのぼって、「おい、いい加減にせんか」と机のそばに寄っていきました。素直に「はい、すいません」と言ってくれれば、なにごとも起こらなかったでしょう。あろうことか、ニヤッと笑って白目で私を睨みつけたのです。さすがにカッと来ました。アッというまに教科書で生徒にびんたを。丁寧に往復ビンタを。教室中がシーンとなりました。怒りで身体が震えるわ、引っ込みはつかないわ、生徒は生徒で、イスをダタンと響かして、教室を出ていったのです。

そして数週間後、期末試験でその生徒がクラス上位の成績を。友達に言っていたそうです「あいつをかならず見返してやる、英語で」と。当時は赤点の生徒が、殴られた恨みを成績で見返す、という心意気も素晴らしいですが、実際に結

第6章 英語を鍛える「寺島メソッド」

がウリでしたから、寺島教授の「国立大学教授」というステータスが、効果的だったのかも知れません。

〔この論文は後に加筆修正のうえ、RIC方式批判・茅ヶ崎方式批判と併せて、寺島美紀子『英語「直読直解」への挑戦』というかたちで出版されています。〕

　早速、行動です。公費出張はできませんので、勉強の為ということで、特別休暇扱いだけを学校にお願いしました。すんなり了承を頂いて、岐阜大に飛びました。先生も快く面談を了承していただいて、教授の研究室を訪ねました。この面談が、実にその後の「英語教師人生」を大きく変えるきっかけになったのです。

9　寺島メソッドで九大入試も楽勝——代々木ゼミ全国7位の人気講師

　寺島先生の著作を、まさに貪(むさぼ)るように読みました。初めて「英語を楽しむ」「英語を味わう」心境を体験しました。そして、いつのまにか九大の入試も大半、解けるまでになり、センターテストはほぼ満点にまで。

　これで生徒への自信がつきました。これは実に大きい効果です。教壇に立って、いかなる質問も解答可能という状況ほど、教師に自信をみなぎらせてくれることはありません（その場で分からないことはあっても、あとで確実に回答できるという自信）。どうしても不明なときは、寺島先生に聞けばいいと、最後の解決の場もありました。

　自分でも驚くほどの自信は、自然に授業の態度にも出ますし、普通科の生徒は、いちはやく見抜きます。私の勤務する高校の普通科と提携していた「代々木ゼミナール」で、自分の勉強も兼ねて夜間部のグリーンコースの非常勤講師もしていたのですが、「寺島メソッド」のお陰で、6年間も継続しました。

　ここの予備校は「教師・授業評価」が厳しくて、生徒のアンケート判定が毎回くり返し実施されます。32項目の評価項目があって、授業が終わるたびに、職員が教室で、そのアンケートを実施するのです。評価Aになれば次年度の時間給は倍額、Bで前年並という厳しさです。

　有名高校に在勤していて途中採用の教師が2年継続すればいいほうです。それほど厳しいのです。そこで6年間も継続できたのは、すべて「記号づけ」「寺島メソッド」のおかげでした。

　テキストの英文を「記号づけ」で徹底的に「構造分析」して自分の身に取り込み、生徒に説明する時は、一点の曇りもありません。「寺島記号」を知らなかっ

たら、代々木講師の口も、半年も持たなかったでしょう。授業がちょっとでも生徒に認められない時は、次の授業のときは、生徒の出席は半減するのですから。

　ここが通常の学校とは違います。授業が分からなくても、学校では席に生徒がいます。しかし、予備校は、いなくなるのです。こんな恐ろしい教室はありません。有名進学高校から来た、それなりに評判のいい先生たちが、1、2年で消えていくのは、そんな厳しさに耐えることができないからです。

　そのような厳しい授業を要求される場でも、「寺島式記号」で教材を予習し準備している僕にとっては、「楽しい授業」が展開できました。なにしろその日に授業する英文は、すべて頭に入っているし、次の授業とのつながりもしっかり頭に入っていますから。

　代々木予備校はたしか全国で27校ほどありましたが、英語科だけで1000人近い先生がいました。アンケートの結果は、とうぜん順位が数値化されます。一番いい時で7番でした。

　さて、高校の授業ですが、一度寺島先生を学校に呼んで「公開授業」を実施しました。私が模範授業を実施して教員に公開。あとで寺島先生の「講評」および「モデル授業」を。

　その当時の生徒で、現在アメリカの大学院で研究員生活に入っている子もいます。九州では比較的早く「寺島式記号」を取り入れて、先生に福岡まで足を運んでいただき、大きな足跡を残してもらいました。

　英語科の教員に寺島先生の講演も聞いて頂き、大きな感銘を受けたようです。そのとき講演に参加した若手の先生が「記号研」の勉強がしたいと、寺島先生が出版予定だった翻訳本の下訳までさせていただきました。

　それは『チョムスキーの教育論』（明石書店）というかたちで出版されています。これは参加した教師に大きな誇りを与えてくれました。

10　『魔法の英語』で無料の早朝補習——有名国立大学の合格者続出

　私自身の「英語教師」の足跡は、「寺島式記号」抜きには語れません。高校教師時代にこういうこともありました。家内を亡くしてから、近所の同僚が大変心配をしてくれて、なにしろ7LDKの一軒家に住んでいるので、なんかあってはいけないと、毎朝、迎えに来てくれるのです。それも交通渋滞を避けて朝早く、学校に着くのが毎朝7時前です。

第6章 英語を鍛える「寺島メソッド」

　職員朝礼が8時半ですから、それまでの時間つぶしに、校庭の花に水をやったりいろいろしましたが、「そうだ、英語の無料補習」をしようと、「記号式英語無料補習」ということで生徒に告知しました。朝7時半スタートで、最初は10名程度でしたが、教材の寺島隆吉・寺島美紀子（編）『魔法の英語』が大変よく出来た教材で、しかも高校一年レベルでしたから、生徒の口コミで30名を超えるようになりました。

　副題に「ふしぎなくらいに英語がわかる練習帖」とついているように、生徒がグングンとのめり込んできました。完全に正規の教科書とは無関係で、純粋に「寺島式英語」の授業ですから、こっちも大変面白く、正規の教科書に出て来る英文等もときには参照しながらの「特別補習」でした。

　当時このメンバーは、受験を控えた3年生でしたが、「記号づけ」による構造分析を駆使しながら、入試レベルの英文の解説も入れたり、いろいろ工夫をしました。国立有名大学の合格者も輩出、大変に反響を呼んだ「無料補習」でした。

　しかし、学校というのはおかしなところで、「有料の補習までやっているのに無料はおかしい」と、もっともらしい反対意見等が出て、担任によっては出席禁止なんていうアホなことをいう教師もおりました。

　だけど生徒が喜んで出席するのですから、苦情は無視して継続。学内的に、私が主宰しているのでそう表立って反対出来ないという面もありました。30代の頃に、学校に反旗を翻して「組合結成」した実績が、思わぬところでいい影響を（当時は私立では組合のない学校が多くありました）。

　こうして3年間継続して、それなりの実績をあげましたが、校務の多忙さも加わって中止しました。しかし、そのときに得た自信が大きかったです。英語の苦手な子も、得意な子にも、「寺島式英語」の教え方は通用する、ということがはっきりしました。

　この「寺島式英語」「寺島メソッド」は、英語を学びたい、英語に強くなりたい、そんな思いをもつ生徒なら、だれにでも通用する――この自信は、後日、ある機会にも証明されました。

　ある先生が知人から、「英語の嫌いなうちの子と、その友達に、英語を教えてくれる家庭教師はいないか」と尋ねられて、たまたま「寺島メソッド」を一緒に勉強していたので、その先生が私に相談してきました。

　土曜の午後ならなんとか時間を取れるから、引き受けよう、ただし3か月は月

謝不要。本人たちが続ける意志をもち、成績が上昇したら、4か月目に、月1万円の月謝を頂きます、と返事しました。

或る日のことです。お母さんが、「この子がこんなに一生懸命に勉強している姿を初めて見ました」と。

最初は『魔法の英語』を徹底して教え、並行して学校の教科書の英文を「記号づけ」しながら教えました。二人の男の子でしたが、学校では4、5時間かかる進度が1時間で終わるのをみてびっくり。

余裕の予習ができるようになったおかげで、学校の授業が楽しみになったみたいでした。授業中は頭を下げていた時間が、堂々といつ指名されてもいい、という自信に変わったみたいで、1年後には偏差値で10以上の上昇ぶりでした。

こうして、無事に家庭教師も終了しました。「先生、このセンマルセンって面白い。余計な文法用語なんかもいらないし、英文をそのまま意味が取れていって、楽しい」との感想でした。

11　書きたいことはいくらでも

与えられた「英語と私」という課題小論文も、やや結論じみて来ましたが、とりあえず400字詰め原稿用紙50枚をメドに書いてみました。時系列で言えば5年間に渡る海外引率の仕事など、書きたいことは、まだまだいくらでもあります。

この海外引率はいちど出かけると2、3か月の滞在になります。海外と言えば30歳で初めてアメリカに。UCLAでの語学研修（1ドル＝360円時代）の思い出など、まだまだ書くことはたくさんありますが、生徒引率で海外に出かけることができる自信も、この「寺島メソッド」で培われたものです。

ですから、公的な学校現場でも、私的な家庭教師の場面でも、この「寺島式記号」「寺島メソッド」は、私が英語教師として寄って立つ大いなる支柱でした。寺島先生ご夫妻の知己を得て、まさに不肖の教え子ですが（これまでいろいろお電話等で大変迷惑をかけていますが）気持ちよく相手していただき感謝に耐えません。

中学時代に、ただなんとなく憧れていた英語の世界に、教職という仕事を選択して、教科免許「英語」で職業的人生をスタートしましたが、寺島先生の知遇をえなければ、途中で英語教師を挫折していたかも知れません。「教壇に自信と歓喜をもって立つ」後半生の人生はまさに喜びの日々でした。

ともあれ、英語教師として悔いなく後半生を過ごした原動力は、ひとえに「寺

島方式」にあります。英語の授業に悩む全国の英語教師に「ここにすごい道」があるよ、何らかの機会にそう言えるチャンスをもち続けたい。その思いだけです。この小論文（論文とはいえませんが）を曲がりなりにも書いてみて、いまさらながら大きな影響を受けていることを再確認しました。

＜追記＞　これぞ生涯学習——親までやり出した「寺島メソッド」

　教師を定年退職してから、まもなく12年になります。そんなある日、私塾を経営している友人から、またもや「英語の先生を知らないか」と電話があって、中学生と高校生の面倒を見て欲しい、と。それなら僕が応援しよう、ということになりました。

　こうして教え始めて、かれこれ2年になりますが、今でも継続しています。退塾した生徒は1名だけで、逆に2名増えた現状です。そのうち一人は塾生の母親（40代、最終学歴短大）ですが、娘さんの引率で来ている内に「自分も勉強したい」と。

　早速『魔法の英語』をやらせました。大変に興味をもたれたようで、毎回娘さんと一緒にやっています。短大を卒業してから20年以上も経過しているのに、娘と一緒に英語に再度とりくむ姿勢は「生涯学習」の視点からもすごいことですが、その意欲を増進させた一因は、あきらかに「寺島メソッド」にあります。『魔法の英語』を学習しながら、「楽しいですね」との感想がすべてを物語っています。

　いつでも、どこでも、「英語を学びたい」人がいれば、即座に対応できますよ。このような、英語教師としての自信が、小生の密かな自慢です。なんといっても「寺島メソッド」があれば鬼に金棒なのですから。最後は、この自慢話で、拙稿を終わりたいと思います。

第7章

生徒より英語を楽しんでいるかも
―― 学力調査でかつてない成果、
指導主事もみとめた「リズムよみ」

佐々木忠夫

1 寺島メソッドとの出会い――立ち読みのはずが最後まで
2 見よう見まねのプリントづくり――寺島メソッドの威力におどろく
3 場面緘黙の生徒、「リズムよみ」をする!
4 ついに国立大学に合格者!――「記号づけプリント」が生みだしたもの
5 進学校――生徒にも教員にも、ゆとりを
6 センター試験の長文問題をたのしむ
7 育ってきた批判的読解力――「教科書の文章は英語の構造になっていない!?」
8 すれ違いざま、生徒が「リズムよみ」――受験に縛られずに英語をたのしむ
9 「英語で授業」――英文の読み方は、いつ・どこで学ぶのか
10 指導主事もみとめた「リズムよみ」――山田講演と「リズムよみ」ワークショップ
11 文化祭で「天使にラブソングを2」――先生、リズムよみしないと歌えませーん!
12 「記号づけ」で絵本の多読――かつてない成果、みやぎ学力調査
13 英文が書ける!――記号をつけながら英文をいっぱい読む
14 生徒より英語を楽しんでいるかも

1　寺島メソッドとの出会い —— 立ち読みのはずが最後まで

　いろいろな事情で、教員採用試験を受けて10年目で専任教員に合格しました。2月に採用校の校長から電話がありました。もともとは農業高校ですが、商業科や生活科が併設されて、「農業」の文字が取れた学校です。

　学校名を知ったとき、今までやって来た授業ではあの学校には通用しないと思いました。

　仙台市内の本屋さんを歩きまわり、よい指導法の本はないかと探し回りました。最後にたどり着いたのが「みやぎ書房」という小さな本屋さんでした。そこで出会ったのが『英語記号づけ入門』(「記号づけ」入門シリーズ第1巻)でした。1時間くらい立ち読みをしました。立ち読みのはずが最後まで読んでしまい、購入しました。

　実は非常勤講師をしていたときに、夜は家庭教師や塾講師もしていたのですが、その塾講師をしていたときに、述語動詞に下線を、前置詞句に二重下線を引いて指導していたことがありました。それで英文に記号をつけることに何の抵抗感もありませんでしたし、「丸」や「角括弧」の記号がわかりやすい、これならあの学校でもやれるかもしれないと思いました。

2　見よう見まねのプリントづくり —— 寺島メソッドの威力におどろく

　この高校は、当時は農業科2クラス、商業科2クラス、生活科1クラスの5クラス編成の学校でした。

　仙台へは電車1本で行くことができるので、この高校のある地域では、成績上位の子は仙台市内の高校へ行きます。また隣の市にも地域の男子校・女子校の進学校がそれぞれありました。

　この高校は最も成績の低い生徒が集まってくる学校でした。逆に仙台市内から成績ではじき出されたような形で入学している生徒さえもいました。しかも、商業科・生活科・農業科の学力格差もありました。学力的には農業科に一番下の生徒が集まってきていました。

　私はその農業科2年1組の副担任としてスタートしました。赴任初日には、担任から「明日、家庭謹慎の生徒がいるので、家庭訪問に一緒に行ってください」と言われ、翌日行ってきました。やはりすごい学校に来たんだ、とそのときは思いました。

第7章　生徒より英語を楽しんでいるかも

　授業は、2年生の農業科2クラスと生活科1クラス、3年生の商業科2クラスを担当しました。

　さっそく『英語記号づけ入門』を見て、見よう見まねで教科書を「記号づけ」のプリントにつくりかえて授業に備えました。当時、英文は電子タイプライターで打って、動詞を「丸」で囲み、前置詞句を「角括弧」でくくるのですが、記号などは手書きで入れました。

　記号をつけるために製図用の定規も購入しました。挿絵などは教科書のコピーを取ってそれを貼りつけていました。おかげでプリントをつくる作業がとても大変でした。（それから間もなく、ワープロを購入して少しは楽になりましたが、それでも記号は手書きでした。）

　最初の授業で成績のつけ方を説明しました（「評価の公開」『英語にとって授業とは何か』）。テスト点が70点、平常点が30点であること、平常点は提出物だけ、出席や授業態度は平常点にはしないことを伝えました。

　次に「記号づけプリント」の使い方を説明するのですが今までの英語の授業とは全然違います。生徒は授業方法が違うことを嫌う傾向があります。慣れるまで大変だからです。「わからない」とか「やりたくない」とか文句を言って、なかなかやろうとしませんでした。

　とくに大変だったのが農業科2年2組でした。自分の席に着いていない生徒がいたり、床にあぐらをかいている生徒がいたり、私語も止まりません。私が板書をしているとき、紙くずを丸めて投げつけた生徒もいました。立ち歩いている生徒を無理に席に着かせようとすると、怒鳴りながら教室を出ていくこともありました。

　当時のプリントには新出の単語・イディオムの意味くらいしか載せていません。中学校で習った単語の意味など覚えているわけがありませんので、そうなると、辞書を引かなければなりません。それができない、面倒なのです。だから、立ち歩きや私語が止まらず、一向にプリントをやろうとしなかったのでした。

　それでもまじめな生徒がわからない単語の意味を聞いてきたので辞書引きさせるのを諦めて、口頭で教えると少しずつやり始めました。すると、うるさくしていた女子がやり始めました。うれしいことに、その女子たちが頑張り始めたのを見て、手に負えなかった男子も文句を言いながらやらざるを得ない雰囲気になってきました。そうなるまで3か月くらいかかりました。

そうなると、あっちでもこっちでも手が上がるのでとても大変でした。授業終了のベルが鳴っても職員室へ戻れません。10分間の休み時間も教室で質問を受け、プリントを完成させるのを待たなければなりませんでした。

こうして新任早々に「記号づけ」「寺島メソッド」のすごさを実感しました。この経験があったからこそ、「記号づけ」を今までやってきたのだと思います。

3 場面緘黙(かんもく)の生徒、「リズムよみ」をする!

2年目、初担任をすることになりました。高校入試の選考会議でひとり問題になった生徒がいました。内申書に「場面緘黙」と記載されていたのです。

家では話をするのですが学校に来ると一言もしゃべらない生徒でした。成績は問題なかったのですが場面緘黙ということで会議がもめました。

しかし、最終的には合格となり、私がその生徒を担任することになりました。笑顔は見せるのですが本当に話しません。お母さんに話を聞くと、家では普通に話をするそうなのです。

NHKの番組「ハートネット」のブログによると、「場面緘黙」とは、家などではごく普通に話すことができるのに、幼稚園・保育園・学校のような「特定の状況」では、1か月以上声を出して話すことができないことが続く状態だそうです。そして、不安症や恐怖症の一種だそうで、「話すのが怖い」のではなく「自分が話すのを人から聞かれたり見られたりすることに恐れを感じる」ようです。

ある研究によると、子どもの10%〜15%は「行動抑制的気質」をもっていて、そのような子どもは不安が高まりやすく、行動が慎重になるために環境に適応するのに時間がかかるのだそうです。環境の変化で不安が高まって、場面緘黙を発症することが多いようです。いったん話せないことが続くと、自分が話し出すと注目されるような気がして話すことに勇気がいります。話さないでいる方が、不安レベルが低下するので場面緘黙が定着するらしいのです。

治療法は、発話ができる場面を増やす行動療法的アプローチが効果的なのだそうです。アメリカではごく微量のSSRI（抗うつ薬）で不安を下げながら行動療法で治療することもあるようです。

当時はそのような治療法も知りませんでした。英語や国語は授業の中で教科書の音読がありますから、国語の先生と二人でどうしようかと悩みましたが、いい案が浮かびません。仕方なく、その生徒とは筆談をしながら授業を進めました。

その年から英語の歌を使って「リズムよみ」を始めました。それは、寺島美紀子『英語学力への挑戦』の第2部第4章の「どうしたら声が出るのか――英語の歌でまず発声練習」を読んで、とにかくやってみよう、そんな思いから始まりました。

　しかし、その生徒はリズムは叩きますが声は出しません。それでも続けました。そして、いつだったか忘れてしまいましたが、一度だけその生徒の声を聞くことができました。うれしくて職員室で国語の先生に報告しました。ひょっとしたら「リズムよみ」を続けてきたことがよかったのかも知れません。「リズムよみ」が不安レベルを下げたのでしょう。

　残念ながら、次の年はその生徒の担任をすることができず、さらに授業ももつことができなくなりました。

4　ついに国立大学に合格者！――「記号づけプリント」が生みだしたもの

　初任校は3年で転勤することになりました。転勤先は実家からそれほど遠くないところでした。当時は1学年普通科2クラス、商業科2クラスの4クラス編成の学校でした。隣接する古川市に地域の進学校として、男子校と女子高校があり、勤務先の普通科には、その次の学力層の生徒が集まります。

　前任校で「記号づけ」の威力に圧倒されたので、さらに『英語にとって授業とは何か』『英語にとって学力とは何か』を購入しました。

　しかし書いてあることはわかるのですが、それを実践する力が私にはありませんでした。「構造読み」をすることや、生徒が記号をつけながら英文を読むなどとは考えてもいませんでした。これらのことは次の学校へ行って実践に移すことができるようになったのですが、当時は自分の頭の中で実践へのイメージが固まるまで、できなかったのです。

　それで、この期間は、ただただ「記号づけプリント」をつくるだけの時間が続きました。しかし、それが楽しかったのです。教科書をすべて「記号づけプリント」にしました。また講師時代に購入していた絵本の『ピーター・ラビットのおはなし』『天空の城ラピュタ』『幸福の王子』なども「記号づけプリント」につくりかえました。それでも、生徒たちはどんどん読んでくれるので、「記号づけプリント」をつくるのが楽しかったのです。

　こうして「記号づけプリント」を使って楽しみながら英文を多量に読むことが

できたためか、それまでにはなかった英検2級の合格者が出たり、国立大学への合格者が出たりとそれなりの成果はありました。

5　進学校——生徒にも教員にも、ゆとりを

　先の高校には9年いました。次に転勤した先は進学校です。当時は大学進学に血道をあげていました。国公立大学に50人ほどを現役合格させていました。地域の進学校としては伝統のある学校だったのですが、徐々に国公立大学の進学者が減ってきていました。それを挽回するために、なりふり構わず進学に特化した学校をつくろうとしたのでしょう。

　こうして国公立大学合格者を増やすために、1日7時間授業や0時間授業（1校時の前におこなわれる講習）や土曜授業をするなどして、とにかく生徒を勉強に縛りつけるやり方で国公立大学への合格者を増やしてきていたのです。先生方の勤務も大変で、夜遅くまで残って仕事をしていました。転勤が決まったときに、周りの先生方から「ご愁傷様です」とまで言われてしまいました。

　1年目は3年生に所属しました。進学校の3年生だから「記号づけ」などしなくても大丈夫だろうと思って授業を始めたのですが、和訳ができない生徒が少なからずいるのです。急いで教材を「記号づけプリント」につくり変えました。しかし教科書はもう終わっていて、長文問題集を教材として使っていました。きちんと読む力もつけずに教科書をどんどん進めていったのでしょうか。

　それではどうやって国公立大学への合格者を増やしたかというと、推薦入試やAO入試で国立大学合格者のうち90％程度まで合格させてしまうのです。AO入試、推薦入試、センター推薦入試と最大三回も推薦入試が受けられます。そこで、生徒の希望学部・学科を考えて、全国の国公立大学に振り分けていきます。

　ある生徒は教員になりたいということだったので、教員免許が取れるところであれば、とにかく受かりやすいところを探して、説得という名の指導で受験先を決めていたというような話も聞きました。そのような指導をしているわけですから、生徒の希望をほとんど無視してしまっている指導もあり、教員に対して不信感をもっている生徒もいたようです。

　それから、職員室前の廊下の窓際に机と椅子とが一列に並んでいて、その前には蛍光灯がついています。放課後などに生徒が勉強してわからないところがあれば先生にすぐに聞けるようになっているのです。放課後だけでなく休日にもそこ

に来て勉強している生徒がいました。

あるとき部活動が終わって職員室にいると、そこで勉強していた生徒が職員室に入ってきて、「○○先生、いますか？」と聞いてきたのです。「いないよ」と私が言うと、「それじゃ、私、勉強できないじゃないですか」と不機嫌そうに言うのです。

勉強だけを強いられるとこのようになってしまうのでしょうか。自分の要求だけを相手に押しつけて、相手を人間としてみていないように思いました。それは生徒を人間としてみないで、合格率を上げるための道具のようにみてきた結果、生徒も教員をそのようにみてしまうのでしょうか。

生徒たちは田舎の進学校ですから素直な生徒が多いのです。ですから教員から言われたことを素直に信じてしまっています。だから押しつけられた勉強も頑張るんだと思いますが、頑張りきれないで挫折する生徒も中にはいます。しかしそのような生徒に気を配ることができない状態に教員が置かれていました。

たとえば、ある教員は転勤と同時に１年の担任にされたのですが、次の年にはもち上がりで２年の担任になるどころか、「指導力がない」ということで転勤させられてしまったのです。

それは私から見れば一方的な見方でしかないと思いました。パワハラ以外の何物でもありません。管理職から言われたことを忠実におこなう教員が幅をきかせていました。

それはともかく、２年目から１年生の担任をすることになり、３年間もち上がりました。担任になる前の３月に、学年主任をすることになっていた先生と、私と、もう一人の先生で、先進校視察ということで岩手県と秋田県の進学校の視察に行くことになりました。

１泊だったので、夜にどんな学年にしたいか、どんな風に生徒を育てたいかを話し合うことができました。ふたりとも、そのときの高校のやり方がいいとは思っていなかったので、とても楽しい話ができました。

そのため、私のいた学年は他の学年とは違ってゆとりのようなものがありました。なるべく生徒に勉強を強制せず、基礎的な力をしっかりつけながら、徐々に入試レベルにすることにしました。そのために学年の英語科（と言っても二人しかいません）で次のような目標を立てました。

　　１．自分で和訳ができるようにしよう。

2．辞書を引けるようにしよう。
　　3．いっぱい英文を読むようにしよう。
　　4．音読の時間をできるだけたくさん取るようにしよう。
　この目標のために1年生では「記号づけプリント」で語順の理解と定着をはかることにしました。教科書の本文をすべて「記号づけプリント」につくり変え、もう一人の先生もそれを使うことにしました。辞書引きについては「辞書の引き方」というパンフレットとそれに合わせた問題集をつくりました。4月から5月にかけて、それを使って指導しました。
　また、寺島先生の『英語にとって授業とは何か』に載っていた「リーディングマラソン」の実践にならって、英文をいっぱい読ませるため、多読用図書を図書館にそろえ、100万語を目指す「多読マラソン」と銘打って自由に読ませることにしました。それと同時に長期休業中などに共通課題として『ピーター・ラビットのおはなし』『マザー・テレサ』『幸福の王子』などを読ませました。これらは前任校で「記号づけプリント」につくっていましたから、それを使いました。こうしてなるべく英語学習が楽しくなるようにしました。
　また記号がついた英文をたっぷり読むことで、英文の構造を体得できるだろうという思いもありました。多読用図書の英文には記号がついていませんが、頭の中で記号がつけられるのではないだろうかと考えたのです。

6　センター試験の長文問題をたのしむ

　2年生の夏休みになると、「学習合宿」というものがありました。ここから受験に向けた勉強が本格的にスタートします。前の学年までは入試問題を解くことを中心にやっていたのですが、それでは楽しくないので何かないかと考えていたとき、「寺島研究室」のサイトの中に博多女子高校の公開授業の記録を見つけて、これをやろうと思いました。
　タイトルを「センター試験第6問を楽しく読もう」としました。この年まではセンター試験の第6問は物語文だったので、過去問を使って物語文の「構造読み」をしながら、問題を解いていく講義をしました。
　私自身、今まで「構造読み」をやったことがなかったので、ゼロから勉強しなければなりませんでした。『英語記号づけ入門』(80-89頁)を読み直したり、寺島隆吉『英語にとって学力とは何か』(42-49頁)や「英語にとって読みとは何か

第7章　生徒より英語を楽しんでいるかも

（上）」（『岐阜大学教育学部研究報告』2006年）をダウンロードして読んだりしました。

　実際に自分で「導入部」「展開部」「山場の部」「終結部」に分けることを意識しながら、センター試験の過去問をいくつか読んでみました。すると、ストーリーの大きな流れが頭の中に残り、問題も解きやすいし、解答も迷うということが少ないのです。これなら生徒と一緒にやれる、と思いました。

　生徒たちは語彙力がそれほど多いわけでもなく、大学入試問題を解くのもはじめての生徒が多く、ましてや長文を読むことに抵抗感がある生徒が多かったのです。が、文章構造がわかってくると、次はどうなるのかを予想しながら読むことができるようになってきました。このときは過去問を3題解いたのですが、1題目より、2題目、3題目と進むにつれて、正答の確率があがることに生徒自身が驚き、「問題文を読むことを楽しんでいます」と感想に書いていました。

　こうして3年生にもち上がったとき、授業も「記号づけプリント」ではなく、ノートに生徒が英文を写し、記号をつけながらフレーズ訳をするという形にしました〔「立ち止まり訳」というと他の先生方がピンとこないようなので学校では「フレーズ訳」と言うことにしています〕。

　英文に生徒自らが記号をつけて読み進める方法「書き込み方式」については、その意義が、寺島隆吉『英語にとって学力とは何か』（138-139頁）の中で、次のように述べられています。

> 　この書き込む記号は、英文を読み慣れるに従って、1つまた1つとその数が減って、最後には「連結詞」のみが残るはずである。そしてその□の記号ですら、いちいち書き込むのが煩わしく感じられるほど、英文が速く読めるようになった時、この「書き込み方式」による英文の読みは完成したといって良い。

　これができれば大学入学後も一人で英語の勉強ができるだろうと思っていたのですが、それ以前に英文を写すだけで一苦労の生徒が少なからずいました。「視写」や「速写」などをやってきていなかったことがここでひびいたのです。

　そういうわけで最初は、予習として「記号をつけて、フレーズ訳をしてくる」ことができない生徒が多かったので、授業で黒板に英文を書き、みんなで記号をつけながらフレーズ訳をしていきました。しかし、フレーズ訳ができても文全体の意味が理解できていない生徒がいます。ちょっと長めの英文は全体訳をしない

といけませんでした。

　また、このとき問題になったのは「主語の特定」でした。大学入試レベルの英文となると、動詞の直前に主語が来ることは少なくなります。主語と動詞の距離が長くなったとき、どれが主語なのかを見つけるのに時間のかかる生徒がわりといたのです。「○○するのは誰？」などと問いかけながらみんなで探すようにしました。こうして英文を読む力が徐々についてきたように思います。

　1年間このような授業を続けることで、だんだんとひとりで記号がつけられるようになってきました。というのは、ＡＯ入試で合格した生徒が、大学から入学前課題として英文の要約を求められたのですが、英語に苦手意識のあった生徒だったにもかかわらず、その生徒は教員の手も借りずに、自分で英文に記号をつけながら自力で読み進め課題を提出してしまいました。そこまでできるようになったことに私自身が驚かされました。

7　育ってきた批判的読解力
——「教科書の文章は英語の構造になっていない!?」

　さて、もうひとつ3学年の授業で書かなければいけないのは、説明文の「構造読み」の授業です。教科書の英文はほとんどが説明文です。前年の学習合宿ではセンター試験第6問を使って、物語文の「構造読み」をしたのですが、この年は教科書の英文を使って、説明文の「構造読み」をしてみようと思いました。

　すると、この年度のセンター試験第6問がなんと！説明文に変わってしまったのです。当然のことながら、まさかそうなるとは知らないのですが、これは幸運だったと思います。学年最後の授業で感想を書いてもらったのですが、「センターで役立った」という感想が多く「模試などで役立ちました」と言っている生徒もいます。大学進学後の勉強にも有効だと考えている生徒もいました。

　ところで、この「構造読み」を実践する前に、『英語にとって学力とは何か』の第2章（第1節「読みの指導と文章の構造」と第2節「文章の構造における日本語と英語」）をじっくり読み直し、日英語の「説明的文章構造の特徴的違い」を説明するプリントをつくりました。

　実際の授業は、グループ毎に文章を「序論」「本論」「結論」の三つに分けさせ、模造紙に分け方と理由を書いて全体発表と質疑応答をさせました。あるLessonでは、「教科書の説明文は英語の構造ではなく、どちらかというと日本語

の説明文の構造になっている」と生徒たちは結論づけました。

　指導書には出典がありませんでしたので出版社に問い合わせました。すると、原文はドイツ語で書かれたものでそれを日本語に翻訳し、さらに英訳したものだったことが分かりました。そうすると生徒たちの結論は間違いではなかったのだと思いました。『英語にとって学力とは何か』を元に、「説明的文章構造の日英語の違い」を説明するプリントをつくったことが、ここで生きてきたのです。

　その授業の生徒たちの感想を見ていると、「構造読み」の授業でおこなわれた質疑応答のやりとりも楽しんでいる様子がわかります。知的好奇心に満ちた授業になっていたのでしょう。

>　「今までとは違った目線で英文を読むことができて新鮮だった」「序論や本論を探す作業はとても難しいものだったが、今までにないくらい英文を深く見ることができた。こういった作業は大学の授業においても生かせそうだと思った」「構造読みのディベートはとても白熱しておもしろかったです。これから大学生活で英語の資料などを読む際には活用できる力になった授業だったと思います」

　大学入学後、さっそく「大学でもあのプリントが欲しいです」と連絡をくれた生徒がいます。これは「記号づけプリント」「構造読みの面白さ・有用性」がいまだに記憶に残っていることを示していて嬉しかったのですが、同時にこれは、大学ではそのようなことを教えたりする指導したりする先生がいないことをも示しているように思いました。

8　すれ違いざま、生徒が「リズムよみ」
──受験に縛られずに英語をたのしむ

　次に転勤したのが現在の高校です。たぶん定年までいることになりそうです。自宅から車で５分でとても近い場所にあり、近所の子どもたちも通ってきています。名前は「農林高校」ですが、農業技術科が２クラス、総合学科が３クラスという構成になっています。地域では進学校を除くとその次に人気のある高校になっています。

　前任校と違って進学校ではないので、のんびりとした学校で、勉強に生徒を縛りつけるということがありません。ですから部活動をしたくて入学してくる生徒が多い学校です。剣道・柔道・相撲部などが強く、県外からもそれらの部活動を

したくてやってくることがよくありますが。

のんびりさが授業をする上で良いことがいくつかあるのですが、その中でひとつは、教科書をほとんど変えないで継続して使っていることです。したがって、いったんつくった教材は教科書を変えない限り使うことができます。当然、多少の変更（私たちはバージョンアップと言います）はあります。

転勤して取りかかったのが教科書の本文をすべて「記号づけプリント」につくることでした。2年かけて、「英語Ⅰ」と「英語Ⅱ」の教科書をすべてつくりました。それを誰が担当しても使えるようにしました。

また、音読が苦手だと生徒が言うので、「リズムよみ」を再び始めることにしました。前任校は進学校だったので「リズムよみ」をする時間はありませんでしたが、ここはゆっくりと授業を進めることができるので、「リズムよみ」に時間を取ることができます。

私は最初から「リズムよみ」の勉強のし直しです。「リズム記号」のつけ方で迷ったり、わからなくなったときには、寺島隆吉『英語にとって音声とは何か』と『チャップリンの「独裁者」の英音法』を読みました。さらに渡辺和幸『英語のリズムハンドブック』（弓プレス）を参考にしながら、教科書の英文に「リズム記号」をつけていきました。

教科書の英文、すなわち、散文の「リズムよみ」は初めてだったので、授業の前にまず自分が「リズムよみ」をできるまで練習しなければなりませんでした。

生徒も当然ながら最初はうまくできません。それでも繰り返していると、だんだんできるようになり、声も大きくなっていきました。その声は二つ三つ先の教室まで響いていました。

「リズムよみ」が周りの先生方にも刺激的だったようで何人かの先生方が今では一緒にやっています。また、これがきっかけで後に山田昇司先生に講演に来ていただくことにもなるのです。

今回の「リズムよみ」の実践では、「英文を暗記させたかったらリズムよみをさせよ」が本当であることがわかる事件がありました。寺島先生がよく言われているように、まさに「AさせたいならBの指示をせよ」だったのです。

2年目から私は学年の主任になり、前年度に教えていた生徒の授業がなくなりました。ところが、その生徒たちが廊下で私とすれ違うときに、1年前に初めて「リズムよみ」をした英文を、空で「リズムよみ」をしてみせるのです。思わず

「すごい！今でも言えるんだ！」と言ってしまいました。

9 「英語で授業」——英文の読み方は、いつ・どこで学ぶのか

　先ほど書いたように赴任して2年目で学年主任になりました。私が生徒を引率してアメリカに行っている間に決まってしまっていたのです。私の希望は1学年の担任だったので、非常に納得がいきませんでした。

　それだけでなく、納得のいかないことがもうひとつ起きました。県教委から「英語教育実践モデル校」の指定を受けたのです。というよりも、英語科の意向も確認しないままに、当時の校長が手を上げたのです。対象が「英語Ⅰ」の授業だったので、私が担当することになります。このモデル校指定は、英語で授業をおこなうことを目的としています。

　当然、すべてを英語で授業することになるので、生徒の学力が落ちることが心配されました。それを防ぐためには「記号づけプリント」は絶対に欠かせないと思い、そのときに急いで「英語Ⅰ」の教科書をすべて「記号づけプリント」にしました。〔正確に言うと、教科書の後半部分は前年度つくっていました。前半部分をこの年につくったのです。〕

　今、中学校でも「英語で授業を」となっていますが、当時はそうなっていませんでした。それでも会話中心の英語の授業になってから、読解の仕方をきちんと教えてくれる先生はどんどん少なくなってきています。中学校で読解の仕方を教えてもらっていない、もしくは教えてもらっても、きちんとできるまでになっていない生徒がほとんどでした。そんな生徒たちに読解の仕方を教えなかったら、英語の自立的学習者にはならないと思います。

　このモデル校の指定は1年だけなので2年生からは日本語を使って授業ができます。この1年をどうやり過ごすか、それを考えると、なんとしても「記号づけプリント」を使って、読解の仕方を学んでもらう必要があると考えたのです。

　モデル校指定だったのでいろいろな研究授業や講演に行くことができました。そこで気になったことが常にあります。それは研究授業の指導案にある「内容理解」の部分の活動です。英問英答をしたり、T or Fをしたりしているのですが、TF問題の解答を確認しているだけで、そもそも文が読めているのかの確認ではないのです。

　英問英答をしたり、T or Fをしたりするのは、文の読み方を確認したり内容

理解の仕方を指導したりしているのではないと思うのです。

どのようにすれば一文一文が読めるようになるのでしょうか。

生徒は文の読み方をいつどこで学び、いつどこで内容理解の方法を学ぶのでしょうか。多くの場合、すべて授業の外でやっているのです。

北海道の旭川へ視察に行きましたが、そこの授業はすべての教科書の英文を初見で読むようにしていました。予習をしてはいけないのです。しかも、Lesson 全体の英文を1回で読むことになっていました。それを1年生からやるということは、文章の読み方も文の意味の取り方も中学校まででやってきているか塾でやっているのか、とにかく学校以外、授業以外でやっていることになります。

しかし、これができなかったら、内容理解も何もあったものではありません。一番基本の部分を他に任せて、その上澄みだけをやろうというのです。これは本末転倒だと思います。学校は基本的なことをしっかりとやってこそ学校だと思います。

それが本末転倒だと気がつかない教員がいること自体も理解できません。これが寺島先生が言われている「教育の家畜化」(『英語教育原論』)の実態なのかも知れません。

10　指導主事もみとめた「リズムよみ」
――山田講演と「リズムよみ」ワークショップ

この実践モデル校の指定期間中、私は各Lessonの最初に「記号づけプリント」を使って日本語訳をつくらせました。やり方を英語で説明して、2時間くらい時間を取って完成させます。その後、2時間を使って本文の「リズムよみ」をします。それから「内容理解」と称する英問英答や TF 問題をするのですが、Part 毎に1～2時間を割り当てておこないます。その1時間毎、最初は「リズムよみ」をしてからそれらの活動に入ります。

その授業の様子を指導主事が何度か見学に来ました。本当に見るだけなのですが、「リズムよみ」にとても関心を示しました。全県の先生方に紹介したいくらいですとまで言っていました。それもあって2月におこなった山田先生の講演会のテーマを「リズムよみ」にしようと思ったのです。

この講演については、あとでもう一度くわしく説明します。

英語教育実践モデル校の指定事業の中で、講演会やワークショップなどをおこ

なうことになっていましたが、さて何をするかと英語科で話し合いました。しかし名案が出てきませんでした。そこで私が密かに温めていた希望を話してみました。それで「リズムよみ」の講習会かワークショップをすることになりました。

　早速、寺島先生に電話をしました。寺島先生とお話をするのは実はこのときが2回目でした。1回目は 2011 年の東日本大震災直後でした。水道、電気などライフラインがまだ十分に復旧していないときでしたが、電話が復旧したのです。そのとき最初に電話のベルが鳴って出てみると、なんと寺島先生だったのです。たぶん寺島先生は忘れていらっしゃるとは思いますが、とてもびっくりするとともに心配していただき、とてもうれしかったことを覚えています。

　話を元に戻します。寺島先生に講演依頼をしましたが、すでにそのときは先約で広島大学での講演があるので難しいとのお話でした。それでも、どうしても「リズムよみ」の講演会を実施したかったので、「どなたか代わりにできる方はいらっしゃらないでしょうか」と食い下がりました。それで山田先生にお願いしていただき、実施できることになりました。

　私にとっては寺島先生に直接の指導を受けた山田先生に来たいただけることはとてもうれしいことで、寺島先生の本を読み直す度に発見があったように、山田先生の話にもそのような新しい発見があるだろうと楽しみにしていました。

　講演会は予想通り、なるほどなるほどとうなずくばかりの内容でした。私にとってもそうなのですが、「リズムよみ」や「記号づけ」を知らない先生にとっては衝撃的な内容だったと思います。

〔また嬉しいことに、山田昇司『英語教育が甦えるとき―寺島メソッド授業革命』の第1章で、その講演原稿が加筆修正されて再録されていますし、第2章では、その原稿および講演そのものが寺島先生ご夫妻のどのような助言で実現したのかも詳細に書き込まれて、私にとっては実に興味深いものがありました。〕

　さて講演後、参加者の中で、実際に「リズムよみ」をやってみたいが、どうやったらいいかわからないと言う声があったので、ワークショップをすることになりました。しかし、講師がいません。また、山田先生を再びお呼びするにはもう予算がなかったのです。

　そこで私が講師をするしか方法がなく、そのことを寺島先生に連絡すると、先生はそうなることを予想していらっしゃいました。先生は「自分で練習をしてみて自信が湧いたら、もういちど電話をください」と言われるのです。それでワー

クショップでとりあげる例文を何度も練習して、自信が湧いてきたので先生に電話しました。

こうして電話を通して「リズムよみ」の個人指導をしていただき、それを元に私が講師を務めることになりました。その結果、参観者の中から「リズムよみ」や「記号づけ」を授業で実践するひとが何人も出てきて、本当に嬉しいかぎりでした。

11　文化祭で「天使にラブソングを2」
——先生、リズムよみしないと歌えませーん！

こうして英語だけで授業してきた1年も終わりました。次の年からは日本語をきちんと使って授業をすることができます。教室には安心感のようなものが漂い、楽しく授業をすることができました。

「リズムよみ」と「記号づけプリント」を使って自分で英語を読み取り、長期休業中には英語の絵本を「記号づけプリント」で読みます。たとえば、*The Polar Express*（邦題『急行北極号』）など、教科書以外にもいっぱい英語を読みます。私の授業は「ちょっと苦しいけど楽しいぞ」—そんな風な授業・英語学習を目指していました。

3年担任となり、生徒も持ちあがりました。3年生で最後の文化祭、クラス毎にステージ発表をします。我がクラスでは何をしようかと話し合いました。最近の傾向はダンスか寸劇か、あるいはそれの組み合わせです。担任としての注文は「他でやっていないもの」「見ている人の度肝を抜くようなもの」でした。

担当者はダンスを中心に考えていたようなので、「どうしよう？　どうしよう？」とあわてています。3年生だからこちらの無理難題も何とかやってくれるだろうと思ったのですが、なかなか決まりません。時間もなくなってきているので、私からダンスだけならだめだけど、生の声で歌いながらだったらいいよと妥協しました。そこで出たのが、映画『天使にラブソングを2』の中の1曲でした。

この映画はウーピー・ゴールドバーグが主演したミュージカル映画です。『天使にラブソングを』でウーピー・ゴールドバーグが演じる歌手デロリスはギャングのボスの愛人ですが、裏切り者を殺害する現場を見てしまい、命を狙われます。警察に重要参考人として保護され、修道院にかくまわれ、そこでシスターたちと最初は反発し合いながら、次第に歌を通して心を通わせていきます。Part

2ではそのデロリスの前にかつてお世話になったシスターたちが現れ、社会奉仕で行っている高校で生徒たちに手を焼いていると聞かされます。そこで音楽の教師になって、学校の聖歌隊を立て直す話です。

最初、その中の"Oh Happy Day"をすることになったのですが、この曲は出だしが難しいので、"Joyful, Joyful"に変えました。

実はこの曲"Oh Happy Day"は3つの曲を1つにまとめたものだったのです。最初が"Joyful, Joyful"でベートーベンの交響曲9番が元になっています。それから次の部分が、Naughty By Natureの"O.P.P."というラップの曲が元です。3曲目がジャネット・ジャクソンの"What Have You Done For Me Lately"という曲です。

さて、練習を始めたのですが、「先生、歌えません。『リズムよみ』しないと歌えません」というのです。すぐに「リズムよみ」プリントをつくりました。「リズムよみ」をしっかりやって歌の練習を再開すると、なんと歌えるようになっているではありませんか。当日は歌と踊りでステージいっぱいの生徒が躍動しました。「リズムよみ」のすごさを再確認しました。練習量が足りなく最優秀賞は逃しましたが、2位を獲得できました。

ただ、ラップのところがうまく「リズム記号」をつけることができませんでした。つけることはつけたのですが自信がありません。ラップに「リズム記号」をつけて歌うことができるようになったらと思います。ラップの方が社会性に富んだテーマが多いから、そこからアメリカ社会の現実を見ることができるような気がしています。

〔なお、この映画『天使にラブソングを』を教材に使って和文英訳＝自己表現に挑ませた実践が、野澤裕子『授業はドラマだ』第3部「Writing編」に詳しく載っています。「寺島メソッド」が自己表現の世界をどのように拓いてくれるのかを示してくれる好実践だと思いました。〕

12 「記号づけ」で絵本の多読──かつてない成果、みやぎ学力調査

7年ほど前に、この高校でも英語の多読を始めたいと思い、仙台の丸善に行って図書の選定をしたのですが、ペンギンブックなどの多読用の図書だけでなく、絵本もいいと思って何冊か手に取って見ていたら、Oliver Jeffersの *Lost and Found* という本を見つけました。最初に絵が気に入りました。読んでみると少

第1部　英語アクティブ・ラーニングを求めて―その軌跡と到達点

年とペンギンの友情にもちょっと心が温まりました。Jeffersはアイルランド出身で多くの賞を受賞している絵本作家です。

　さっそく購入し、「記号づけプリント」にしました。生徒に読ませるとやはりふたりの友情に心温まる思いをしながら読んでいました。

　それから英語の絵本を月に2〜3冊ペースで購入しては「記号づけプリント」をつくるということをはじめました。以前にも『ピーター・ラビットのおはなし』や『幸福の王子』などを「記号づけプリント」にしていたのですが、英語の絵本を本格的に教材として考えてはいませんでした。しかし、この本をきっかけに、「記号づけプリント」にして多読の教材にしようと思うようになりました。〔現在では80冊ほどに増えました。退職後は英語絵本の私設図書館とか、英語の絵本を使って英語を勉強する塾とかをしたいと考えたりもしています。〕

　ペンギンブックなどを使った一般的な多読では、すぐにあきらめてしまう生徒が少なからずいたのですが、「記号づけプリント」で英語の絵本を教材にすると、ほとんどあきらめずに最後まで読んでくれます。

　この多読をして英語の力がどのように変化したかを、自由記述で生徒に書かせました。「和訳ができるようになった」「読解力がついた」「読む速度が速くなった」という感想が半数以上でした。「語彙が増えた」と感じた生徒が8割を超えていたのです。

　また、「みやぎ学力状況調査」というのがあって、宮城県の公立高等学校の1、2年生を対象に7月に各校で実施され、とくに第2学年では国語、数学、英語のテストがおこなわれます。その「みやぎ学力状況調査」では、前年度と比べて成績が全体で6ポイント上昇しました。とくに長文読解と文法・語法の分野で10ポイント以上も上昇したのです。さらに長文読解は県平均を5ポイント以上も上回っていました。農林高校としてかつてない結果でした。これも絵本による多読の成果ではないかと考えています。

13　英文が書ける！――記号をつけながら英文をいっぱい読む

　2015年度の3年生は、1年生2年生の段階では担当したことがなかったのですが、その3年生の「コミュニケーション英語Ⅲ」を担当することになりました。本校では「コミュニケーション英語Ⅲ」は選択科目で3C選択と3D選択の2カ所で開講されています。

第7章　生徒より英語を楽しんでいるかも

　私が担当したのは３Ｄ選択の「コミュニケーション英語Ⅲ」でした。３Ｃ選択の方はもうひとりの教員が担当しました。共通テストになるため、進度をあわせなくてはなりません。そこで、教材は私がつくり、それを使ってもらうことにしました。

　教材プリントをつくる上では、寺島美紀子「記号研方式のSense Groupingの原則」『英語「直読直解」への挑戦』（第４章・第１節）を参考にしました。ただ、もうひとりの先生の意見を入れて、それぞれのSense Groupに番号をつけるのではなく、スラッシュを入れることにしました。

　また、できるだけ最も英語学力の低い生徒にあわせるために、多くの単語にはパソコンのルビ機能を使って、意味を入れておきました。さらに従位接続詞は☐で囲み、その節は［　］で囲みました。

　したがって授業では、生徒は述語動詞を○で囲み、前置詞句に［　］をつけながらSense Groupごとに意味を取っていくことになります。ただし、スラッシュごとの意味がとれたとしても、文全体の意味がとれているわけではない場合があり、そのような場合は文全体の意味を確認していくかたちにしました。

　このかたちで１年間授業をおこなってきて、冬休みの課題に英語の絵本 *Badger's Parting Gifts*（邦題『忘れられないおくりもの』）を同じかたちのプリント教材にして、読んでもらいました。読了後、感想を書かせるのですが、このときは日本語で書くだけでなく、英語でも少し書いてもらいました。

　このとき生徒に言ったのは、寺島隆吉・寺島美紀子『センとマルとセンで英語が好き！に変わる本』で述べられているように、「枝葉の間違いはあってもよいから、幹の部分で「通じる英語」」（20頁）を書くように言いました。そのためには「言いたいことが頭に浮かんだら、それをやさしい日本語に言い換える」（27頁）ことが必要であることを伝えました。

　英語を書かせることは授業の中ではほとんどしていなかったので、出来具合はあまり期待していませんでしたが、思った以上の出来であり、二人のALTに見てもらうと、文法的な間違いはあるが、文意が伝わらないほどの間違いではないということでした。確かに、英語の基本語順「名詞＋動詞＋名詞」（記号研では「センマルセン」と言っています）ができているのです。

　生徒にどのようにして英語で感想を書いたか聞いてみると、「日本語で感想を書いたあと、その下に英語で意味を書きました。たとえば、「私は　眠い　です」

(下にI sleep amのように)どんどん書いていきました。(中略)全部下に書き終えたあとは、主語＋動詞の順に並びかえて書き直しました」「日本語を書いたあとに、その中から主語、動詞を見つけて、わからない場合はその単語を調べる。そして、主語、動詞の順に並びかえる」ということでした。

これは英語の基礎である語順を、○や［　］の記号をつけながら読んでいくことで理解してきたのではないでしょうか。

さらに生徒は「長い英文を書いたら、読みにくくなったり分かりにくいので、私は短い英文を書くようにしています」とか「日本語で書いた１文を２文に分けたりして書きました」と書いています。『センとマルとセンで英語が好き！に変わる本』を元に、私が事前に指示したことをちゃんと守って書こうとした様子がよくわかります。

そして英語の語順の基本は、授業の中でやってきた「書き込み方式」で記号を英文に自ら書き込むことによって、英文の構造と意味の関係を「容易に、しかも短時間で」理解し把握できるようになったことで、「自己表現力への転化」がおこったのではないでしょうか。生徒たちは「日本語を日本語に言い換える力」を身につけた結果として、「枝葉は間違いがあってもよいから、幹の部分で『通じる英語』」をつくったのだろうと思います。

14　生徒より英語を楽しんでいるかも

教員生活もあと１年になりました。先に述べたように正式採用されるまで10年かかりましたが、正式採用されてからも、ほとんどが運動部の顧問で忙しく、もし「記号づけ」に出会っていなかったら、授業準備をあまりしないで終わっていたかもしれず、「講師時代の方が英語にきちんと向き合っていた」なんてことになっていたかもしれません。

しかし、「記号づけ」に出会ったことで教材研究をすること自体が楽しくなりました。最近では「先生のプリントづくりは趣味ですよね」と周りの先生方から言われるようになっています。おかげで、ひょっとしたら生徒以上に英語を学ぶことができているような気がします。

ここ10年ほどは時間があれば、英語の児童文学を読んでいます。読んでいて楽しいので、生徒にも知らせたいと思っています。いつか教材にしたいと思う作品もあります。たとえば、ジョン万次郎のことを書いた *Heart of a Samurai* は、

ちょうど授業でジョン万次郎を扱っていたので読みました。

　それから *Evolution of Calpurnia Tate* は 19 世紀末のアメリカ・テキサスの女の子が主人公で、動物や虫に興味があり、ダーウィンの進化論に興味があって、当時の女の子とはちょっと違っています。女の子が自分らしく生きることが困難な時代に、悩みながらも自分らしく生きようとしています。

　これらを読むとき、いつの間にか私自身が頭の中で○や［　］や□の記号を英文につけて読んでいるのです。そこで立ち止まり、意味を取りながら読み進めているのです。「記号づけ」の授業をやって来たことで、自分自身がこのような本もいつの間にか前からどんどん読めるようになって来たような気がします。

　また、農林高校の所在地の美里町はミネソタ州ウィノナ市と姉妹都市交流をおこなっています。毎年両市の中高生が行き来し、農林高校も学校として参加して、アメリカに代表生徒を派遣しています。そのとき教員が引率していくのですが私も 2 回引率しています。そんなとき現地で通訳をしなければならないことがあります。大学時代は英語会話の授業を逃げるようにしていたのがうそのようです。曲がりなりにも通訳らしきことができるのですから。

　これも「寺島メソッド」のおかげです。まさに「寺島メソッド」こそ、生徒にとっても教師にとっても、アクティブ・ラーニングです。

第8章

母語力上限の法則
—— 寺島メソッドによる日本語作文技術

新見 明

1 はじめに
2 受験勉強からそれていった高校時代 —— 読書会や生徒会活動などにあけくれた毎日
3 絶望的な学びの環境と学生運動の挫折 —— 留年覚悟で沖縄返還デモに
4 小学校教師2年目で、なんと中学校の英語教師へ —— 学ぶべきもの教えるべきものを探しに
5 無性に惹きつけられた『授業とは何か』 —— 根本的な人間観教育観をもった教育方法
6 「記号づけを何年やって来たんだ！」 —— 大学院で初めて分かった寺島メソッドの意味
7 母語力上限の法則 —— 寺島メソッドによる日本語作文技術
8 「追試」の大切さ —— 寺島メソッドの「基礎3教材」
9 平和教育の土台を築くもの —— 「俺もできるんだ！」という自信をつくる授業
10 シルバーセンターと寺島メソッド翻訳教室
11 おわりに

1　はじめに

「英語と私」というテーマで生徒に作文を書かせる実践を読んだことはありますが、自分がこのテーマで書くというのですから驚きました。高校・大学時代にあまり英語に熱心でなかった私が、このテーマで書くことは非常に抵抗感があります。

そしてそんな私が英語の教師をやってきたのですから、矛盾だらけです。しかし、私の英語への関わりを書くことによって、私自身がいま抱えている問題を少しでも明らかにして、ねじれた私の歩みをまっすぐにする鍵を与えてくれるのではないかと考えました。

まず時代順に書いていき、その中で問題点を探っていきたいと思います。

2　受験勉強からそれていった高校時代
　　──読書会や生徒会活動などにあけくれた毎日

高校時代は、中学時代の部活動で燃え尽きたせいか、部活動には入らず、帰り道にときどき中学の体育館に寄っては後輩を教えるぐらいでした。

そのころ友人から読書会をやらないかという誘いがあり、毎週土曜日、町の図書館に集まって岩波新書などを輪読していました。丸山真男『日本の思想』や久野収他『戦後日本の思想』などは新鮮でしたがとても難しく、文章の片隅には日本語の単語調べをたくさん書き込んでいた記憶があります。大学生のチューターも来て教えてくれました。

活動は読書会だけでなく、そこから生徒会や新聞部などの活動に広がっていきました。新聞部では「日韓条約」について書いてみましたが、うまく書けず「雑誌の引き写しだ」と先輩から批判されたことがあります。

小・中学時代に作文といえば、私は何も書けず、ただ原稿用紙を前にして真っ白になっていた記憶があります。書きたいことが何も出てこないのです。そんな私が文章を書くというのですから無謀この上ありません。

英語の授業に関しては、いつも予習をしてあったので授業についていくことはできました。普通の受験生のように原仙作の『英文標準問題精講』をやっていましたが、細切れの英文で単語や熟語練習をしていただけです。難解なラッセルなどの哲学的文章も出てきましたが、その内容まで理解することは難しかったような記憶があります。

私の興味は、英語よりも倫理社会などに向いていて、いつも授業中や授業後に質問をしていたようです。進路も政治や歴史の方面を目指していましたが、学力が足らず、1期校の名大をすべり、2期校の大阪外大ロシア語学科に進みました。あまり受験勉強に集中しておらず、浪人を覚悟でいたのですが、たまたま受かってしまったので、そのまま進学しました。

　ロシア語を選んだのは、中学時代からロシア民謡を短学活の時間にいつも歌い慣れ親しんでいたからです。当時ダークダックスなどのロシア民謡をよく聞いていました。

　〔高校時代になるとアメリカのフォークが流行り、ジョーン・バエズやハリー・ベラフォンテに熱中していました。同級生の中にはロックが流行っていて、文化祭などでバンドを組んで演奏しているものもいました。〕

　私たちは、生徒会活動や新聞部に熱中して、体育祭の時には夜通しベトナム反戦の意味を込めて、「ベトコンと米兵」という仮装行列の準備をしたり、「ペンは剣より強し」をもじったデコレーションをつくっていました。

　教師が夜中に回ってくると逃げて、教師が去るとまた出てきて準備していました。友人が新聞社にも連絡し、地方紙に掲載もされました。今から考えると、のどかな高校生活でした。

　夜中の12時頃から友達が訪ねてきて「今から猿投山に登るぞ」と誘い、出かけるのです。友人宅で集まり、語らう中で酒もたばこも覚えたのはこのころでした。ですから大学受験を失敗するのも当然のことでした。

3　絶望的な学びの環境と学生運動の挫折 ── 留年覚悟で沖縄返還デモに

　なぜ英語科でなくロシア語科かと言えば、英語科は点数も高く無理だと思ったからです。で、自分の程度にあったもので、しかも興味がありそうなロシア語を選びました。高校時代ロシア語講座を聴いて、チェホフやプーシキンなども知るようになりました。ロシア文学の影響もまだ世間に残っていた頃でした。

　しかし大学の授業は、また初歩からのロシア語や会話の授業でした。亡命ロシア人の年配の女性が先生でしたが、私はいつも教室の後ろの方で会話の順番がこないようにそっと座っていました。語学以外の授業も専門的なロシア古代史など興味があまりもてませんでした。学びたいと思う授業がほとんどなく、絶望的な気持ちが募っていました。

しかしロシア語科の級友にはめぐまれました。そこで私がロシア語クラスの集まりで「いつもシャンシャン大会で、こんなのは自治会選挙ではない、何とかしよう」と言うと、「そうだ、そうだ」とみんな意見が一致して、対案を作って自治会選挙に出た覚えがあります。

　京都で合宿などをやりましたが、ロシア語科だけでベースありギターありで、バンドが組めそうでした。一度は黒人が講演する反戦集会に参加しましたが、隣の友人がすっと前に出て行って通訳するではありませんか。どうして通訳できるのと聞いたら、父親の仕事でカナダにいたからと言うのです。田舎からポット出の私にはかなりカルチャー・ショックでした。

　大学時代は学生運動に明け暮れた6年間でした。2年留年しましたが、1回目は沖縄返還の年で、定期テスト中でしたが留年覚悟で沖縄のデモに参加しました。2回目は学生運動が終わって就職を考えたとき、教員免許でも取っておこうと思って、さらに1年留年しました。

　学生運動のことを語るには、私にはトラウマがあります。きっと他のメンバーにもトラウマがあると思います。社会に出て学生運動をやっていたことを堂々と語れないからです。ベトナム反戦運動のころまでは自分にも自信があり、大阪の梅田駅前でカンパをしていても、どんどん募金が集まっていました。

　ところが大学封鎖・バリケードに入っておかしくなりました。学内の支持もなく、勝手に「安保粉砕・大学解体」でバリケードを築いてしまったのです。私は東大への動員が来たとき、そのままバリケードを脱出して田舎へ帰ってしまいました。その後かなりの間、言葉もしゃべれず、ボーっとしてノイローゼ状態でした。

　私はアジテーションもビラも上手くありませんでした。黒人反戦運動家の通訳をした級友はすらすらアジテーションをします。どうしてあんなにすらすらしゃべれるのだろうとうらやましくも思いましたが、今から考えると、あの「革命」とか「反帝反スタ」とか「帝国主義」とか日常から遊離した言葉の羅列では、他人を説得できないのです。周りを考慮していない運動は、内ゲバなど最後は悲惨な最期を迎えるだけでした。そしてその後の大学は何も改革されず、より管理化された大学が残っただけでした。

　ですから大学時代に英語との関わりといってもほとんどなく、週2回の英語の授業だけでした。それも4年間あったわけではなく、おそらく最初の2年間ぐら

いだったと思います。ロシア語の方の勉強も、授業を受けているだけでは力がつかず、勉強面においてはまったく成果のない大学時代でした。

4 小学校教師2年目で、なんと中学校の英語教師へ
──学ぶべきもの教えるべきものを探しに

　こんなわけで、英語の教師を目指すといっても勉強もまともにしていないのですから、教員試験には落ちました。小学校免許を取って受験した方が受かりやすいということで、仕方なく講師をしながら仏教大学の通信講座で小学校免許を取り受験しました。

　こうして私は初め小学校教員として採用されました。そして算数教育で有名だった遠山啓の「水道方式」、国語教育や生活指導で有名だった大西忠治の「全生研（全国生活指導研究会）」などに興味をもち、勉強し始めていました。

　ところが採用されて2年目ですぐ中学校に転勤命令が下り、もう関係がないと思っていた英語教師になることになりました。私が勉強もしていなかった英語を教えるとなると、果たしてどう教えていいのか迷いました。

　当時は英語の教員が足りなかったのか、小学校で教えていた生徒たちとともに、そのまま中学校へ上がっていきました。生徒たちは知っていたので慣れていましたが、教える教科が英語ということで戸惑いました。どう教えたらいいのかわかりませんでした。

　またそれ以上に、あまり興味を持たなかった英語を楽しく生徒に教えることができるのか、まったく自信がありませんでした。先に書いたように、小学校勤務で遠山啓や大西忠治を勉強し始めていたら、わずか2年で中学校へ転勤になったのですから、今度は英語で「学ぶべきもの教えるべきもの」を探さなければなりません。

　そこで出会ったのが新英研（新英語教育研究会）です。そこで扱われている教材は、どれも興味深いものばかりです。水俣病 "We Can Stand"、キュリー夫人、キング牧師の演説 I Have a Dream、チャップリンの『独裁者』など興味深いものがいっぱいありました。私は新英研の雑誌と書籍を購入し独自にとりくみ始めました。

　マリー・キュリーが少女の頃ロシアの支配を受けていて、ポーランド語を公然と勉強できなかった話は、日本の植民地における日本語強制と一致する話でとて

も興味をそそられました。また、ガンジーの「獄中からの手紙」はとても名文で何度も授業で使いました。授業の中へ組み込む時間がないときは、よく応用問題として定期テストに出して、それから解説をしていました。

　もう一つ新英研から学んだことは、無味乾燥な基本文型の導入を、身近な話題から基本文型をつくったり、有名な人の行動から例文をつくり親しみやすくすることでした。Ms. Kiyono plays the piano very well. とピアノの上手な音楽の先生を題材にして教えたり、Mr. Takamiyama is from Hawaii. などのように話題の相撲取りから基本文型を導入したりしていました。

　これらは私が授業をするとき、はじめて自分なりの工夫をする上でとても役に立ちました。生徒たちも私の新出文型導入を楽しんでくれたり、投げ込み教材にも熱心にとりくんでくれるようになりました。しかし、残された問題は、依然として授業についてこられない下位生徒がいたりして、英語そのものの力をつけることはなかなかできないことでした。

　また当時は、荒れた中学校が多く、生徒指導や学級づくりにも悩んでいた時期でした。仕事が終わって夕方になると、一斉に校外に出かけてシンナーを探しに出かけて、山の中に隠された一斗缶を見つけてきたりする日々が続いていました。

　学級づくりも荒れている学校ではうまくいかず、しばしば起こる事件処理に追われていました。そんな意味で「全生研」にも興味があったのですが、休日にも部活動の指導に明け暮れる日々では、実践を深めることはできませんでした。

　そこで、書店巡りをしているうちに出会ったのが寺島先生の本でした。

5　無性に惹きつけられた『授業とは何か』
──根本的な人間観教育観をもった教育方法

　ある書店に行ったら、新英研関係の隣に寺島先生の本がありました。『英語にとって授業とはなにか』だったと思いますが、その本に無性に惹きつけられて読んだことが記号研・寺島メソッドとの出会いの始まりです。

　その本には英語のことだけでなく、荒れた授業不成立をどう立て直すかなどが書かれていました。授業論や生徒理解、さらには大西忠治まで出てきて驚いた覚えがあります。これは、これまでの英語のみに限定された教育方法ではない、根本的な人間観・教育観をもった教育方法だと思いました。

寺島メソッドの「記号づけプリント」には、動詞に○がついていて、接続詞・関係詞は□で囲み、前置詞句・修飾節は［　］でくくられていました。しかも右側に単語のヒントがついています。これだったら、今まで授業についてこれなかった生徒もやれるのではないか、と思いました。早速、自分流にプリントをつくって授業を始めました。

　そして夏に研究会があるということで、そのプリントをもって研究会に参加しました。当時は高校進学校・高校困難校・中学校部会と三つに分かれて研究会がおこなわれていました。そこで指摘されたことは私にとって衝撃的でした。

　河野洋子先生か誰かだったと思いますが、「このプリントでは、まだまだわからない生徒がたくさんいるでしょう」という指摘でした（河野先生については『中学校英語授業への挑戦』入門シリーズ第4巻を参照ください）。

　英文に記号をつけ、ヒントをたくさん載せたつもりでしたが、私のヒントは重要語句のみでした。Ｉも youも heも sheもわからない生徒はかなりいます。生徒がどこでつまずいているかわかっていなかったのです。それを教えられた気がしました。

　それ以来、私は記号研に参加するようになりました。今まで、いろいろな民間研究団体を少しのぞいたことはありましたが、継続的に参加したのは記号研だけでした。中学校という忙しい職場はなかなか研究会に参加して勉強するという機会をもつことができません。夏休みといえばほとんど部活動で費やされてしまいます。ときどき全生研の集会に参加したことはありますが、それも近くでやるときとか、気が向いたときだけでした。

　なぜ、私が記号研に参加するようになったのか、いろいろな理由がありますが、英語の独特な指導方法とともに、組織そのものに驚きや感動すべきものがあったからです。

　まず集会のもち方から違っていました。一方的に先生が話されるのではなく、最初に自己紹介の形で参加者の問題意識を述べてから、会が進められます。その疑問や悩みに答える形で会が進められます。通常の講演会や集会は一方的に主催者が聴衆に対して話すものです。そういう集会に慣れた私には非常に斬新な思いで参加することができました。

　会が対話の形をとりながら、参加者の問題意識に答える形でなされることは、一種、弁証法のようにも感じました。弁証法といえば何か哲学用語で難しいもの

と考えていましたが、このように身近で、わかりやすい形で理解できるとは驚きでした。

　弁証法が英語で dialectic と言われるように、古代ギリシャでは問答法とも言われます。この言葉は dialogue（対話）から来ていると考えられます。対話の中から新たな意味をつくりだしていく方法ということで、とても親しみやすく、しかも奥が深い方法であることを、記号研に参加して初めて理解することができました。

　話は少し飛びますが、かつて私は助動詞 can の導入として（かつ水俣病を知る教材として）新英研の教材 "We Can Stand" をよく使っていました。これは記号研に入ってからの授業ですが、この教材を使った授業を英語部の先生を中心に見てもらい、午後は寺島先生を招いて生活指導に関する講演を全校の先生に聞いてもらいました。（＊）

　この時は、"We Can Stand" の群読を、グループごとに生徒が挑戦する授業でした。こうして私の授業に新たな方向性が出てきたように思えました。とはいえ、相変わらず授業についてこれない下位生徒がいたりして、生徒に英語そのものの力をつけることはなかなかできませんでした。こうして納得できる実践ができないまま定年退職をむかえました。

〔＊このときの寺島先生の講演は、「つまずく生徒とともに」と題して、著書『英語にとって教師とは何か』第1部に採録されています。〕

6　「記号づけを何年やって来たんだ！」
──大学院で初めて分かった寺島メソッドの意味

　先にも述べたように、教員生活を30年以上やってきて退職を迎えました。が、私にはまだまだ勉強していないことがたくさんあり、納得できる実践ができていませんでした。

　ちょうどそのころ私の友人が身体を壊し、早期退職をしてから、大学に通って歴史学を勉強していました。私も退職後に大学で何か学ぶことができたらと考えて、岐阜大学大学院の寺島研究室に行こうと思いました。

　幸いにも寺島先生が定年退職をむかえるのに、まだ2年が残されていることを知ったので、電話で御願いしたら、「卒論や修士論文の指導で疲れているので残りの2年は誰も院生を引き受けないつもりだった」と言われました。しかし、な

んとか御願いして受験の許可をいただきました。

　なにせ仕事ばかりでまともな勉強もしておらず、にわか仕立ての受験勉強なので大変でした。土日の部活動のときは生徒たちに体育館の中で練習させておいて、私は体育館に車を横つけしてその中で受験勉強をしていました。

　また岐阜大学では過去問を貸し出すことができず、近くで読むならかまわないということなので、夏休みには1日中、岐阜大の学生課前の机で勉強させてもらったこともありました。

　こうして何とか大学院に受け入れてもらいましたが、そこで最も時間をかけて指導されたことは「日本語の書き方」であり、大きな発見だったのは私が「記号づけ」の意味が分かっていなかったことでした。

　というのは、寺島先生によれば、大学院の入試で私がいちばん成績の悪かったのが英語だったそうです。そこで「新見さんは記号をつけて英文を読んでいるか？」という質問が寺島先生からありました。20年以上も「記号研」に参加していて、いちばん根本のことがわかっていなかったのです。

　中学校で英文を読ませるとき、英文に記号をつけたプリントを使っていましたが、生徒に記号をつけさせることはしていませんでした。茨城の大手山先生が高校生に英文に記号をつけさせながら読ませる実践を紹介されていましたが、それはレベルの高い生徒にだけ通じる方法だと思っていたからです。

　私の場合も、ときどきテストなどで動詞に○を打たせる問題を出題したことがありますが、継続的に記号をつけて読む指導をしたことがありませんでした。

　ところが寺島先生から指摘されたことは、自分が英文を読むとき記号をつけているかということでした。私は生徒には「記号づけ」を教えておきながら、自分は記号をつけずに英文を読んでいました。それは私がそれほど難しい英文を読んでいなかったということです。

　中学校の補助教材にする英文や、週刊の英字新聞の短い記事ぐらいでは、動詞に○、連結詞に□の記号をつける必要をあまり感じませんでした。しかし、Democracy Now! の英文やチョムスキーの論考を読もうとすると、どれが主節で、どこまで分詞構文がつづくのかわからなくなります。

　私は大学院の授業「国際理解教育論」ではチョムスキーの「メディア・コントロール」その他の英文を教材として習いましたが、複雑な英文の理解には「記号づけ」が欠かせません。

どれが本動詞でどれが準動詞か、丸と半丸で区別しながら読みます。長い主語の時はずいぶん離れたところに本動詞がでてきます。これらは視覚的に丸や半丸が打ってあると、とても理解に役立ちます。このことが大学院の授業でよくわかりました。

つまり「記号づけ」の本質的な意味がわからなかったのは、私が本格的に英文を読んでいなかった証拠なのでした。私の英語学習は高校で終わっており、大学では2年まで週1時間か2時間の英語の授業を受けただけです。中学校の英語教師時代も単純な中学校英語しか扱っておらず、たまに週刊の英字新聞『毎日ウィークリー』ぐらいしか読んでいませんでした。

7　母語力上限の法則──寺島メソッドによる日本語作文技術

もう一つ大学院で寺島先生に教えられたのが日本語の書き方です。私の文章は、よく寺島先生の講演でひどい例として引き合いに出されますが、大人の文章としても、見るも無惨なものでした。

もちろん敬体と常体が整えられていません。また主部と述部が一致しません。長い文章になると、書き出しの主部があるのに、いつの間にか述部が全く主部と関係のない文になっています。

さらに論理の筋を通すべき接続語がでたらめです。「切れ」と「連続」を明確にしながら文章を書かなくてはいけません（寺島隆吉『英語にとって学力とは何か』93-100頁）。

ところが私の文章は論理の筋を明確にすべき接続語があまり入っていないので、論理の筋が読めません。他方、私の文章に接続語をいれると、「しかし」の次が再び「しかし」、そしてまた「しかし」となって、まったく頭がこんがらがるわけです。

だからいつも、「しかし」なのか、「また」なのか、「なぜなら」なのか、接続語を入れ論理の筋を明確にしながら書くことを注意され、訓練してきました。

そういうわけで大学院で徹底的に鍛えられたのは日本語をどう書くかでした。私の書いたレポートは無惨にも1行ずつ矛盾点を指摘され、その指導を録音し、テープ起こしすることから私の日本語修行は始まりました。

先にも述べたように、まず私の文章が、しばしば主語と述語が一致しない「ねじれた文」になっていることです。

次に、文と文の繋がりが論理的でなく、接続詞を入れてみると、まったく論理的でない文と文の繋がりになっています。

そして三番目に、段落にいくつかのテーマが入っていてまとまりがありません。まして段落と段落の関係など、「そして」で〈連続〉しているのか、「しかし」で〈切れ〉ているのか全く明確ではありませんでした。

寺島先生は「母語力上限の法則」として、母語の力を越えて外国語の力が伸びることは、普通ではありえないと言ってみえます。日本語で明確に書けて、生徒に日本語で明確に説明できることが言葉の教師として一番の基礎であると、先生から言われました。

だからレポートを提出すると、指摘された点を修正しながら、何度も何度も書き直します。このレポートによる訓練がいちばん良い日本語の勉強になりました。

何度も書き直すことによって、自分の文章を読み直すとその矛盾点をたくさん発見することができます。人に伝え、わかってもらえる文になるまで、ずいぶん修練が必要でした。

このなかで私にとってさらに重要な指導は、引用文と自分の文とを区別する訓練でした。論文を書くときの大きな基本ルールであることを教えられました。私は本で読んだことや覚えたことを、さも自分が考えたことのように自慢げに書いてしまいます。しかしそれは剽窃(ひょうせつ)になると指摘されました。

つまり、誰がどこで述べた言葉か、自分もはっきり理解せず書いていて、その引用した文章を自分がどう理解しているか、わかっていないということです。

寺島先生の紀要論文「レポートおよび卒論・修士論文の書き方」で書かれていることは、私にとっては目から鱗の発見でした。それにはレポートの書き方として次の三点にしぼって書くよう指示されていたからです。

 1 印象に残ったところ（引用）
 2 その理由（自分の意見）
 3 疑問点（最低ひとつの疑問をつくり出す）

たとえば文献を読んで映像を見て小レポートを書く場合でも、この三つに絞って書くように指導されます。私たちの普通の文章だと、印象に残ったところをたくさん書きたくなります。しかしたくさんのことを書こうとすると、あらすじを追っているような文章になってしまいます。あるいはたくさんのことを書こうと

すると、内容の掘り下げができなくなります。

　まずは一つにしぼって、正確に引用すること、あるいはまとめること、そしてそれに対して自分の感じ方、考え方を書いてみる。一つにしぼることによって、そのことを深く考えることができます。たくさんのことを書いてしまうと、自分の印象や、考え方が逆に少なくなります。

　これを何度も訓練することによって、引用と自分の意見を区別した長い文章が書けるようになります。二年間、書くことの勉強をさせいただき、自分の文章がいかにひどいもので、人様が読むには耐えないものであったことがわかるようになりました。

　大学院の授業で他に印象的だったのは「小見出しづくり」でした。たとえばチョムスキーの論考を読んで、それをいくつかの「まとまり」に分け、その内容が一目でわかるように短い小見出しをつくるのです。それをグループで話し合って黒板に並べ、どれが良い小見出しか批評し合うのです。

　これは文章の内容をまとめる力にもなるし、読みたくなるような「小見出し」を書くための訓練にもなっています。「小見出し」が例えば、〈投げ込み教材でマラソン方式〉だったら普通のタイトルです。これを〈投げ込み教材でマラソン方式：生徒が競って走り出す〉のようにすると、生徒がこのプリントでどのように動き出すか知りたくなります。

　つまりこれは「説明的文章」の「しぼって読む」ためのすばらしい訓練なのですが、このような「小見出しづくり」の授業は今まで経験したことがない有意義なものでした。

　いつも寺島先生から、「英語より、まずは日本語だ」とか、「日本語の能力以上に、英語は上達しない」と言われ続けてきた意味が、今やっとわかるようになりました。

　私のひどい日本語が、少しは読めるようになったのも、この寺島メソッド作文技術のおかげだったと思っています。私の文章修行はまだまだ続いていますが、この寺島メソッド作文技術は、一番の基礎から応用まで盛り込まれていて、私に大きな変化を与えてくれました。

　こうして大学院では厳しく鍛えられましたが、学部の授業にも参加させていただき、非常に多くのことを学ぶことができました。大学院の学生は、日本人が私一人だけで、もう一人は中国の内モンゴルからきた学生の、二人だけでしたの

で、学部の多人数の授業で先生がどう教えておられるのかはおおいに興味をそそられました。

　音声の授業も、記号づけの授業も、国際理解の授業も、すべて参加させて頂いて、寺島先生の授業を自分の眼で見ることができました。今から思うと本当に幸運でした。驚きと発見の連続でした。

　しかし、工夫し尽くされた授業の全体像を理解するのはまだまだでした。というのは、それを寺島講義録という形で、いつも「記号研」の意見交換サイト「掲示板」に載せましたが、「授業の一部しか見ていない」と批判されることが多かったからです。しかし、大学院で学んだことは私に深い刻印を残していて、私の「未来への指針」となっています。

8　「追試」の大切さ ── 寺島メソッドの「基礎３教材」

　大学院を卒業して、再び英語教師としての道を探しました。しかし退職後は再任用の口が待っているだけです。再任用というと週40時間の半分の20時間勤務が普通です。しかもそれは、新しい教員と共同の授業で、そこで指導・助言の役割りをするそうです。私に紹介された仕事は小学校の新任教員との共同の仕事のようでした。これでは、私が大学院で学んできたことと違ってしまうので、再任用ではなく普通の非常勤の仕事口を探しました。

　しかしほとんどがペアでする授業で私が指導的な立場で見ているだけで、若い教師が中心に授業するようです。これでは自分なりに授業ができません。そしてやっと見つけたのが、学級を二分して少人数にし、それを二人で授業するものでした。

　少人数学級なので独自にそれぞれが授業できます。しかし、これを引き受けて始めてみると、定期テストごとにクラスの生徒を交代するという決まりになっていました。

　私は「記号づけ穴埋めプリント」と「リズムよみプリント」を中心に授業をしていますが、もう一人の先生は英文の横に和訳が書いてあり所々の空欄があり、そこに訳を入れて完成させるものです。

　やり方がずいぶん違うのに定期テストごとに指導者が替わるのです。それは指導者による偏りがないように、そして成績を平等につけるためだという理由だそうです。

そんな中で1年間教えましたが、一番参考になったのが寺島先生が後藤幸子先生を対象につくってくださった中学3年の年間シラバスでした（後藤幸子先生もちょうど中学3年生を担当していました）。

余分な言語活動を省略して、その間に、The Big Turnip、There's a Hole、The House that Jack Built といった「記号研の基礎教材」を投げ込んだものです。

いろいろ投げ込み教材を入れようとしてうまくいかなかった疑問が、これで一気に解決されたような気がしました。大切なことはまず、必要のないところを削ること、そして系統立てた投げ込み教材を定期的に入れることだったのです。

私は中学校教員時代に投げ込み教材を入れようといつも心がけてきたはずなのですが、それがうまくいきませんでした。なぜかと考えると、部分的に私はThere's a Holes や The House that Jack Built を入れて授業をしてきたつもりですが、それらが断片的なものにすぎなかったり、系統だった投げ込み教材の導入ではなかったからでした。

また、往々にして、思い切って教科書の練習問題を切ることができず、教科書もすべてやってから投げ込み教材を入れようとするので、結局は十分な時間を投げ込み教材にとることができませんでした。その意味で寺島先生の1年間の投げ込み教材の計画表は私には感動的なものでした。

この寺島先生の中学校用「年間計画」によって私の考えは一変させられました。またこの基礎教材を実践する中で多くの発見がありました。私は中学生用に自分流の教科書「穴埋め語順訳プリント」をつくって生徒にやらせたのですが、市販されていた寺島先生編集の「基礎教材」をそのままコピーして生徒にやらせてみたところ、私のプリントとは違って、変化と発展性のあるプリントであることを発見し驚いてしまいました。

私のプリントは年がら年中、同じ形式のプリントでした。それに反して、寺島先生のこのワークブックは、それをやるだけで、記号づけの発展段階が分かるようになっています。実践を「追試」することの大切さに気づかされた次第です。

私は何年も記号研に関わってきて、これらの基礎教材の意義を理解せず、実践も十分におこなえてきませんでした。私の投げ込み教材といえば、「記号づけプリント」に編集し直した歌かジブリの物語を、マラソン方式で読ませることが中心でした。

また、中学校の教科書を記号づけした「穴埋めプリント」「リズムよみプリン

ト」「和文英訳プリント」「文法プリント」をするのに追われ、英語の本質に迫った指導をおこなえなかったことが、私の実践の進歩を妨げてきたのだと今から振り返れば思われます。

　その意味で寺島先生が中学校用に投げ込み教材のシラバスを提示してくださった意味は非常に大きかったと思いました。〔この三つの基礎教材については寺島美紀子『英語授業への挑戦—見える学力・見えない学力・人間の発達』第4・5章に詳しい実践が載っています。〕

9　平和教育の土台を築くもの
——「俺もできるんだ！」という自信をつくる授業

　大学院を終えて中学校での非常勤講師をしていた頃、寺島先生から大学で非常勤講師をしてみないかというお誘いを受けたときは非常に驚きました。私にできるかどうかさっぱりわかりませんでしたが、新しい道に挑戦してみることにしました。

　大学で教えるようになって、「アラブの春」や「原発」やチャップリンの「独裁者」などを教えることができるようになるかもしれないと考え、意気揚々と授業をしていました。しかし学生は思うようについてこず、おしゃべりする学生や携帯を出す学生が続出しました。

　これを見かねて寺島先生は、「新見さんの授業は社会だ、英語の授業じゃない！」と指摘されたことがあります。私が社会事象は教えているが英語の授業はつくれていないという意味で私の授業を批判されたのだと思います。私は未だ平和教材中心の「新英研」の授業にとどまっているのだと思いました。

　このことは寺島隆吉『英語にとって授業とは何か』補章第3節で書かれている「林野 VS 寺島」論争を再び考えるきっかけになりました。

　その論争「言語における『科学』と『教育』の間」では、陸軍士官学校における語学力の高さに対して林野滋樹さんが、「『学力だけつけても仕方がないので、平和教育をしなければいけない』と主張しているように思われる」と、寺島先生はまとめています。

　その林野氏の考え方に対して寺島先生は、「たとえ教材の内容が直接に『平和』や『労働』を扱っていなくても、生徒が英語を通じて『やれば俺たちもできるんだ！』という実感・体験をもてば、それは平和教育の土台を築いていることに

なっている」と反論されています。

　というのは、いくら平和教材を扱っても英語ができるようになる実感がわかなければ、結局は「いくら努力しても無駄」という無力感だけが残りかねません。これでは権力と対峙する民衆が、自分たちの力にたいする確信をもちようがありません。だからこそ寺島先生は「『自分たちの力に対する確信』を授業の中でも育てたい」と書いておられたのでした。

　そして私がいちばん納得がいったのは、寺島先生が「第一は自分たちの力にたいする確信」としつつ、「第二は学力である。情報を読み、情報を分析するちからがなければ、現在のように情報が大量に渦巻く社会では、時の権力者の流す情報の中にアッという間にのみ込まれてしまう」と言われている部分でした。

　つまり、「やればできるんだ」という「自分たちの力にたいする確信」と、「まちがった情報に騙されない学力」を身につけることが大事なんだ、ということなのです。

　その意味で私が「原発」を教えても、チャップリンを教えても、私語が出たり携帯が出たりするようでは、自分の力にたいする確信も、情報を分析し批判できる学力も育てていないということです。

　この「英語と私」について、私は「はじめに」で「どう書いたらいいか分からず、気が進まなかった」と書きました。なぜ気が進まなかったのでしょうか。

　まず私が英語との関わりが少なく、関心が別の方向へ向いていたからではないだろうか。先にも述べたように、寺島先生から「新見さんの授業は社会だ」と批判されたことがあります。大学での授業でも映像の視聴に時間をかけ、社会事象・歴史事象を訴えることに重点が置かれていました。

　しかし英語そのものを理解させ、英語に一生懸命とりくむ姿をつくり出せただろうか。それらを考えると、私の実践は社会事象を教えることには熱心ですが、英語そのものを教えることにはまだまだ実践の深まりがありませんでした。

　美紀子先生のように「走り出したら止まらない生徒たち」（『英語学力への挑戦―走り出したら止まらない生徒たち』）や、阿部隆子先生のように1年から3年までの全教科書を視写し、それに記号づけしながら英文を読むようになった生徒をつくり出せただろうか（『中学校英語授業への挑戦』入門シリーズ第4巻）。

　寺島先生から聞いた話ですが、寺田義弘先生の奥さんが「記号づけ」で教えていたら、担当する学年が全国模試で上位に躍り出たそうですが、そんな現象をつ

くり出せただろうか。山田先生が『英語教育が甦えるとき』で書かれているように、「レミゼラブル」に必死で食らいつく学生をつくり出せただろうか。

そう悩んで試行錯誤を繰り返しながら、大学での日々を過ごしてきました。でも、大学非常勤講師時代の最後の1年でマラソン方式を取り入れて、やっと学生が動き出す姿をつくり出すことができました。

一斉授業のなかで指名の順番待ちの学生がおしゃべりしているのではなく、列に並んだ学生一人一人と対話しながら何度も何度もセンマルセンを理解させる授業です。リズムよみテストでは、前に出て発表するときだけグループがそろって声を合わせる授業でなく、待っている間もグループが声をそろえてペンを叩いて練習する姿です。

先述のように、授業パターンを一斉方式からマラソン方式に変え、個々のペースで「記号づけプリント」を進めるようにしたのですが、そうすることによって遊んでいる者がいなくなり、どんどんプリントを前にもってきて、列をつくるまでになったのです。

この大学最後の1年の実践があって初めて、私はこの文章「英語と私」を曲がりなりにも書くことができるようになりました。先にも述べたように、それまでは気が重くて、なかなか書く気が起きなかったのです。

〈註〉 ところで、私は学生に「再提出！」と言ってプリントを返すのですが、そのときの間違いは「センマルセン」の語順がほとんどでした。何度も何度も、英語の語順「センマルセン」を日本語の語順「センセンマル」で訳すように注意することでした。

英文の下にはほとんどの語句の意味が書いてあります。だから、私が語順の指導に集中することができるようになったのも、実は、この「記号づけプリント」のおかげでした。

しかし、このような基本的語順を大学に入ってから教えなければならないということは、中学・高校での英語教育が、いかに基礎学力を育てていないかの証明ではないか。「英語で授業」はそのような生徒を再生産しているのではないか―そのようなことを考えさせる大学での教師経験でもありました。

10 シルバーセンターと寺島メソッド翻訳教室

大学の非常勤講師の仕事も終わり、いま私はシルバーセンターの塾で中学生に英語を教えています。この塾でも教科書の英文に記号づけしたものを読んでいま

すが、テスト用の練習問題や入試問題も一緒にすることがあります。

　そのとき、記号をつけながら英文を読む方法を中位や上位の生徒にはやらせました。すると中学2年の生徒は宿題をするときにも英文をノートに写し記号を自分でつけながら語順を意識して訳をするようになりました。

　中学校教科書の英文は会話中心ですから単文が多く、記号をつけるよりそのまま読んだ方が速いようで、なかなか定着しないのですが、難しい並べ替え問題をやるとき動詞に丸をつけさせ、準動詞と本動詞を区別するところから並べ替え問題をやらせます。そのとき初めて記号づけの効用を生徒は理解し始めています。そして一人の生徒は、無理だと考えられていた市内最難関の高校に合格し、他の二人の生徒も、高校になってもこの塾に来ると言っています。

　中学生で「記号をつけて英文を読む」実践は無理だと思っていましたが、これで少しは展望が開けてきました。私自身が記号をつけながら英文を読むようになって初めて「記号をつけながら英文を読むことの意味・威力」が分かってきました。だからこそ、生徒にたいする説得力も増し、それが生徒に自然と伝わったのかも知れません。

　そうこうしているうちに最近、寺島先生から「寺島メソッド翻訳サイト」を立ち上げてみないかという提案があり、翻訳に少しずつとりくむようになりました。これは大学院時代に徹底的に訓練して頂いた日本語力だけでなく、英語力増強のとてもよい訓練にもなっています。中学生相手の塾では、とりくむ英文もやさしくなりますから、またもや記号づけするのを忘れて英語力が落ちていくのを心配されたのでしょう。

　前にも述べましたが、複雑な英文の理解には記号づけが欠かせません。どれが本動詞でどれが準動詞かを、丸と半丸で区別しながら読み進みます。長い主語のときはずいぶん離れたところに本動詞がでてきます。丸や半丸が打ってあると視覚的にとても理解に役立ちます。そして翻訳を見直したときおかしな日本語だなあと思うと、もう一度英文を見直します。そのとき丸や四角の記号がついていると一目で全文の構造がわかります。

　そのさい寺島先生からSII電子辞書を紹介されました。この電子辞書には6冊の英和辞典が入っているだけでなく、「熟語成句」にも載っていない文例が「用例検索」で検索できるので、翻訳で意味がとれなくて困っているとき本当に助かりました。今まで知らなかったような文例と意味の使い方が出てきて、英語理解

が深まり、ひたすら感謝でした。この翻訳作業は私の英語力のなさを痛感させてくれると共に、より深い英語の勉強をさせてくれていると思っています。

しかし私は英語のために英語を勉強する気はありません。翻訳する英文が現代の我々にとって重要だと感じるもの、マスコミには載らない、マスコミのプロパガンダを打ち破るのに必要なものだから必死に英語に食らいついて、人々に知らせようと翻訳にとりくめるのです。寺島先生が「翻訳してみないか」と呼びかけられるものは、そのようなものばかりでした。

また私に翻訳をやらせようとする寺島先生の指示は、私の英語嫌いが分かっていて出された独特の妙案であると感心しています。そのひと個人にあった指示をだすことの重要性も理解することができました。

私など寺島先生に原稿や翻訳を提出すると、延々1時間以上にわたって電話で指導してくださいます。それでも無理なときは、岐阜まで呼んでいただいて半日以上にわたって指導してくださったこともありました。

私はそれを、生徒にたいする怒りや憤りの足りない、優しさだけの教師（本書補章「教育原理」）に対する激励と理解していました。

しかしそれは同時に地域や研究所におけるリーダー指導の一環でもあるのではないだろうかと考えるようになりました。その私がまだ何も貢献できていないのが歯がゆいのですが。

11 おわりに

悩んで、実践して、指導いただき、やっと苦手な文章をここまで書くことができました。これまでの実践で忘れていたこと出来なかったことを、この「寺島メソッドと私」を書くなかで振り返り、考えることができました。言い換えれば、これを機会に寺島先生の本を読み直すことができ、忘れていたこと理解不足だったことなどを改めて学ぶことができたということです。

まとめれば、まず第一に、翻訳作業に挑戦するようになってやっと本格的な英語の勉強ができるようになったことが大きな力になりました。

第二に「追試」ということの大切さです。私はプリントをいつも自分流につくって実践していましたが、何気ないワークブックのように見えていた『The Big Turnip』『The House That Jack Built』『The Great Dictator』『魔法の英語』などの小冊子も、勝手に改変するのではなく、それをそのまま使って実践したと

き、大きな驚きと発見がありました。

　つまり「語順訳プリント」のつくり方から「記号づけ」へ、そして「記号なし」までの、英語の読みの発展段階が、このワークブックに込められていたのです。寺島先生が試行錯誤のうえに到達された一つの到達点が、これらに込められていることを、使ってみて初めて分かりました。

　また前述のとおり、この原稿は私の実践が十分でないため上手く書けませんでしたが、その原因も私が「追試」すなわち先行実践からしっかり学ぶことをせず、自分流に勝手に実践してきたせいであることを思い知らされました。

＊

　そして最後に、寺島教育論は英語の授業に限らず、広く一般社会や家庭でも通じる教育論だと、ますます確信するようになりました。

　たとえば、寺島先生は「管理」と「指導」をきびしく区別され、教育の場では「ひと」の管理はあってはならない、ひとは「管理」の対象ではなく「指導」の対象であり、指導はあくまで「説得」と「納得」が原則だと、口を酸っぱくして言われていました。ひとの管理は「強制」と「服従」に直結するからです。

　要するに管理すべきは「物品」と「時間」であり、「ひと」であってはならないと言われるのです。この関連で、先生は、よく「司会をすることは授業をすることと同じだ」とも言われました。「時間の管理」は、授業の「三分割」や授業の「静と動」という意味でも、とても重要なことです（『英語にとって授業とは何か』64-69頁）。

　私は定年退職をして、地区の役員を引き受けることがありますが、地区でおこなわれる会議はおよそ長話がつづき、時間が守られません。そこで私は「会議は１時間以内」を宣言して司会をしますが、そうすればどれが重要で、どれが無駄話かを取捨選択できます。この会議時間を守ることが私が地域で活動するときの大きな仕事になっています。

　また寺島先生の講演を聴いて驚いたことは、先生が話し始める前に、参加者に「何が困っていることか」「どんなことを聞きたいか」を尋ねてから話し始められたことです。話が一方通行にならず、聞き手との対話を有効にするための方法です。普通、会議や講演は気が進まず、眠くなることが多いのが常です。しかし対話形式の話は自分に語ってくれているようで、寝ている暇はありません。

　これらのことは授業ばかりでなく、私が一般社会に出ても、とても役立ってい

て大切なことばかりです。「寺島メソッド」は、自分自身を教育してくれる教育論です。それは先生の著書『英語教育原論』その他からも学ぶことができますが、本書の補章「英語アクティブ・ラーニングの教育原理」にみごとに整理されています。誰から聞いたか記憶にないのですが、大西忠治のところへ一般企業の経営者が彼の学級経営論を学びに来たそうですが、寺島教育論にもそんな力を感じました。

　この私のつたない文章が、日本の英語教育を真の意味で活性化（アクティブに）させることに、少しでも貢献できれば、こんなに嬉しいことはありません。
　長期間・長時間にわたる先生の指導助言に感謝して、この文を終わることとします。

そんな時、三井先生からある民間の英語教育研究会に誘われました。その研究会では、「生徒が騒ぐのは授業がわからないからだ。生徒がわからないというのは、水源地からの水が流れていっていないということだから、先生はどこにゴミがつまっているかを見つけ出し、つまる原因を取り除いてやらなくてはならない。さもなければ、生徒がわからないのは水源地を探りあてていないからだ」というのです。そして英語学習の幹とは何かを教えられました。

私は授業が何とかならないかと模索していたので、とにかくやってみようとさっそく The Sound of Music の物語を一年間その方式でプリントにしてやってみました。ところが、このプリントをはじめると生徒がとても意欲的にとりくむのです。ある時、授業のベルが鳴って教室へ入ってゆくと、もう生徒がプリントをやっているのです。こんなことは初めてでした。「これはすごい‼」と、そのプリントの威力に驚き、以来ずっとこの方法で教えてきました。

この研究会に出会って私の生徒観、教師観も大きく揺さぶられました。この研究会は、ただ他の人の報告を聞くだけでなく、自分の授業についてレポートしなければならないのですが、ある時、私のレポートを聞いた指導者の先生（寺島先生）が、「岩井さんのレポートはあれが出来なかった、これが足りなかったと、足りなかった所ばかり書いている。真面目な人にかぎってそういう傾向があるけれど、それは生徒観の現れでもある。生徒のいいところ、評価すべきところが見えていないんじゃないの？」と言われました。これにははっとさせられました。また、荒れた生徒に甘く見られまいと肩肘はっていたことが、生徒との距離を拡げ、私にとって生徒をわからなくさせていたのだと、わかってきました。自分の身の丈に合わないことをしていたのですね。

とにかくこの研究会の方式をはじめてから、授業に行く足取りが今までより軽くなりました。「これをやったら生徒はどんな反応をするだろうか」とドキドキして教室に向かうこともありました。特に、最後の六年間は学年に所属することができ、ひとりひとりの生徒が一層よく見えるようになって、授業も楽しくなりました。いま、「やっぱり教師っていいな」と思いながら学校を去ることが出来るのは本当に幸せだと思います。

先日、部活動で生徒を連れて校外活動に行ったのですが、「汚れるから私服でいいよ」と言ったのに制服を着てゆきたいと言うのです。このような変化を見ると、校長先生はじめ先生方の「教育の中身の充実」を目指したこの学校の努力が、少しずつ結実しているのかなと思いました。その意味でもこれからますます学園が発展することを祈っています。どうも長いことありがとうございました。

（岩井志ず子・著、寺島隆吉・監修『授業はトキメキ』二〇〇六「あとがき」）

やっぱり教師っていいな、と思わせてくれた「寺島メソッド」

岩井志ず子

寺島先生へ

二〇〇三年三月三一日で定年退職となりました。寺島先生主宰の記号研との出会いが、私の長い教師生活の中で組合と並んでいかに大きな影響を与えてきたか計り知れません。最後の教職員全体への挨拶でもそのことに触れないわけにはいきませんでした。寺島先生への感謝を込めて、この時の私のスピーチを送ります。文章にすると多少違ってくるかもしれませんが、大体このようなことを言ったように思います。以下はその挨拶の概要です。

私はこの学校に三八年間勤めました。最初の年は二一クラスをかかえる高校一年生に所属し、私はアルファベットでU組の副担任でした。ある時このクラスの一人の生徒がふと「雨の日がうれしい」とつぶやくのを耳にしました。「どうして？」と何気なく聞き返すと、「だって制服が見えないもん」という言葉が返ってきたのです。この言葉は胸に深く刻み込まれ、その後ますます私の中で重みを増してきました。

私は二十余名の新任教師の内の一人でしたが、学校を去ってゆく先生も毎年多く、当時、教師の入れ替わりの激しい状態が続きました。信頼していた先生が突然、学校を去ってしまうということに悔しい思いをしていた生徒たちからは、教師や学校に対する不信感や失望感を感じました。

私は、辞めることは生徒たちを裏切ることなのかと悩みました。そしてこの学校に踏みとどまるのならば生徒たちに良い教育ができるように変えていかなければならないし、先生たちも陰で不満を言っているのでなく、ちゃんとものを言っていかなくてはならない、そう思って組合の結成に参加しました。

しかし、組合づくりに参加したために色々なことがありました。私には三年間も自宅待機という命令が出され、その間は出勤が許されませんでした。三〇分の育児時間が許可されず、労働基準監督署へ訴えた時には、理事長から「辞めないか」等と言われました。でもとうとう三八年間勤めてしまいました。

組合員は担任をはずされたままなので、私たちは教科活動に力を注いできましたが、私が教師として最も挫折感を感じたのは、学校が五千人の生徒を抱えていた時でした。教室へ行ってもおしゃべりがいつまでも止まらないのです。教卓のところで睨みつけていればそのうちすうっとオシャベリの波がひいてゆくと思ったのに、いつまでたっても前に立っている私の存在など全く無視して教室中ワンワンとしているのです。とうとう一時間中生徒を睨みつけたまま、何も授業ができないで職員室に帰ってきました。この頃、本当に自信をなくしていました。

第 2 部

寺島メソッド
英語アクティブ・ラーニングの宝庫

第9章

英語アクティブ・ラーニング概論
——ひと目でわかる「寺島メソッド」

山田昇司

1　はじめに
2　英語アクティブ・ラーニング「寺島メソッド」の構造
3　英語アクティブ・ラーニング「寺島メソッド」の特徴
　1）授業の特徴——「静」と「動」、「型」と「変化」／「全員出番」の原則／リズムよみ
　2）テストの特徴——ペーパーテスト／日常評価／実技テスト
　3）プリントの特徴——英音法のための記号づけプリント／英文法のための記号づけプリント
4　英語アクティブ・ラーニング「寺島メソッド」の授業方略
　1）英音法——音声の指導と授業方略
　2）英文法——読解・作文の指導と授業方略
　3）教科書の使い方、典型教材の発掘と教材化
5　おわりに
コラム　寺島メソッド、「三つの基礎教材」の使い方

1 はじめに

　寺島メソッドの最も大きな特徴は、英語学習には「水源地」というものがあり、英文法の水源地は「語順」であり、英音法の「水源地」は「リズム」だと捉えている点です。
　この「英語の水源地」にたどりつかない英語学習は、結局は「ザルみず効果」に終わるということです。
　そして英文法の幹である「SVOの語順」と、英音法の幹である「リズムの等時性」を、生徒に分かりやすく視覚的に認識させるための道具が「記号づけ」という武器でした。
　つまり寺島メソッドには二種類の「記号づけ」があり、その武器を駆使したプリントにも二種類のものがあることになります。それが「リズムよみプリント」および「語順訳穴埋めプリント」でした。
　以下、これらについて、寺島メソッドの「構造」「特徴」「授業方略」の順で、その概略を説明させていただきます。

2　英語アクティブ・ラーニング「寺島メソッド」の構造

　まず寺島メソッドでは「授業の三要素」として教師・教材・生徒の三つを考え、その関係を次頁の上図のように考えています。この図「授業の三要素」から次の三つのことが読み取れるはずです。

　　　　　①教師から生徒に与える教材→「記号づけプリント」→教科書と自主教材
　　　　　②生徒が教材を学ぶための武器→「記号づけ」→英文法と英音法
　　　　　③教師と生徒の関係→個別指導・集団指導、授業のしくみと評価のしくみ

　上図では、教師から生徒に与える「教材」を簡略化して「記号づけプリント」と表示してありますが、「教材」と「指導法」の関係をもう少し詳しく図示すると、次頁の下図のようになります。
　この図で教材として「英語の歌」が重視されているのは、単に歌を通じて教室を明るく楽しいものにすることだけをめざしているからではありません。
　この英語の歌を通じて、「英音法」の幹である「英語リズム」「リズムの等時性」を生徒に教えると同時に、この歌教材を通じて生徒に「見えない学力」を育ててやりたいと願っているからです。
　この「見えない学力」は、「見える学力」の土台を成すものであり、この「集中

力」「持続力」「計画力」なしでは、いかなる努力も実を結ばないからです(これらの用語についての説明は、次章「寺島メソッドの教育哲学・教育技術」を参照ください)。

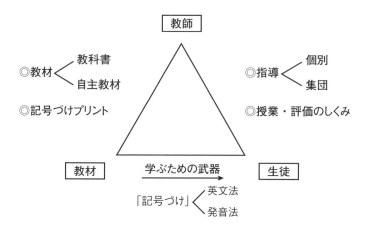

「授業の三要素」 ©terasima1986

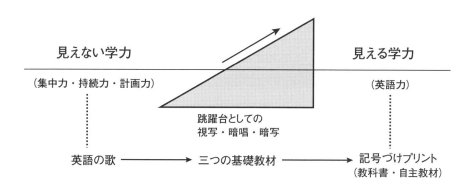

見える学力への跳躍台 ©terasima1986

3 英語アクティブ・ラーニング「寺島メソッド」の特徴

　以上で英語アクティブ・ラーニングとしての「寺島メソッド」の概略がお分かりいただけたと思いますが、その特徴をもう少し詳しく説明したいと思います。それを「授業」「テスト」「プリント」の三つに分けて説明します。

1) 授業の特徴
(1)「静」と「動」、「型」と「変化」
　　　授業に「型」がある──→学び方がわかる
　　　授業に「変化」がある──→楽しい
(2)「全員出番」の原則
　　　指名──「記号づけプリント」を「一斉方式」で
　　　点検──「マラソン方式」および視写・速写・暗唱・暗写
(3) リズムよみ
　　　初めは、センスグループごとに切ってよい
　　　先生と生徒の「かけ合い」がリズムをこわさないこと
　　　リズム記号の大きな四角（□）のところをペンでたたきながら拍子をとる
　　　全員に発表の場がある
　　　→歌は「暗唱」で仕上げ。教科書はグループの「リズムよみ」で仕上げ

2) テストの特徴
(1) ペーパーテスト
　　　細かな文法・語法は問わず、英文法の「幹」「水源地」を問う問題
　　　細かな文法・語法は問わず、「文章の構造」「文章の内容」を問う問題
(2) 日常評価
　　　視写・速写（たとえば、歌は5～10回、教科書は2回）
　　　「記号づけプリント」の提出は、当面は丸写しも可。まとめて提出
(3) 実技テスト
　　　リズムよみテスト──グループでうける。何回挑戦してもよい
　　　暗唱テスト──グループでうける。何回挑戦してもよい
　　　暗写テスト──ひとりでうける。何回挑戦してもよい

3）プリントの特徴
(1) 英音法のための記号づけプリント
　　　全文に読み仮名が振ってある
　　　英文にリズム記号（大きな四角□と小さな丸○）がついている
　　　英文には、音の「連結」「脱落」の記号も書き込まれている
(2) 英文法のための記号づけプリント
　　　英文にあらかじめ「記号づけ」がされている
　　　「記号づけ」で、英文の構造や語順が分かるようになっている
　　　「セン ⓜ セン」は「セン セン ⓜ」と訳す
　　　単語帳がいらない。穴埋めすれば 自然と意味がわかる
　　　一気に一文を訳すのではなく、英文の流れに沿って部分訳することになっている

以上の「三つの特徴」をふまえて「寺島メソッド」の全体像を図示すると次のようになります。

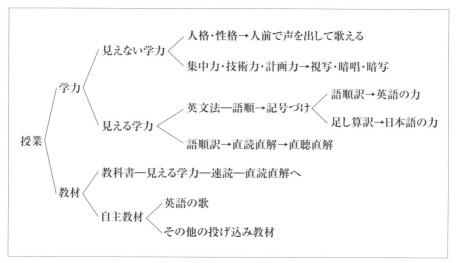

「寺島メソッドの概念図」　©terasima1986

4 英語アクティブ・ラーニング「寺島メソッド」の授業方略

1）英音法——音声の指導と授業方略
（1）歌の授業は「見えない学力」→「見える学力」への橋渡しをするだけでなく、教室の雰囲気を変える。
（2）教師自身が歌・韻文教材の指導で「リズムよみ」の訓練をし、散文・教科書教材でも指導できる力量をつける。
（3）散文・教科書教材の場合も、あらかじめ「英音法の記号づけ」がされた典型教材を使って「リズムよみ」の訓練をさせる。
（4）教師に力量がついて自信がわいてきたら自主教材・感動教材を使って「表現よみ」あるいは「合わせよみ」に挑戦させる。

2）英文法——読解・作文指導と授業方略
（1）あらかじめ「記号づけ」された英文から出発する。
（2）「穴埋め語順訳」から出発する。普通科高校では「立ち止まり訳」からいきなりスタートしても可。
（3）生徒の力量がついてきたら徐々に記号を減らす。前置詞句を示す「角括弧」や動詞句を示す「丸」（左半丸＋右半丸）が初めに消え、連結詞を示す「四角」が最後まで残るだろう。
（4）「連結詞」の前で立ち止まることは当然だが、逆行して訳さなくてもいいように、もっと短いセンスグループで立ち止まる。最近の「記号づけプリント」では、立ち止まる箇所も小さな番号で指示されている（『魔法の英語』あすなろ社を参照）。
（5）生徒が「記号づけプリント」から離陸し、英文テキストに自力で記号をつけながら速読できるように指導する。

　最後はもちろん、「記号づけ」しなくても英文を速読できるようにすること、内容をめぐって「構造読み」→「形象読み」→「主題読み」などの議論ができるようにすること、が到達目標である。
（6）授業を「マラソン方式」にするか「一斉方式」にするか、「個別指導」にするか「集団指導」（班・グループによる協同学習）にするかは、クラスサイズ、生徒の学力、教師の力量、そして学習目標によって決める。

　協同学習がつねに理想的な教授・学習法であるとは限らない。「リズムよみ」は集団指導のほうが生徒も楽しくとりくめるし教育効果も高いが、「表現よみ」

は個別発表のほうが生徒も教師もとりくみやすい。

3）教科書の使い方、典型教材の発掘と教材化
（1）今のところ入門期の「基礎教材」「典型教材」として、The Big Turnip, There's A Hole, The House That Jack Built が教材化され出版されている。
（2）この「基礎教材」は、The Big Turnip → There's A Hole → The House That Jack Built の順で使うのが望ましい。（寺島美紀子『英語授業への挑戦』）
（3）また「感動教材」として The Great Dictator, I Have A Dream, The Diary of Anne Frank などが教材化され出版されている。
（4）内容的に生徒を惹きつける感動教材、また「構造読み」→「形象読み」→「主題読み」にとりくむ典型教材として Crow Boy などがある。〔寺島美紀子『英語授業への挑戦』、野澤裕子『授業はドラマだ』参照。〕
（5）しかし、この「基礎教材」と「感動教材」の間を埋める教材として、Aesop Fables, The Emperor's New Clothes, そしてオー・ヘンリーの短編集（After Twenty Years, The Last Leaf, The Gift of the Magi, The Cop and The Anthem）などがある。
（6）「風の谷のナウシカ」の英語版を「記号づけプリント」に編集しなおすなど、自主教材が個人的に手作りで制作され授業で使われていて好評を博しているものも少なくない。本書の第7章でも、佐々木先生がたくさんの絵本を教材化していることが紹介されている。これらを集約して共有できるシステムが求められる。いわゆる「教材ネットワーク」を組織するわけである。
（7）教科書をひとりで「記号づけプリント」につくり変える作業は膨大な労力を必要とする。したがって同じ教科書を使っている研究仲間が連絡をとりあって任務分担し、プリントを交換しあうことも皆の切実な要求である。
　山田昇司『英語教育が甦えるとき』で示されているように、同僚が手分けして教科書を「記号づけプリント」に編集し直すことができるようになれば理想的である。
（8）教科書を「記号づけプリント」につくり変えるとき、モデルになるものが必要である。そのさい大いに役立つのが『魔法の英語』（あすなろ社）である。
　これは元々は三友社出版の文科省検定教科書を寺島メソッドにしたがって編集し直したものなので、これをモデルに教科書をつくりなおすと、非常に便利である。

また本書第1部に登場する市川先生は、これをモデルにして、教科書を「記号づけプリント」につくり変える作業を生徒にやらせている。これも見習ってよい典型実践であろう。

(9) 市販されている教材は他にも『センとマルとセンで英語が好き！に変わる本』（中経出版）がある。これは、読解力→英作文→英会話という道筋を寺島メソッドでどう展開するかを実際に教材化して示したものなので、投げ込み教材として授業でも使える。

この実践記録として野澤裕子『授業はドラマだ』（三友社）があるので参考になるし、本書でも佐々木忠夫先生が、『センとマルとセンで英語が好き！に変わる本』を手引きにしながら、生徒と一緒に絵本の英訳にとりくんだ実践が紹介されている。

5 おわりに

以上、寺島メソッドの概略を説明させていただいたのですが、30年の実践と理論と積み重ねを、この短い章でとても説明し尽くすことはできません。

その実践研究の成果は、すでに30冊を超える書籍となって出版されていますので、巻末には「寺島メソッド参考文献一覧」を載せておきましたから、ぜひ役立てていただきたいと思います。

しかし書籍が30冊も超えると何から読み始めればよいのか戸惑ってしまうことも事実でしょう。そのとき参考になるのは第1部に登場する先生方の手記です。これを読めば、何をきっかけにどの本を読んだかが手に取るように分かりますから、読書の大いなる手引き・動機づけになるのではないかと思います。

とはいえ、じっさいに実践しようとするとやはり何からとりくんだらよいのか戸惑ってしまうことも事実です。

そこで私がもうひとつお勧めしたい方法は、実践記録を発行された順に読んでみるという方法です。そうすれば寺島メソッドが30年の間にどのような軌跡を描き、どのように理論と実践が発展してきたのかを知ることができるからです。

たとえば寺島隆吉・美紀子両先生の実践記録以外では、既刊本として次の実践記録があります。これらを出版年の順で読んでみるわけです。

寺島隆吉（監修）野澤裕子『授業はドラマだ』三友社 2002

寺島隆吉（監修）山田昇司『授業は発見だ』あすなろ社 2005

寺島隆吉（監修）岩井志ず子『授業はトキメキ』あすなろ社 2006

山田昇司『英語教育が甦えるとき―寺島メソッド授業革命』明石書店 2014

とりわけ最初の三冊は冒頭に解説があり、寺島隆吉先生が監修者として、「どのような実践をしたいときにはどの本のどの章・節を読めばよいのか」を懇切丁寧に説明されていますから、寺島メソッドの初級者には格好の「実践の手引き」になっているのではないかと思います。

最後になりましたが、この「寺島メソッド」の概論が、第10章の「英語アクティブ・ラーニング詳論「寺島メソッド」の教育技術・教育哲学」の導入部として役立ち、本書が現場で悪戦苦闘されている英語教師にとって何らかの救い「駆け込み寺」になることを念じつつ筆をおかせていただきます。

というのは、38年前に「オールイングリッシュ」で英語教師の人生をスタートさせた私が、自分の苦闘の中から、「寺島メソッド」こそが「アクティブ・ラーニング」「アクティブ・ティーチング」の「水源地」だと確信するようになりましたから。

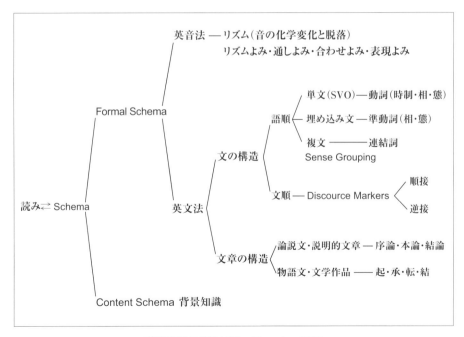

英語学習の見取り図　©terasima1986

寺島メソッド「三つの基礎教材」の使い方

新見　明

　投げ込み教材を入れる場合、私はガンジーやキング牧師やビートルズの歌など、社会的テーマを扱ったものを入れたがる傾向がありました。もちろんそれらの視野を広げる、発見のある、感動できる教材を選ぶことは重要ですが、英語力をつけるためにまずやらなければならない教材は、寺島メソッドのいわゆる「三つの基礎教材」だったのです。

　それは、まず「The Big Turnip」でセンマルセンの語順を徹底させ、次に「There's a Hole」で前置詞句の後置修飾に慣れ、最後に「A House that Jack Built」で関係代名詞の後置修飾に慣れさせるものでした。

　これら基礎教材は繰り返しが多く、何度もリズムよみをして、暗唱にまで高めることによって「センマルセン」や「後置修飾の語順」を徹底させることができます。

　現在の会話中心の教科書では基本文型が１回か２回しかでてきません。それを定着させようとしたら、宿題などで生徒に多くの負担をかけなければなりません。だから「三つの基礎教材」による補強が必要となるわけです。

　寺島メソッドでは、まず『The Big Turnip』(三友社出版) で「センマルセン」の語順を定着させます。語順訳から日本語らしい訳、最後に「記号づけ」なしで和文英訳をして、The Big Turnip を暗唱にまで高める活動です。

　こうして私は寺島先生の本を読み直すことによって様々な発見がありました。とりわけ感心したのは、この The Big Turnip の「主題読み」です。

　綱を引っ張る順番のもつ意味、そしてなぜ最後に一番小さなネズミが来るのかという問いは、この物語の主題に迫る読み取りでした。ネズミのような力のない小さな者が加わってこそ団結に意味があるという平等思想です。

　この「主題読み」は、『英語記号づけ入門』(入門シリーズ第１巻) の最後の章で詳しく展開されていますし、イソップ物語を和文英訳用に教材化した『センとマルとセンで英語が好きに変わる本！』(中経出版) でも、各課のすべてに「問い」として「主題読み」が展開されていて、物語の読みとりはこのようにするのかという感動を覚えた経験があります。

　この方法は大西忠治の「主題読み」から来たものですが、小説や論文を読む時にも大きな武器を与えてくれました。もちろん自分が書くときにも、この読みの方法は私の大きな力になってくれました。

　次に「三つの基礎教材」の二番目が、「There's a Hole」です。これも三友社出版

から市販されていた『Singing Out』第 1 巻に入っていました。

　これは歌教材ですが、この中で前置詞句による後置修飾を学ばせます。何度も何度も繰り返し後ろから前の名詞を前置詞句で説明しています。

　　　　There's a hole in the bottom of the sea.
　　　　There's a log in the hole in the bottom of the sea.
　　　　There's a bump on the log in the hole in the bottom of the sea.・・・

と続いていきますが、この歌を暗唱することによって後置修飾を身体で覚えることができます。

　前置修飾の日本語に慣れた頭を、後置修飾の英語に慣れさせるために必須の教材です。教科書の細切れの英文の中では、ときどき後置修飾を教えるだけではなかなか定着しません。そんな英語の後置修飾という基本原則を学ばせるための必須教材であることがこの投げ込み教材を授業に入れる中で分かってきました。

　三つ目が、『The House That Jack Build』（三友社出版）です。これも後置修飾を理解させる教材ですが、今度は 連結詞 による後置修飾を学ばせるための教材です。つまり単文の「センマルセン」から複文の「センマルセン 関係詞 センマルセン」にレベルアップさせ、関係詞節を理解させるための教材です。

　教科書では who, which, that, whose などの使い分けを中心に教えますが、この『The House That Jack Build』では、まず後置修飾語順に慣れさせるために関係詞は that のみで話が展開されています。

　　　　This is the house that Jack built.
　　　　This is the malt that lay in the house that Jack built.
　　　　This is the rat that ate the malt that lay in the house that Jack built.・・・

　英文の構成は「Thare's a Hole」と似ていますが、『The House That Jack Build』は複文ですのでかなり長い英文になります。関係詞を理解させるには that の前で立ち止まって、that を「それ」と訳し、「それをジャックが建てた」とつなげて訳していきます。

　これを、後ろからたくし上げて、「これはジャックが建てた家にある麦芽を食べたネズミ」と訳させては、「これは」と「ネズミ」が離れすぎていて理解が困難になります。このことは翻訳文で長い形容語が続く文がまったく理解しづらいことと同じです。

　この教材は中学 3 年生に位置づけられていますが、受験のための勉強に追われ、私は十分な時間を取って実践できていませんでした。

　ですから、寺島メソッドでは、中学校 1 年で「大きなかぶ」、2 年で「There's a Hole」、3 年で「The House That Jack Built」が位置づけられるわけです。

第10章

英語アクティブ・ラーニング詳論
——「寺島メソッド」の教育技術・教育哲学

山田昇司・寺島美紀子

〈はじめに〉
[あ]　「諦め」は「明らめ」から／穴埋め語順訳／合わせよみ／易行道／一斉方式／英音法／AさせたいならB指示せよ／英語教育の教授法／英語教育の目的／英語教師「三つの仕事」「三つの危険」／「英語読み」の「アメリカ知らず」／英文の「心臓部」／英文法の「幹」と「枝葉」、英語の「Global Errors」と「Local Errors」

[か]　「角括弧」の記号／「仮性低学力」と「真性低学力」／学校教育の仕事／仮名ふり／ガラス張り評価／記号研／記号研方式／記号づけ　記号づけプリント／機能語／苦行道／句動詞の意味—寺島の仮説／クライマックス／グローバル・エラーとローカル・エラー／言語学習「二つの学習ベクトル」／言語学習の「二つの習得過程」／構造読み／語順

[さ]　作文の手引き／ザルみず効果／識形力／思考実験表／指示の原則／視写・速写／視写テスト、速写テスト／実践的逼迫度／指導と管理／しぼって読む、ふくらませて読む／「自律」から「自立」へ／授業における「静」と「動」、「型」と「変化」／授業構成の「三分割」／水源地／「救う努力」と「切る勇気」／すべてを教えない、すべては教えない／「善の中に悪」「悪の中に善」を見出す／センマルセン／「創造」と「模倣」

[た]　足し算訳、立ち止まり訳／立ち止まり訳、立ち止まり読み／追試／「できる」から「わかる」へ／寺島の仮説—句動詞の意味／転移する学力／通しよみ／動詞句

[な]　内容語／名前よみ／ネクサス読み

[は]　恥をかく勇気／番号づけ／引きのばし読み／引きもどし読み／「左半マル」の記号／評価の三原則／評価の「柔軟性」／表現よみ／文章の「二つの読み方」／文章標識／母語力上限の法則

[ま]　「マクロ」から「ミクロ」へ／「まなぶ」と「まねぶ」／「学ぶ」と「真似ぶ」／マラソン方式／「丸」の記号／見える学力、見えない学力／「幹」と「枝葉」／「右半マル」の記号／三つの「基礎教材」／The Big Turnip／There's A Hole／The House That Jack Built／三つの読み／眼のちから／「模倣」と「創造」

[や]　やればできる最も難しい課題／読みの指導—「二つの読み」と「三つの指導ステップ」／読みの「四段階」／四技能の相互関係／四技能の習得過程

[ら]　理論的確信度／リズムの等時性／リズムよみ／リズムよみ「グループテスト」／リズムよみ「ペンたたき」／リーディング・マラソン／両端をつかみ、両端をからませる／連結詞／「連結」と「脱落」／ローマ字よみ

[わ]　「わからなさ」の構造／「わかる」課題⇔「できる」課題

第2部　寺島メソッド──英語アクティブ・ラーニングの宝庫

〈はじめに〉

　序章でも述べたことですが、「寺島メソッド」を学び実践すればするほど、その教育哲学の広さ深さに圧倒させられますし、教育技術の多様さにも驚嘆させられます。

　そこで、前章で寺島メソッドの概論を素描したうえで、さらに本章では、寺島メソッドの「教育哲学」「教育技術」にあたる用語をできるだけ網羅して、解説を付けました。

　これはいわば寺島メソッドの「実践辞典」であり、第１章から第８章までに書かれた先生方の手記を読み解く「実践事典」でもあります。そして先生方が調べやすいように五〇音順に項目を配列することにしました。

　また、寺島メソッドを言葉だけではなく視覚的にも理解できるように、この「辞典」「事典」には、既刊書などから集めたさまざまな図表も収録してあります。

　たとえば、これには、寺島先生が日頃から口を酸っぱくして言っておられる「見える学力」の土台としての「見えない学力」および「その相互関係を示す図表」、あるいは「読み書きの構造表」などが含まれています。

　〔なお、各項目の説明のなかで、ときどき「＊印」が付いたものが出てきますが、これは辞典（事典）の項目として該当箇所に説明があることを示しています。〕

　ただし最初にお断りしておかなければならないことがあります。それは「英語アクティブ・ラーニング」といっても何か具体的なスキルやメソッドがあるわけではないということです。

　かつて日本には、アメリカやイギリスから、ハロルド・Ｅ・パーマーのオーラルメソッド（口頭教授法）を初めとして、様々な英語教授法が次々と輸入され、それぞれが全国の教育現場を席巻する時代が続きました。

　しかし、どの教授法も日本では長続きせず、いつのまにか現場から消えて行きました。これはある意味では当然のことでした。

　というのは、アメリカやイギリスで開発された教授法は、移民のひとたちが日常的に英語が使われる環境のなかで、英語を「生活言語」として使えるようになることを目指したものだったからです。

　しかし日本では英語を「生活言語」として日常的に使う環境にはありません。

第10章　英語アクティブ・ラーニング詳論

ですから環境も目的も違う教授法を日本に直輸入しても初めから成功する見込みはなかったのです。

だとすれば私たちが目指すべき教授法は「日本人の」「日本人による」「日本人のための」英語教育理論と実践でなければならないでしょう。

このような事情を反映したのでしょうか。さいきん文科省は「アクティブ・ラーニング」ということを言い始めました。しかし、この用語は最近の大学が定員割れのため、「無試験入学」に近い状態にあることを念頭において提唱され始めたものですから英語教育に特化したものでもありませんでした。

ですから、「英語アクティブ・ラーニング」という名称で、英語教育の本も最近いくつか出始めていますが、アメリカやイギリスで開発された教授法が特別の理論や技法をもっていたのとは異なり、これらの本が提唱している用語や技法は、ひとつの試論にすぎないということです。

つまり文科省公認の「英語アクティブ・ラーニング」として何か体系だった理論や技法があるわけではなく、それぞれが自分の教授法こそ「英語アクティブ・ラーニング」だと主張しているに過ぎないわけです。

したがって本書で説明している「寺島メソッド」も、自分ではこれこそ「英語アクティブ・ラーニング」であり「日本人の、日本人による、日本人のための教授・学習法」だと主張していても、これも全国で試行されている「英語アクティブ・ラーニング」のひとつにすぎないのです。

とはいえ、この教授法は寺島隆吉先生がまだ高校教師だったときに研究と実践が開始され、1986年に先生が岐阜大学に赴任され「記号研」という組織をつくられてからは、その理論と実践が急速に全国に広まっていきました。その実践と研究は今や30年の厚みをもっています。その成果は第1部で多くの先生方が自分の体験を通じて語っておられるとおりです。

ですから、「寺島メソッド」は全国で試行されている英語アクティブ・ラーニングのひとつにすぎないとはいえ、文科省の言うアクティブ・ラーニングの定義が「教員による一方向的な講義形式の教育とは異なり」「学修者による能動的な学修への参加を取り入れた教授・学習法の総称」であるとすれば、本書で提起されている寺島メソッドこそ「英語アクティブ・ラーニング」の本道をいくものだと自負しています。

あ

「諦め」は「明らめ」から

　教師には無限の時間が与えられているわけではない。だから生徒にすべてを教えることはできない。だとすれば、教えなければならない「幹」と「枝葉」を区別し、「枝葉」の教授は諦めなければならない。

　だが、何が「枝」であり何が「幹」であるかを明らかにできないかぎり、その「枝」の教授を、自信を持って諦めることはできない。だから「諦める」ためには「明らめる」ことが前提になる。

　ところが往々にして教師は、「三単現の -s」の指導にこだわって「SVO」の語順すら生徒に定着していないことを忘れてしまうのである。

　「諦め」「明らめ」について、もうひとつ別の例をあげる。

　教師は「生徒を救う努力」をしなくてはならないのは、当然のことである。良心的教師なら誰でも、クラスで一番ビリの生徒をも指導して、合格の最低ラインに到達させるべく努力するのである。

　しかしどうしても一番ビリの生徒を指導しきれないときもある。このようなばあいは、自分の今の力量で救えるのはビリの生徒ではなくビリから二番目あるいは三番目だと諦めて、ビリの生徒は「切る」より仕方がない。しかしそのばあい、その生徒には「申し訳ない」と心の中で謝りながら「切る」（つまり「赤点を出す」）のである。

　要するに、自分の「教師としての力量、その限界」を見極め明らかにしないかぎり、真の「諦め」には到達し得ないのである。

穴埋め語順訳

　「記号づけプリント*」を使った寺島メソッドの和訳方法には、「穴埋め語順訳」→「立ち止まり訳*」→「足し算訳*」という三つのステップがある。

　「穴埋め語順訳」は和訳の第一段階として、英文の語順のとおりに、「記号づけプリント」の空欄に単語の意味を書き込んでいくものである（右図参照）。

　このとき、文の構造を示す記号（⟨丸⟩ ☐四角 ［角括弧］）の空欄に、穴埋めするように語義を書いていくので、この名称が生まれた。

　このようにして寺島メソッドでは、記号を手がかりにしながら、文法用語を使わず視覚的に英文のしくみを学んでいく。

第10章　英語アクティブ・ラーニング詳論

Lesson 4　The Sound of Music

Mother：¹ Are you [in love [with Captain Trapp]]?
Maria：² I do n't know.
Mother：³ But do you like him, Maria?
Maria：⁴ I like the kindness [in his eyes].
Mother：⁵ Maria, the love [of a man and a woman] is holy.
⁶ You must go back.

ヒント

1. Maria 图 マリア(人の名＝この物語の主人公)
   Mother 图 (大文字で書きはじめて)女子修道院長
   Captain Trapp 图 トラップ大佐(マリアが家庭教師に行った先の主人)
   Are you [in love [with...]]
   ある あなた [～の中に 愛 [～と…]]
   →あなたは…と愛の中にあるか
   →あなたは…を愛していますか
2. do 助 する
   not 副 ない
   know 動 知る，わかる
3. but 接 しかし
   him 代 彼を
4. kindness 图 やさしさ
   eye 图 目
5. love 图 愛
   man 图 男
   woman 图 女
   holy 形 神聖な
6. must go back
   [～しなければならない][行く] 戻って
   →戻って行かなければならない

〈問1〉　英語の語順に沿って日本語で穴めしなさい。

修道院長：1. _____ [～の中に [～と]]?
マリア　：2. _____ _____ _____.
修道院長：3. _____ _____ _____ . ?
マリア　：4. _____ [～の中の].
修道院長：5. _____ [～の]
　　　　　6. _____ _____

〈発展〉　4でなぜマリアは I like him. と答えずに I like the kindness in his eyes. と言ったのでしょうか。

〈問2〉　訳しなさい。

修道院長：1. _____
マリア　：2. _____
修道院長：3. _____
マリア　：4. _____
修道院長：5. _____
　　　　　6. _____

(出典：寺島隆吉・寺島美紀子『魔法の英語：不思議なくらいに英語が分かる練習帖』)

合わせよみ

　寺島メソッドの音声指導は「リズムよみ*」→「通しよみ*」→「表現よみ*」の三つのレベルがあるが、その「表現よみ」の段階で、「表現よみ」の代わりとしておこなうのが、「合わせよみ」である。

　これは一種のシャドウイングなのだが、英文を見ながらおこなうという点で、純粋なシャドウイングとは異なる。本来は「表現よみ」に挑戦させたいのだが、キング牧師の有名な演説 "I HAVE A DREAM" は20分にも及ぶ長いものなので、その代わりに挑戦させやすいのが、この「合わせよみ」である。

　英文を見ながら、それを音声に合わせて、1秒遅れに読んでいくだけなので、いっけん簡単そうに思えるが、これが意外と難しい。というのは、読み手が音声を聞かずにその先を読んでしまうことが多いからだ。したがって、これは「読み」というよりもむしろ「聴く」作業と言ってもいい。

　先にも述べたように、この課題は一見やさしそうだが、やってみると意外と難しい。しかし練習すると必ずできるようになる。だから、生徒・学生はこの課題に異常に燃える。

　個人でとりくむ課題であるが、ばあいによってはグループで実施することも可能である。音声を流しながら数名を同時にスタートさせ、間違えたものから順に退かせていくやりかたである。

（寺島隆吉「『量』を聴く」『英語にとって評価とは何か』第1部第4章109-115頁）

易行道（いぎょうどう）

　楽しみながらおこなう学びの道。楽しくて面白いので長く続けられる。例えば、英検合格や大学入試などの受験勉強のために、ひたすら辞書を引き単語・熟語を丸暗記しながらおこなう「英語我苦習（がくしゅう）」ではなく、寺島メソッドを使って楽しみながらおこなう「英語楽習（がくしゅう）」。したがって教材も「驚きと発見のあるもの」を使う。こうすれば自分の知りたいことを楽しみながら「英語で学ぶ」ことになり、英語力が自然についてくる。反対は「苦行道*」。

一斉方式

　「記号づけプリント*」を授業で使うとき、「一斉方式」と「マラソン方式*」がある。「一斉方式」は、教師が生徒全体を相手にして、生徒と問答しながら英

語の教授・学習をすすめるやりかた。「マラソン方式*」では生徒を個別に指導することになるが、「一斉方式」では、板書やプロジェクターを使って「記号づけプリント」を説明したり、生徒を座席順に指名しながら「記号づけプリント」の答えを言わせて説明していく。

英音法

英語の文は一定の規則にしたがって書かれており、それは「英文法」と呼ばれているが、英語音声にも同様に一定の法則がある。寺島メソッドではそれを「英音法」と呼ぶ。これは東後勝明『英会話の音法』(1977、ジャパンタイムズ社)で使われた用語に由来する。

ただし、東後は「英音法」の幹と枝葉を区別していない。しかし寺島メソッドでは英音法の「幹」すなわち「水源地*」を「リズムの等時性*」だと考えている。だからこそ「リズムよみ*」の指導が大切になる。

A させたいなら B 指示せよ

教育における「指示の原則*」の一つ。「教育技術法則化運動」で使われていた考え方を英語教育に応用し、寺島メソッドの用語として定式化したもの。

教師は、すぐに成果を得ようとして(あるいはそのように追い込まれて)、ものごとの因果関係を直観的・近視眼的にとらえることがある。

例えば、英会話ができるようにしたいと思って、会話表現を暗記させたり、授業で会話練習をさせたりする。あるいはリスニング力をつけるためには何度も英文を聞く練習をするのがよいとアドバイスをしたりする。

ところが言語習得はそれほど単純で容易ではない。真に自由な会話ができるためには、相手の言っていることが理解できなければならない。つまり「話せる」ためには「聴解力」が必要だ。ところが「聴解力」は何度も音声テープを聴くよりも「リズムよみ*」のちからをつけた方が早道である。

英会話への道すじ　©terasima1997

このように、Aの学力を身につけさせるためには、Bの指示をした方がはるかに良いことが多い。「見える学力*」（点数学力）を身につけさせるためには、「見えない学力*」（集中力・持続力・計画力）を育てた方が、はるかに早道であるのと同じである。

なお「読む」「書く」「話す」「聴く」の相互関係については、寺島隆吉『チャップリン「表現読み」への挑戦』12-19頁の序章が参考になる。

英語教育の教授法

寺島メソッドでは、ESL環境で開発された外国語教授法・教授理論ではなく、日本の風土（EFL環境）に根ざした英語教育の理論と実践を開拓することを目指している。いわば「日本人の、日本人による、日本人のための英語教育」の理論と実践である。それは次の三つの柱から成っている。
1)「水源地*」の発見
　　例　$F = ma$　（ニュートンの運動方程式：力F＝質量m×加速度a）
2) 物理学者・武谷三男「三段階理論」に沿った実践的研究
　　現象論的段階→実体論的段階→本質論的段階
3)「転移する学力*」を育てる
　　見えない学力*→見える学力*
　　教育の極意は「Aさせたいなら B 指示せよ*」である。

英語教育の目的

中野好夫の言う、いわゆる「英語バカ」をつくらないためには、外国語教育は単なるコミュニケーション能力の獲得だけが目的であってはならない。

英語教育が単に英会話ができる生徒・学生を育てることに堕してしまうならば、それは英語教育が本来あるべき姿を大きく歪め矮小化してしまうことになる。英語で会話ができるようになることは、英語教育の目的の、ほんの一部に過ぎない。

したがって寺島メソッドでは外国語教育の目的を、「母語を見直し、自己を見直し、母国を見直す」ための鏡を提供することであると考えている。それは「母語を耕し、自己を耕し、母国を耕す」ことでもある。

文科省みずからが、「学修者が能動的に学修することによって、認知的、倫理

的、社会的能力、教養、知識、経験を含めた汎用的能力の育成を図る」ことを、「アクティブ・ラーニング」の目的・目標にしているのであるから、英語教育が単に英会話ができる生徒・学生を育てることに終始してしまうならば、それはなおさら本来の目的・目標から逸脱することになるのではないだろうか。

そこで寺島メソッドでは、単に英語力をつけることだけを目指すのではなく、さらに人間力として、次の「三つの読み」を教えることを目指してきた。

(寺島隆吉『英語教育が亡びるとき:「英語で授業」のイデオロギー』)

＊　英語教育を通じて「三つの読み」を教える
1　文字を読む
 1）論説の読み方「しぼって読む」を教える：構造読み→要約読み→要旨読み
 2）文学の読み方「ふくらませて読む」を教える：構造読み→形象読み→主題読み
2　情報を読む
　権力による情報操作に流されないために
　いわゆる「メディア・リテラシー」
3　人間を読む
　個人の「自律」と「自立」を目指して
　人間を、「しぼって読む」「ふくらませて読む」

英語教育の「三つの読み」　©terasima2009

英語教師「三つの仕事」「三つの危険」

ふつう英語教師は「国際人になるためには英語をしっかり勉強せよ」といって英会話の練習をさせたり、単語や熟語、構文をたくさん覚えることを生徒に求めるが、それに対して寺島メソッドでは英語教師には次の「三つの仕事」と「三つの危険」があると考えている。

　　　　第一の仕事「英語だけが外国語ではない」と教えること
　　　　第二の仕事「英語を学び続ける夢」を育てること（10年の法則）
　　　　第三の仕事「転移する学力＊」をつけてやること

　　　　第一の危険「英語教師の自己家畜化」
　　　　第二の危険「学校の自己家畜化」
　　　　第三の危険「国家の自己家畜化」

(以上についての詳しい説明は、寺島隆吉『英語教育原論』13-122頁を、また「自己家畜化」については寺島隆吉・寺島美紀子・訳『チョムスキーの教育論』第1-2章を参照)

「英語読み」の「アメリカ知らず」

　英語教師はしばしば生徒に対して「英語は世界語であり国際語だから英語さえ知っていれば世界を知ることができるし世界と交流できる」と言う。

　しかし、「イラクが大量破壊兵器をもっている」「サダム・フセイン大統領はビン・ラディンとつながっている」などと大嘘をついてイラクを侵略したアメリカ政府に、良識的新聞と言われるニューヨークタイムズすら諸手を挙げて賛成の論陣を張った。

　日本の大手メディアも、ニューヨークタイムズを初めとするアメリカの報道をそのまま信じてイラク侵略を支持する世論をつくりあげ、自衛隊のイラク派遣を後押しすることになった。

　この一事を見ただけでも、英語を通じて世界を知ったかのように思い込むことがいかに危険かが分かる。アメリカの報道を読んで逆にまちがった観念を信じ込まされたのだから、これは「英語読みのアメリカ知らず」の典型例とも言える。

　したがって英語教師は「英語を教えることによって間違った世界観を教える危険性もある」ことを肝に銘じながら教壇に立つ必要があるだろう。新聞やテレビで、しばしば「国際社会では〜」という言い回しが使われるが、これも単に「アメリカ政府の意見では〜」に過ぎないことも多いからである。

　また最近、日本経済新聞（2016/08/31）によれば「セブンイレブンは1万9000店に、訪日客を対象として同時通訳のサービスを9月から提供する。まず中国語と英語でスタートし、将来は韓国語やスペイン語にも手を広げる予定」だそうだ。

　この事実も、「英語を知っていれば世界と交流できる」という考えが、いかに甘いかを示している。英語だけでは商売ができないことを上記のニュースは示しているからだ。

　と同時にこのニュースは、「日本を国際化する」と称して公教育を英語に一極化する文科省の政策がいかに国益に反するものであるかを示す好例であるとも言えよう。

（寺島隆吉「英語教師、三つの仕事・三つの危険」『英語教育原論』第1章）

英文の「心臓部」

　英文の「内容語*」（←→「機能語*」）の中でも文中でひときわ重要な働きをするのが動詞である。

英語では、語順すなわち述語動詞との位置関係で、その前後の名詞の機能が決定するからだ。それゆえ寺島メソッドでは述語動詞を英文の「心臓部」と呼ぶ。

```
        主語    →  (動詞)  ←   目的語
      sub-ject              ob-ject
  (〜の下に−投げられた)     (〜に対して−投げられた)
```

上の図でも分かるように、述語動詞の前にある名詞は主語であり、述語動詞の後ろにある名詞は多くのばあい目的語である。

語源的にいうと、主語（sub-ject）は「動詞の下に投げられたもの」であり、目的語（ob-ject）は、「動詞に対して投げられたもの」である。こうしてみると、動詞が文の「心臓部」であることが改めて納得できるのではないだろうか。

「主語」という和訳から、英文の「主要部」が「主語」であるかのように誤解されがちだが、英語のsubjectには「絵画や写真の被写体」「治療や実験の被験者」という意味からも分かるように、主語は「主」ではなく「従」の位置にある。

（寺島隆吉『英語にとって文法とは何か』20-29頁）

英文法の「幹」と「枝葉」、英語の「Global Errors」と「Local Errors」

英文法における学習項目にはさまざまのものがあるが、それぞれが均等に重要なのではなく、重要なものとそうでないものに二分される。寺島メソッドでは前者を英文法の「幹」、後者を英文法の「枝葉」と呼んでいる。

具体的にいうと、主述関係や修飾被修飾関係を示す語順は英文法の「幹」になり、冠詞の有無や使い方、動詞活用形、前置詞の使用などは「枝葉」にあたる。

「幹」である語順を間違えると、その影響は文全体に及んでその英文は理解不能、すなわち相手に通じないものになるので、その誤りをGlobal Errorsと呼ぶ。

一方で「枝葉」における誤りは、その影響が局所に留まるので正確さにはには欠けるが文全体の意味が大きく損なわれることはない。書き手（話し手）の意図はおおむね相手に伝わるので、この誤りはLocal Errorsと呼ばれる。

だから寺島メソッドでは、「あれも大事、これも大事」ではなく「まず幹を、枝葉はそれから」という教え方（学び方）を採用している。なお、「マクロからミクロへ*」の項目に掲げた「英語・読み書きの構造表」は、この「幹→枝葉」の順序性を示す仮説である。

（寺島隆吉『英語にとって文法とは何か』158-163頁、寺島美紀子『英語授業への挑戦』24-33頁）

か

「角括弧」の記号

　寺島メソッドでは英文の構造を示すために「丸*」「四角*」「角括弧」の三つの記号を使うが、「前置詞＋名詞」すなわち前置詞句を示すのに使うのが「角括弧」である。

　英語の二大特徴は「固定した語順」と「よく発達している前置詞の体系」なので、後者にあたる「前置詞句」を角括弧でくくると「固定した語順」が自然に浮かび上がってくる。

　なお、この角括弧は、次頁の図が示すように、英文中の「関係詞文」など、「埋め込み文」を示すのにも使われる。

（寺島隆吉『英語にとって文法とは何か』29頁）

「仮性低学力」と「真性低学力」

　ともすると教師は、成績の悪い生徒を「低学力」の持ち主と判断しがちだが、いわゆる「ワル」「非行生」で頭の悪い子はまれである。頭が悪くては悪いことは出来ない。現今の悪徳政治家がその良い例だろう。

　いわゆる「ワル」「非行生」の成績が悪いのは、往々にして授業がつまらないから、あるいは教師の説明が聴いていても分からないから、ということが少なくない。こういうばあい、そのような生徒の「低学力」を寺島メソッドでは「仮性低学力」と呼ぶことにしている。

　他方、1日も休まず1分たりとも遅刻しないほど真面目なのに、簡単な四則演算もできないし、カタカナでさえ読めない書けない生徒もいる。このような生徒の学力を寺島メソッドでは「真性低学力」と呼んでいる。

　しかし、このような生徒であっても、寺島メソッドによる「リズムよみ*」「記号づけプリント*」その他の武器を使うと、「仮性低学力」の生徒も「真性低学力」の生徒も急に変身し始めて周りを驚かせる。

　それは本書第1部でも明らかにされているし、すでに公刊されている関連文献でも多くの実例を見出すことが出来るはずである。

（寺島隆吉『英語にとって授業とは何か』30－34頁）

英語の語順と文順

すでにお気づきのように、英文につけられた記号は「丸」=(助動詞+動詞)、「四角」=従位接続詞、関係詞、疑問詞(ただし間接疑問文)、「かっこ」=句(とくに前置詞句)または節(とくに関係詞節)の3種類です。これを第7課の英文で図示すると次のようになります。

上の英文を和訳する時に、まず〈問1〉の穴うめをするわけですがこの時、<u>彼は</u>[描いた]<u>ひとりの大きな母親を</u>、のように「は」「を」を書き込む必要はありません。なぜなら〈問2〉で和訳する時に、<u>彼はひとりの大きな母親を描いた</u>というように、ふつうの日本人なら自然と「は」「を」が和訳に出てくるからです。

またもうひとつの理由は、英文の人称代名詞 he, his, him などを別にすれば、ふつうの名詞は「母親は」「母親の」「母親を」を別々の形で持っていないからです。これがドイツ語やフランス語と違うところです。

では英語は「母親は」と「母親を」をどんな手段で区別しているのでしょうか。それが語順です。つまり、セン[マル]センの語順で、[マル](=動詞)の前の名詞が mother であれば、主語すなわち「母親は」となり、[マル]の後に mother がくれば「母親を」(目的語)になるわけです。

ところでこのワークブックをやっているうちに英語の語順と日本語の語順が下のように対照的になっていることに気づいたひともいるでしょう。

英 語	SVC SVO	SVOO SVOC
	セン [マル] セン	セン [マル] セン セン
日本語	セン セン [マル]	セン セン セン [マル]
	SCV SOV	SOOV SOCV

(出典:『魔法の英語—不思議なくらいに英語がわかる練習帖』)

学校教育の仕事

　学校教育で出来ることは、「必要になったときに生きて働く基礎学力をつけること」であって、「ザルに水を入れる」ような愚をおかすことではない。そのために、まず育てるべき学力は「国語力」「数学力」である。

　逆に、この「国語力」（読み書きの基礎）と「数学力」（数理的思考力）がなければ、いくら英会話のフレーズを憶えても「ザルみず効果*」に終わる。英語の基礎学力さえあれば、英語で会話する必要が生まれたとき、それがいつでも活性化し生きて働く。

　これが寺島メソッドの基本的考え方である。これを図式化すると次のようになる。

＊　読み書きの基礎
1）言語知識（Formal Schema）：文法・語彙の知識、その他
2）背景知識（Content Schema）：日本語による読書、その他
3）数理的思考力：時制 Tense, 相 Aspect, 態 Voice を組み合わせる能力

　上記の「数学的論理的思考力」を英語の授業で育てるには、Tense, Aspect, Voice の「思考実験表*」をやらせるのが極めて効果的である。これについては、「思考実験表」の項を参照。

　また「母語力」と「英語力」の関係については、「母語力上限の法則*」の項も参照されたい。ここにはカナダの言語学者 J.カミンズの「言語能力共有基底仮説」の紹介と、それを説明する図も載せてあるので参考になるはずである。

仮名ふり

　寺島メソッドの音声指導においては英文に強弱記号をつけ、単語には仮名ふりをおこなう。なぜ発音記号を教えずに、単語に「仮名ふり」をするのかというと、「仮名よみ」であっても強弱のリズムでよむことで英語らしい発音に近づけることができるからである。

　また Allen（1965）が述べているように「英語を専門とする生徒でないかぎり発音記号は必要ない」「生徒が初めから発音記号で読む練習をしなければならないのであれば、それは普通の生徒にとってはむしろ不必要な障害だ」からである。

　初めて英語を学ぶ生徒が、英語の大文字・小文字、筆記体の大文字・小文字の他に、発音記号までおぼえさせられたのでは、英語嫌いが増えるだけである。し

かも発音記号をおぼえたとしても、指導されたとおりの発音になるとはかぎらない。それよりも正しいリズムで英文を音読できるようになった方が、はるかに英語らしく、かつ聞き取りやすい英語になる。

（寺島隆吉「入門期の発音指導・再考」『英語にとって音声とは何か』133-149 頁）

ガラス張り評価

　寺島メソッドの評価の方法には、「公開性*」「明快性*」「柔軟性*」という三つの原則があるが、「ガラス張り評価」とは、この「公開性」を言い替えた言葉である。

　具体的に説明すると、「どんな課題を、どれだけ、いつまでにやれば何点とれるのか」「平常点と定期考査の比率はどうなっているのか」「合計何点でどんな評価がつくのか」など評価の基準が生徒に明らかにされていることである。

　そもそもこの考え方は、評価というものは本来、「他者評価」ではなくて「自己評価」であるべきだとの考え方から来ている。つまり評価は、教師が生徒を試験によってランクづけするためにあるのではなく、生徒が自分の進歩の度合いを自己判定できるようにするためのものだ、と考えるのである。

　自己評価であるならば、生徒は自分で自分の進歩を判定できるように、評価の基準は「公開」されていなくてはならないし、「明快」でなくてはならない。

　と同時に、評価は教師自身の授業にたいする自己判定のためでもある。生徒の学習意欲が高まるかどうか、その結果として学力が伸びたかどうかは、教師の熱意や力量によってきまるからだ。つまり、評価とは「生徒に対する評価」ではなく、むしろ「教師が自分自身に対してくだすもの」なのである。

（寺島隆吉『英語にとって評価とは何か』『英語教育原論―英語教師、三つの仕事・三つの危険』）

記号研

　「英語記号づけ研究会」の略称。この研究会は寺島隆吉先生が主宰されていたもので 1986 年に発足した。

　その後、会員は中高大にとどまらず塾経営者、予備校教師、さらにはドイツ語の教師にまで広がるようになり、正式名称を「英語教育応用記号論研究会」と改めた。英語名は Japan Association of Applied Semiotics for English Teaching（略称 JAASET）である。

その機関誌『Applied Semiotics』は、のちに24頁の月刊誌となり、全国の会員（約100名）に郵送されていたが、インターネットの普及により、デジタル化されて「メルマガ」として配信されるようになった。

この研究会は寺島先生が岐阜大学を退官されたあと発展的に解消され、現在は「国際教育総合文化研究所」（所長・寺島隆吉）となっている。

研究所の研究分野は「英語教育」にとどまらず「国際教育」「平和研究」「文献翻訳」「教材作成」さらには「食文化」「健康法」「スポーツ」などにまで及んでいる。

記号研方式

寺島隆吉先生によって提起された英語教育の理論実践体系は、「記号研」という研究会を母体にして全国に広まっていったので、「記号研方式」と呼ばれていた。

またこの方式は「TMメソッド」と呼ばれることもある（『センとマルとセンで英語が好き！に変わる本』）。

なお、TMとは寺島先生が創案された独自の記号「Terasima's Marker 寺島記号」の頭文字である。この記号には○・□・[ ]の3種類があるが、詳しくは「記号づけ*」を参照されたい。

現在は、その独自の記号を含めて寺島先生によって提起された英語教育の全体系を示すために、創始者の名を冠して「寺島メソッド」という呼称をもちいている。

(寺島隆吉『英語教育原論』57-61頁、山田『英語教育が甦えるとき―寺島メソッド授業革命』)。

記号づけ

英文法や英音法の法則を可視化するために英文に記号をつけることを「記号づけ」という。つまり、記号という半具体物で「英文の構造」「英音の構造」という抽象物に迫るのである。

記号はいくつかあるが、いちばん基本的なものは○と□である。英文法においては動詞句*に◯、連結詞*に▭を与えて英文の構造を浮き彫りし、英音法*においては内容語の上に□、機能語の上に小さな○をつけて音声構造を目に見えるようにしている。

> 英文法の記号づけ
>   We (are coming) into a new world [where] men (will rise) above their hate.
>   私たちは入ろうとしている、新しい世界へ、そこは人間が憎しみを超える世界だ
>
> 英音法の記号づけ
>   ○ ○ □ ○ ○○ ○ □ ○ □ ○ □ ○ ○ ○ □
>   We are coming into a new world where men will rise above their hate.

(寺島隆吉『英語にとって学力とは何か』『英語にとって文法とは何か』『英語にとって音声とは何か』)

記号づけプリント

　寺島メソッドでは、英文に「丸*」や「四角*」の記号を与えて英文の統語構造や英語音声のしくみを可視化して、生徒に英語を理解させる。

　学習者の学力や意欲が高くないばあいには、これらの記号をあらかじめ英文につけておく。このように、すでに記号がつけられた英文が載っているプリントを「記号づけプリント」と呼ぶ。

　学習者は、文法構造を示す記号のついた英文を読むうちに、知らず知らずのうちに英文のしくみを理解して、英文法の幹である「センマルセン*」の語順を理解していく。

　また発音についても同様で、英文につけられたリズム記号にしたがって音読する。寺島メソッドでは、これを「リズムよみ*」と呼んでいる。こうして「リズムよみ」しているうちに自然と英語音特有の「リズムの等時性*」が体得されてゆく。

　学習者はこの記号のおかげで英文を読みすすむ面白さや、音読する心地よさを味わいながら英語学習を楽しく進めることができる。寺島メソッドが「易行道*」である所以である。(⇔「苦行道*」)

　このようにして学習者は英文法や英音法の「幹」を学んでいき、やがては記号なしの英文でも自分で記号をつけながら、読めるようになっていく。そして最後には、英文に記号をつけなくても直読直解できるようになる。

　音読のばあいも同じで、英文にリズム記号がついていなくても、最後には生徒は英音法の原則にしたがった音読ができるようになる。

　こうして、学習者が寺島メソッドを習得していくにつれて、プリントにつけられている記号や単語ヒントの数も違ってくるので、学習者のレベルに応じて多様

な「記号づけプリント」が存在することになる。

　市販されている『魔法の英語』は、三友社から出版されていた検定教科書を、寺島メソッドにしたがって、「記号づけプリント」のかたちに作り直したものである。だから寺島メソッドの初心者は、この『魔法の英語』をモデルにしながら「記号づけプリント」をつくるのがよいだろう。

　次頁に紹介してあるのは、大学の授業で使っているプリントである。このプリントでは、英文に「記号づけ」する課題と、「立ち止まり訳」を参考にしながら「英文の流れに沿った和訳」をつくる課題が与えられている。最近の実践では、このような「記号づけプリント」もつくられるようになっている。

（寺島隆吉『英語にとって学力とは何か』『英語にとって授業とは何か』、寺島美紀子『英語学力への挑戦』『英語授業への挑戦』、山田『英語教育が甦えるとき』）

機能語

　文を構成する語には内容語＊と機能語がある。

　機能語は、冠詞・前置詞・代名詞・助動詞・接続詞・関係詞である（ただし受身形・進行形・完了形をつくる be/have も助動詞として扱う）。

　英文を書いたり話したりするときに、内容語が正しい語順で並んでさえいれば、機能語を間違えても大まかな意味は相手に伝えることができる。

　機能語は発音するとき、ふつう弱勢になる。I will go... が、I'll go... になるのは、このためである。だから「英音法の記号づけ」では「小さな○」の記号をつける。

（寺島隆吉『英語にとって文法とは何か』『英語にとって音声とは何か』、寺島美紀子『英語授業への挑戦―見える学力・見えない学力・人間の発達』24-33頁）

苦行道

　苦しみを乗り越えつつおこなう学びの道。それを継続するには、強い意志や明確な目的意識（例えば、「受験のため」とか「通訳になるため」のような）が必要である。反対は「易行道＊」。

　寺島メソッドでは、英語学習は「易行道」「英語楽習」であるべきだとし、そのための独自の教授学習法を追求してきた。なぜなら「苦行道」「英語我苦習」では学習は長続きしないし、学んだ内容も脳に定着しないからである。

　苦しみながら嫌々に学んだなかみは、試験が終わった翌日には、頭から消えて

第10章　英語アクティブ・ラーニング詳論

College Loan 22

Ripping Off Young America: The College-Loan Scandal
学費ローンをねらって大学生に襲いかかるハゲタカ連邦政府

By Matt Taibbi | *Rolling Stone*, August 15, 2013

Illustration by Victor Juhasz

The federal government has made it easier than ever
連邦政府はかつてなく容易にした
to borrow money for higher education
高等教育のための借金を
— saddling a generation with crushing debts
一生かかっても払いきれない負債を背負わせ
and inflating a bubble that could bring down the economy
バブルを煽って経済を崩壊にみちびく

寺島メソッド　記号づけ

① 英語　セン　(マル)　セン　を
　　日本語は　セン　セン　(マル)　にすればOK
② 四角　連結詞（関係詞、従位接続詞、間接疑問詞）の前で立ち止まる
③ 右半丸　準動詞（不定詞、現在分詞、過去分詞、動名詞）
④ 〔角括弧〕　前置詞句および従属節

今回の英文読解
1．英文に記号づけせよ。（①丸、②四角、③右半丸、④角括弧を入れる。その際、立ち止まり訳につけられた〔角括弧〕に注目）
2．英文の流れに沿って意味の通る日本文にせよ。（立ち止まり訳を参考にして、長い文は「どこで切って読むか」がポイント）

1 On May 31st,　president Barack Obama　strolled into the bright sunlight　of the Rose Garden,
5月31日、　バラク・オバマ大統領は　入っていった　眩しい太陽光のなかへと　ローズガーデンの。
covered from head to toe　in the slime and ooze　of the Benghazi and IRS scandals.　In a Karl
〔覆われていた　頭から爪先まで　ヘドロと泥に　リビアのベンガジ　と国税庁のスキャンダルという〕。　カール・
Rove-ian masterstroke,　he simply pretended　they weren't there　and changed the subject.
ローブのような見事な腕前で、　彼はただ　～ふりをした　〔そんなことなどなかった〕　そして話題を変えた。

2 The topic?　Student loans.　Unless Congress took action soon,　he warned,　the relatively low
話題は？　学生ローンだ。　～ない限り〔議会がすぐに行動を起こさ〕、　彼は警告した、　〔比較的低率の
3.4 percent interest rates　on key federal student loans　would double.
3.4％という基本利率は　連邦学生ローンの　2倍になってしまうと〕。

Obama knew　the Republicans would make a scene　over extending the subsidized loan program,
オバマは知っていた　〔共和党が　大騒ぎすることを　〔延長することには　連邦補助金が出ているローン事業を〕〕、
and that he could corner them　into looking like obstructionist meanies out　to snatch the lollipop
そして〔共和党員を窮地に追い込めることを　〔みえるものに　卑劣な議事妨害者のように　〔果実を取り上げようとしている
of higher education　from America's youth.
高等教育という　アメリカの若者から〕〕〕。

219

句動詞の意味——寺島の仮説

　ふつう、「句動詞」という用語は、動詞と前置詞句や副詞が組み合わさって慣用的にもちいられる熟語・成句（例：get up、take off など）のことをいう。

　しかし、これらの動詞を中心とした熟語・成句は、丸暗記しなくても、「寺島の仮説*」にしたがって、省略されている位置に三種類の目的語を補えば、ほとんどの意味が分かる。これについて詳しくは「寺島の仮説」の項を参照。

　また、この「句動詞」という用語は、寺島メソッドでもちいられている「動詞句*」とは意味も用法がまったく違うことに注意されたい。

クライマックス

　大西忠治によれば、文章は説明的文章と文学作品に大別されるが、文学作品（たとえば物語）はふつう「導入部・展開部・山場の部・終結部」という典型構造をもっている。

　その「山場の部」を読むときのキーワードが「クライマックス」である。事件の流れにおいて、いちばん緊張や感情が高まるところである。「最高潮」ともいう。

　大西忠治『文学作品の読み方指導』（明治図書）によれば、ここで事件は「破局→解決」あるいは「解決→破局」と大きく転換する。作品の主題は、主として、このクライマックスから終結部にかけて、その文章に込められている作者の意図を「形象読み」することから、読み取ることができる。

（寺島隆吉『英語にとって学力とは何か』105-115 頁、寺島美紀子『英語授業への挑戦』第 3 章）

グローバル・エラーとローカル・エラー

→次の項目を参照：英文法の「幹」と「枝葉」

言語学習「二つの学習ベクトル」

　寺島メソッドでは、ヴィゴツキー『思考と言語』で提起されている、「母（国）語と外国語の習得過程・学習ベクトルは全く逆方向である」という考え方を土台にし、「発達の最近接領域」を目指した英語教授法をとってきた。ヴィゴツキー

の考え方を分かりやすく図式化すると、次のようになる。

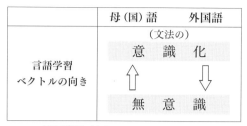

言語学習ベクトル　©terasima1986

　文法学習を抜きにして、しかも母（国）語を介在させずに「英語を英語で教える」ことの無駄・無意味さは、この言語学習ベクトルの方向でよく分かるはずである。もし仏語・露語などを日本語を使わずに教えることが効果的なら、NHKの外国語講座はずっと以前からそうしてきたはずである。

言語学習「二つの習得過程」

　寺島メソッドは、外国語教育を、国語教育と英語教育を結合させて、「言語教育」という視野で考えている。

　言語学者ヴィゴツキーが『思考と言語』で述べているように、「文法」は外国語学習の出発点であり、自由な「会話」は、その終点である。

　さらにいえば、「読み」は四技能の始点であり、同時通訳の神様といわれた國弘正雄も、「会話文を教えているかぎり会話ができるようにはならない」と主張している。

母（国）語の習得過程	外国語の習得過程
自然な会話→文法の意識化 　　生活言語→学習言語 　　自然発生的概念→科学的概念	文法の意識化→自然な会話 　　学習言語→生活言語 　　科学的概念→自然発生的概念
聞く→話す　→→　読む→書く	読む→書く　→→　聞く→話す
自分の言いたいことを話す 　　→自分の言いたいことを書く	自分の言いたいことを書く 　　→自分の言いたいことを話す
「聞く」「話す」を土台に 「読み」「書き」を育てる	「読み」「書き」を土台に 「聞く」「話す」を育てる

二つの「言語の習得過程」　©terasima2009

前頁の図は、以上のことを念頭において、母国語の習得過程と外国語の習得過程を比較対照させたものである。

構造読み

寺島メソッドでは「読み」には次の四つの段階があると考えている。下記の「全体を読む」段階で使われる方法が「構造読み」である。

   a. 文が読める。
   b. 文章が読める。
   c. 段落が読める。
   d. 全体が読める。

国語教師だった大西忠治は、文章を「説明的文章」と「文学作品」の二つに大別して、次のような典型構造を示しつつ、「構造読み→要約読み→要旨読み」「構造読み→形象読み→主題読み」という教授法をあみだした。

 〈説明的文章〉 前文 本文 後文
 〈文学作品〉 導入部 展開部 山場の部 終結部
         事 件 の 流 れ

しかし寺島理論では、これをさらに、「序論」と「前文」、「本文」と「本論」、「結論」と「後文」を区別して、その方法を英語教育に適用した。この寺島理論にしたがえば、大西が提示した二つの構造図は、以下のような統一スキーマとしてまとめられる。（詳しくは『英語にとって学力とは何か』42-49頁を参照。）

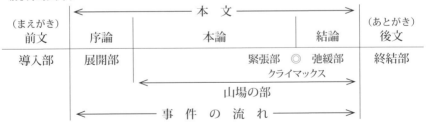

文章構造の統一スキーマ　©terasima1986

このように、寺島メソッドでは、「母語の読みは外国語の読みの土台を提供する」「英語力は母語力を越えることはない（母語力上限の法則）」という観点から、

第10章　英語アクティブ・ラーニング詳論

大西の読解指導を英語教育にも積極的に導入してきた。

(寺島隆吉『英語にとって学力とは何か』105-115頁、また寺島美紀子『英語授業への挑戦』70-106頁、野澤裕子『授業はドラマだ』に、その典型実践が載っている。)

語順

Greenberg (1966) は、「無標の語順 (Unmarked Form) として S, V, O がどのような組み合わせを取るか」という視点で世界の言語を調べてみたところ、現実に存在する言語は、VSO、SVO、SOV の三つに集約されることを発見した。

この Greenberg の考え方と「前置詞言語」「後置詞言語」の考え方を組み合わせて、世界の言語を一つの図表にまとめたのが、下図である(『英語にとって学力とは何か』75頁)。

		NG		GN	
		NA	AN	AN	NA
VSO	Pr	Arabic　Nandi Hebrew　Masai Hawaii			
	Po				
SVO	Pr	Romance Albanian Greek Khmer Thai Vietnamese Malay	Slavonic German Dutch	Swedish Norwegian	
			English		
	Po			Finnish Chinese	Kru
SOV	Pr				
	Po			Hindi Bengali Japanese Korean	Basque Burmese

Pr:　Preposition　　　　　Po:　Postposition
NG:　Noun ＋ Genitive　　GN:　Genitive ＋ Noun
NA:　Noun ＋ Adjective　 AN:　Adjective ＋ Noun

語順から見た世界の言語　©terasima1986

これを見れば英語がいかに特異な言語であるかが分かるであろう。「英語が世界一やさしい言語だから国際語になった」という言説がいかに間違っているかを、これほど明瞭に示す図表はないのではないか。

日本語のような SOV 言語は、後置詞言語であり、前置修飾（形容詞＋名詞、AN）となり、スペイン語のような SVO 言語は前置詞言語であり、後置修飾（名詞＋形容詞、NA）になるのが普通である。

ところが英語は先の図を見れば分かるとおり、前置詞言語であるにもかかわらず、前置修飾になったり後置修飾になったりする特異な言語である。だから習得は見かけほど容易ではない。にもかかわらず、先述のとおり、「英語が世界一やさしい言語だから国際語になった」という間違った言説が広まっている。

以上のことをふまえて、寺島メソッドでは、英文法の「幹と枝葉*」を峻別し、「まず幹を、そのあとで枝葉を」という教え方学び方を提唱しているが、その「幹」のいちばんの根幹となるものが「語順」である。

寺島隆吉『英語にとって文法とは何か』（21頁）は、C.L.Wrenn を引用しつつ、英語の二大特徴として「固定した語順」と「よく発達している前置詞の体系」をあげている。

具体的にいうと、「名詞＋動詞＋名詞」という語順（SVO）と「前置詞による後置修飾」である。

この「名詞＋動詞＋名詞」という語順は、「記号づけプリント*」では、動詞の前後の名詞に下線を引くことが多いので、今では「センマルセン」という呼び名で生徒・学生にも親しまれている。

この語順を視覚的に浮き彫りにして、英語の「水源地*」として生徒に定着させ

英語	日本語
助動詞＋動詞＋目的語	目的語＋動詞＋助動詞
前置詞＋名詞句	名詞句＋後置詞
連結詞＋節	節＋**連結詞**
主節＋従節	従節＋主節
ほとんど後置修飾	前置修飾のみ
複文は連結詞を武器に、単文から組み合わされる	

「語順の日英対照表」©terasima1986

るために、寺島メソッドでは、動詞を○、連結詞を□で囲ませ、前置詞句を〔 〕でくくることにしている。

どんな複文も、連結詞を四角で囲んで、元の単文に分解してしまえば、読み書きは単文の「語順」が基本的要素になる。連結詞を四角で囲むことを生徒にすすめる理由がここにある。

また上の日英の文構造のちがいを、□○〔 〕であらわすとすれば次のように単純化されてしまう。

```
英：＿＿＿○＿＿＿〔Pr＿＿〕　　□＿＿＿○＿＿＿〔Pr＿＿〕
日：〔〔＿Po〕＿＿＿＿○＿＿〕□　　〔＿Po〕＿＿＿＿○＿＿
```
Pr：preposition（前置詞）、Po：postposition（後置詞、いわゆる助詞）

「文構造の日英対照表」 ©terasima1986

このように記号を使うと、日英の文構造のちがいが、たった二行に圧縮されてしまう。ただし下線は名詞句、丸の中の小さな半丸は助動詞、角括弧は句や節のまとまりをあらわしている。

四角の連結詞が、英語では右側の大きな括弧と接触しているのは、それが従節であることを示し、逆に日本語では、左側の従節が連結詞に接触しているから、その右側が主節であることがわかる。

こうすれば文法用語をほとんど使わずに文の構造を説明できるようになり、文法用語を全く気にせずに英文の読み書きができるようになる。

作文の手引き

　寺島メソッドには「母語力上限の法則*」という仮説がある。これは外国語の力はそのひとの母語力を越えることができないというものである。

　日本語で読んでも理解できない内容は、英語で読んでもわからないし、日本語で論理的な文を書けなければ、英語で書くことも当然できない。

　したがって英文読解力をつけるにはまず日本語の本をたくさん読む必要がある。また、きちんとした英文を書くにはまずはしっかりした日本語が書けなくてはならない。

　そのような観点から英語の授業でもテーマを与えて日本語で作文を書かせることがあるのだが、そのときにただ漠然と「〜について書きなさい」ではなくて「何をどのような順序で書いていったらいいのか」を示すガイドが「作文の手引き」である。

　この手引きには具体的な項目がいくつも挙げられており、書き手はその項目にそって書いていくうちに記述量が自然に増えていく。最初は「英語と私」のような過去形で書けるテーマを設定するとよい。

　なお、学期末に書かせる授業レポートでも同じように具体的な項目（学んだ教材や課題リストなども含めて）を掲示すると、学習者は自分がとりくんだ経験や学んだことを思い出しながら記述できる。

　これらの作文は、書き手の日本語力を鍛えるだけでなく教師にとっても有益な情報源となる。というのは、それによって教師は学習者の英語履歴を知ったり、授業改善の手がかりを得ることができるからである。

（寺島隆吉『英語記号づけ入門』42-53 頁、山田『英語教育が甦えるとき―寺島メソッド授業革命』286 頁）

ザルみず効果

　ザル（笊）に水を入れても入れても決して溜まらない。このことから、いくら努力してもその成果が現れないことを、寺島メソッドでは「ザルみず効果」と名付けている。

　日本のように、英語を外国語として学ぶ環境（EFL: English as a Foreign Language）は、英語を生活言語・第二言語として日常的に使う環境（ESL: English as a Second Language) とは異なる。だから英会話のフレーズを丸暗記しても「ザルみず効果」に終わることが多い。

したがって寺島メソッドでは、「ザルみず効果」に終わる教授学習法ではなく、「いざ必要になったときに生きて働く英語力」を育てることが、研究開発の中心課題となってきた。

(寺島隆吉『英語記号づけ入門』『英語教育原論』『英語教育が亡びるとき』)

識形力

→「視写」および「眼のちから*」の項目を参照。

思考実験表

寺島メソッドでは「動詞句*」のしくみを思考実験表をもちいて学ばせる。「時相転換表」ともいう。「時相」というのは、「時制」(Tense)「相」(Aspect) のことである。

生徒は、この思考実験表の空欄を埋めていくうちに、いつのまにか「動詞句*」の組み立て（完了形・進行形・受身形）および疑問文・否定文の作り方を理解していく。

というのは、この「思考実験表」には、あらかじめ「相 Aspect と態 Voice の公式」が与えられているので、「動詞句*」について何も知らなくても、指示されたとおりに正しく表を見ることができさえすれば、この一覧表は完成するからである。

	〜ing	〜en
be (am, are, is; was, were)	進行形（進行相）	受身形（受動態）
have (have, has; had)	Ø	完了形（完了相）

「相」と「態」の順列・組合わせ　©terasima1986

この思考実験表にとりくむことによって、生徒・学生は、時制 Tense、相 Aspect、態 Voice を組み合わせる能力をも身につけていく。と同時に、この作業は学習者の数学的論理的思考力をも鍛えていく。

なぜなら、たとえば「完了進行形の受動態」は、「完了形」「進行形」「受動態」の三つを組み合わせて一つの「動詞句*」をつくる作業だから、これは、E = f(x, y, z）という3変数の関数を解く作業に似ているからである。

　上記に「人称Person」を加えれば、E = f (x, y, z, p) という4変数の関数を解く作業になる。（寺島隆吉『英語にとって学力とは何か』25頁）

　しかし、間違えたら何回挑戦してもよいことにしてあるので、生徒・学生はゲーム感覚でこの表にとりくむ。それどころか完成したら「もう一度やってみたいから、別の動詞を与えてほしい」という学生すら出てきて、むしろこちらが驚かされる。

（寺島隆吉『英語にとって文法とは何か』163-165頁、山田『英語教育が甦えるとき』333頁）

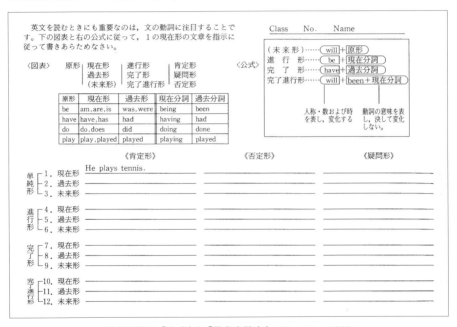

時相転換の「公式」と「思考実験表」　©terasima1986

指示の原則

→「AさせたいならB指示せよ*」の項目を参照。

視写・速写

　与えられた英文をそのまま写して書く作業、あるいは時間を決めて速く写させる作業。この作業をさせてみると生徒の「眼のちから*」がどれくらいあるのか

がわかる。

　例えば、rとv、aとu、nとh、uとwなどを正確にかき分けられなかったり、bとd、pとqの左右を間違えて写す生徒がいる。これは「眼のちから」（＝識形力）がないことの現れである。

　また単語と単語の間をあけずにひとつながりで書く生徒もいる。これは eye span「視野」が狭いことを示している。これらのちからも、「見える学力*」の土台を成すべき、「見えない学力*」のひとつだと言える。

　スペルミスや単語間の半角アキをチェックして返してやると、初めて自分の英語の書き方に気づく生徒が多い。

　このような事実を知らずに「単語や英会話のフレーズを丸暗記させれば会話力がつく」と思い込んでいる教師もいるが、これでは真の英語力は育ちようがない。
（寺島隆吉『英語にとって授業とは何か』30-34 頁）

視写テスト、速写テスト

　英文を決められた時間内で視写・速写*する課題である。英文を短時間でひとつの間違いもなく写しきるには巨大な「集中力*」を必要とする。

　この視写テストは生徒の「集中力*」（「見えない学力」のひとつ）を鍛えるだけでなく、生徒の「識形力*」「眼のちから*」（これも「見えない学力」のひとつ）がどの程度のものかを知るリトマス試験紙の役割も果たす。

　ところでこの速記テストは、生徒に「見えない学力*」をつけてやるだけにとどまらない。というのはこのテストは教師にとって最も簡便な学力テストになっているからだ。高学力の生徒たちは 15 分以内（そして次には 10 分以内）に歌詞を全部転写できるのに対して、15 分たってもまだ 1 題すら転写し終えることのできない生徒がいるからである。
（寺島隆吉『英語記号づけ入門』34-41 頁、『英語にとって授業とは何か』30-34 頁）

実践的逼迫度
　　　　ひっぱくど

　教師の実践を表すのに「理論的確信度*」と対になって使われることば。

　教師が従来の教え方を捨てて新たな方法を授業に踏み出すのは、「理論的確信度*」か「実践的逼迫度」のどちらかが高まっているときである。

　教師は、自分が授業で行き詰まって深刻に悩んでいるとか、授業が成立せずに

困り果てているという状況の中で、一刻も早くその危機から脱出したいと願って、新たな実践に踏み出すことを決意するときがある。

教師がこのような状況に追い込まれていたとき、それを教師の「実践的逼迫度」が高まっていたという。

寺島メソッドを始める教師の多くは、この「実践的逼迫度」に迫られたことが大きい。だから「記号研」「寺島メソッド」はそのような教師にとって「駆け込み寺」だったわけである。

(寺島隆吉『英語にとって授業とは何か』30-34頁)

指導と管理

寺島メソッドでは、大西忠治に学んで、教師が生徒に対しておこなう教育的活動を「指導」と「管理」に分けて考えている。

教師はともすると「生徒指導」と称して生徒を「管理」する。しかし「指導」とは本来、「説得」と「納得」であり、「管理」とは「強制」と「服従」である。したがって「管理」は「指導」とは無縁のものであるべきだ。

もし「管理」が教育＝「指導」にとって必要であるとすれば、それは「時間の管理」と「物の管理」に限られるべきだろう。「人間の管理」は教育の場では、あってはならないことだ。これが寺島メソッドの考え方「教育哲学」である。

というのは、「時間の管理」、たとえば「授業の開始と終了」が守られるべきなのは生徒でも納得できるからだ。これは、たとえば「掃除用具の管理」についても同じであろう。しかし、ともすると「授業の開始と終了」を守らないのが教師なのである。

(寺島隆吉『英語にとって授業とは何か』『英語にとって教師とは何か』)

しぼって読む、ふくらませて読む

寺島メソッドでは、大西忠治に学んで、英文を「説明的文章」と「文学作品」に二分し、前者は「しぼって読む」、後者は「ふくらませて読む」ことを提唱している。

一文一文の読み方を教えたとしても、この二つの読み方を教えなければ「読み」を教えたことにはならない——これが寺島メソッドの考え方である。

ところが現在の英語教育では、教科書に出てきた単語やフレーズを使った会話

第10章　英語アクティブ・ラーニング詳論

練習に、主たる時間が割かれている。それどころか「英語でおこなう授業」では、一文一文の読み方さえも教えられずに終わる危険性すらある。

これでは、「どうすれば英文が読めるようになるのか」を学ぶ機会を奪われるだけでなく、生徒は「本当の読みとは何か」を永遠に学ばずに終わる。

寺島メソッドでは、このような現状をふまえて、「記号づけ」という武器を使って一文一文の読み方を教えるだけでなく、文章の真の読み方を「構造読み*」その他の武器を駆使しながら、創造的かつ批判的読解力を育てることをめざしている。(→「文章の『二つの読み方』も参照)

(寺島隆吉『英語にとって学力とは何か』105-115頁)

「自律」から「自立」へ

→「見える学力」「見えない学力」の項を参照

授業における「静」と「動」、「型」と「変化」

集中力(「見えない学力*」のひとつ)がない生徒を教えるさいに使われる寺島メソッドのひとつに、授業に「静」「型」と「動」「変化」を与えるというものがある。

授業のやりかたに一定の決まった「型」「パターン」がないと学習者は腰をすえてじっくり学ぶことができない。また一定の「型」があるからこそ、その中で生徒は「学び方」も学んでいく。

しかし同時に、授業には「変化」も必要である。単調な反復練習だけでは退屈な授業になり、学習意欲は喚起されないからである。だから「型」のなかに「変化」をつくり、「変化」させながら同時に「型」のある授業が求められる。

寺島メソッドでは、このように「静」と「動」、「型」と「変化」という正反対のものが統一的におこなわれるように授業が設計されている。

(寺島隆吉『英語にとって授業とは何か』67-71頁)

授業構成の「三分割」

集中力や持続力(「見えない学力*」のひとつ)を持たない生徒を教えるさいに使われる寺島メソッドのひとつである。

その最も簡単な方法は、1コマの授業を三つに分けて(たとえば45分を15分ず

つに三分割する)、授業の中に「静」と「動」を組み合わせる方法である。15分程度なら、どんな生徒でも何かに集中することが可能だからだ。

つまり、生徒が参加せざるを得ない「型・しくみ」と、退屈せずに集中できるような「変化・緊張」を組み合わせるわけである。

こうして生徒は、一定の「型」の中で学習にとりくみ、そのなかで何かに熱中する「集中力」、そしてやがては、何かをやり続ける「持続力」を身につけていく。

それは同時に「学び方」を学んでいく過程でもある。これは、授業では「ザルみず効果」に終わるような課題ではなく、「学び方を学ぶ」ような課題が与えられていなければならない、ということでもある。

なお、この「授業構成における三分割」の原則は、ひとコマの授業だけでなく1学期、1年間、3年間の授業計画にも適用できる。

		1st Step	2nd Step	3rd Step
↑	1st Period	リズムよみ(グループテスト)	通しよみ	表現よみ
50分	2nd Period	視写・速写	記号づけプリント(一斉 or マラソン)	構造読み
↓	3rd Period	記号づけプリント(一斉 or マラソン)	説明・まとめ	

1学期				2学期				3学期			
英語の歌	教科書の各課	投げ込み教材	定期考査	英語の歌	教科書の各課	投げ込み教材	定期考査	英語の歌	教科書の各課	投げ込み教材	定期考査

(寺島隆吉『英語にとって授業とは何か』67-71頁)

水源地

寺島メソッドでは教える内容のいちばん根源となる原理を「水源地」と呼ぶ。この概念は遠山啓がつくり出した「水道方式」という新しい数学教育の考え方から来ている。

「水源地」からパイプを通して全ての家庭に水道水が供給されるように、「水道方式」という新しい方法にしたがえば、どの子も算数が分かるようになるというのが遠山の主張だった。

寺島メソッドでは、英文法の水源地を「名詞＋動詞＋名詞」の語順、「英音法*」の水源地を「リズムの等時性*」と考えている。

(寺島隆吉『英語にとって学力とは何か』11頁、『英語にとって教師とは何か』26頁、191頁)

第10章 英語アクティブ・ラーニング詳論

「救う努力」と「切る勇気」

　寺島メソッドが想定する「授業秩序」には内部的秩序と外部的秩序がある。

　前者の内部的秩序は教師の「指導*」によって生み出され、後者の外部的秩序は教師の「管理*」によって確立されるのであるが、「救う努力」と「切る勇気」というのは、前者における教師の指導技術のひとつである。

　教師は、「生徒を救う努力」をしなくてはならないのは当然のことである。教師なら誰もクラスで一番ビリの生徒をも指導して、合格の最低ラインに到達させるべく努力するのである。

　しかし教師に指導力がないばあい、ビリの生徒、低学力の生徒にばかりエネルギーを奪われていると、他の生徒の動きや気もちが見えなくなり、授業が崩壊する危険性も出てくる。

　したがって、このようなばあいは、自分の今の力量で救えるのはビリの生徒ではなくビリから二番目あるいは三番目だと諦めて、ビリの生徒は「切る」より仕方がない。しかしそのばあい、その生徒には「申し訳ない」と心の中で謝りながら「切る」（つまり「赤点を出す」）のである。

　ただし、能力がありながら手抜きをし、サボってビリになっている生徒のばあいは、堂々と切ってよい。そのような生徒は追い詰められて初めて勉強に向き合うことになるからだ。このばあいは「切る」ことが、むしろ義務になる。

　こうして教師は、自分が示した最低ラインに到達できない生徒を「切る勇気」がどうしても必要になるときがある。さもなければ、他の生徒が次から教師の示す基準を信じて努力することを怠るからである。つまり、授業の内部的秩序が崩れるのである。

　いずれにしても、これは「底辺を変革し、その衝撃力を利用してクラス全体の内部的秩序を確立する指導方法のひとつ」といっていいだろう。

（寺島隆吉『英語にとって授業とは何か』13-14頁、『英語教育原論』59頁）

すべてを教えない、すべては教えない

　教師には無限の時間が与えられているわけではない。だから生徒にすべてを教えることはできない。だとすれば、教えなければならない「幹」と「枝葉」を区別し、「枝葉」の教授は諦めなければならない。

　だが、教師が「すべてを教えない」「すべては教えない」のは時間的制限の問

題だけではない。それどころか「すべてを教え込もう」とするから、生徒は学習意欲を失うのである。

　教師の仕事は「知的好奇心をひきだすこと」である。だから「幹」だけを教えて「枝葉」は生徒の知的好奇心にまかせる。「疑問」をもち「質問」したくさせる、あるいは自ら調べたくなるよう指導するのが教師の腕であり、仕事でもある。

　体育の授業におけるゲームの指導でも、ルールをすべて教えてから生徒にゲームをさせようとすると、説明が終わらないうちに生徒は退屈し始めてゲームへの興味を失う。ゲームをさせ、楽しませながら、徐々に細かなルールを教えるのが体育教師の腕だろう。

「善の中に悪」「悪の中に善」を見出す

　寺島メソッドでは、生徒の行動をとらえる基本的視点として、「善の中に悪」「悪の中に善」を見出すという考え方を重視している。

　教師はともすると、成績の良い生徒を「善」、成績の悪い生徒を「悪」と捉えがちだが、頭の良い人間であっても「悪い人間」「利己主義者」はいくらでもいる。その典型例が福島原発事故で果たした御用学者（たとえば東大工学部の原子力研究者）の役割であろう。

　また一見「ワル」の行動であっても、見方を変えれば「善」の側面を発見できる。たとえば他人のプリントを丸写しするのは、普通の見方をすれば「悪」だが、今まで私語ばかりしていてプリントにとりくまなかった生徒が、「記号づけプリント」になると急にとりくみ始めたとすれば、これは大きな前進である。

　また真性低学力の生徒は、「見えない学力」たとえば板書を写すどころか教科書の視写すらできない。bとd、pとqを間違えて写すなどは当たり前のことだ。だから、たとえ丸写しであっても「正しい答え」を「正しく写す」ことができ、しかもそれに熱中できるということは、その生徒に「識形力*」や「集中力*」という「見えない学力*」が備わっていることを示している。

　善意の教師であればあるほど、つい「悪の中の悪」に目を奪われがちだが、「悪の中の善」を見つけることができるようになれば、教師の疲労感も減るし、「ワル」の指導にも新しい視点が見えてくる。寺島メソッドが「善の中に悪」「悪の中に善」を見出すという考え方を重視する所以（ゆえん）である。

（寺島隆吉『英語教育原論』59-61 頁、『英語にとって授業とは何か』30 頁・42 頁、『英語にとって教師とは何か』189-198 頁）

センマルセン

　寺島メソッドでは英文法の「水源地*」を「名詞＋動詞＋名詞」の語順と考えている。そして名詞にセン、動詞にマルという記号を与えて、この語順を「センマルセン」と呼ぶ。

　いっぽう日本語では、それに対比させて「センセンマル」と呼び、英語と日本では次のような対照構造をもっていることを、下図のような記号を使って視覚的に認識させている。

英語	日本語
セン (マル) セン ⇔ セン セン (マル)	

（寺島・寺島美『センとマルとセンで英語が好き！に変わる本』21 頁）

「創造」と「模倣」

→「追試*」の項を参照

た

足し算訳、立ち止まり訳

　寺島メソッドの和訳方法には「穴埋め語順訳*」→「立ち止まり訳*」→「足し算訳」という三つのステップがある。

　「立ち止まり訳」は、「穴埋め語順訳」を元にして英文に付された番号で、「立ち止まり」ながら和訳をするものである。

　この「立ち止まり」の箇所は、関係詞などの「連結詞*」の前で立ち止まることが多いが、主語が前置詞句で修飾されて非常に長いばあいは、その主語の後（すなわち述語動詞の前）で立ち止まることになる。

　上記の「立ち止まり訳」同士を「足し算」して日本語として自然なひとつながりの文にするのが、「足し算訳」である。

　この方法を使うと、英文を一気に和訳できない生徒でも、どうすれば英文を日本語訳できるのかが分かるだけでなく、英語の流れに沿って英文を理解する方法をも学ぶことになる。

　また、「後からさかのぼって和訳する方法」を教えられた生徒でも、この方法に熟達するようになれば、「足し算訳」すら必要ないこと（直読直解・直聴直解の方法）をも、教えることができる。

　というのは、関係詞の前で立ち止まり、その先行詞を使って、そのまま英文の流れに沿って和訳すれば、英文の情報構造を壊さずとも、自然な日本語にできることを、生徒は学ぶからである。

（寺島隆吉『英語にとって学力とは何か』、寺島美紀子『英語「直読直解」への挑戦』）

立ち止まり訳、立ち止まり読み

→「足し算訳*」の項を参照

追試

　先行実践を自分でもそのとおりにやってみること。

　教育が「科学」になりづらいのは、教師や教育学者に「追試」という概念がないからである。

　教師は生徒に「ひとのまねばかりしていてはいけない」と教えることが多いの

第10章 英語アクティブ・ラーニング詳論

Lesson 10　My School Days

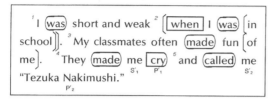

☞ヒント
1. was 動 (am, is の過去形)
   →あった
   short 形 短い, 背の低い
   weak 形 弱い
2. when 腕 (いつかというと)〜
   の時に〈関係副詞〉
3. classmates 名 同級生
   often 副 よく, しばしば
   made 動 make (作る)の過去形〜
   fun 名 楽しみ
   make fun of me
   →私から楽しみを作る
   →私をからかう
4. they 代 彼らは(が)
   me 代 私
   S' P' は意味上の主述関係をあ
   らわす
   cry 動（涙を流して）泣く
   They made me cry
        S' P'
   彼ら 作った 私が 泣く
   →私が泣くように作った
   →彼らは私を泣かせた
5. call 動 呼ぶ
   Tezuka Nakimushi 手塚泣き虫

〈問1〉　英語の語順に沿って日本語で穴埋めしなさい。

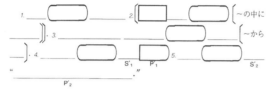

〈問2〉　立ち止まり訳をしなさい。

1._____ 2._____

_____ 3._____

_____ 4._____ 5._____

_____

〈応用〉　まとめてひとつの日本文にしなさい。

1 + 2 _____

_____

（出典：『魔法の英語—不思議なくらいに英語がわかる練習帖』）

で、自分も優れた先行実践をそのまま真似て実践することをためらうことになる。

しかし「学ぶ*」は「真似ぶ*」（追試する）ことから出発せざるをえない。むしろ自然科学では先行研究を「追試」することが当然のこととされている。

「追試」してみて論文に書かれたとおりの結果が出てこなかったばあい、それは先行研究が間違っているか自分の追試のしかたが間違っているかのどちらかだからである。こうして自然科学は発展してきた。

ところが教育のばあい、すぐれた先行研究・先行実践をそのまま実践することを嫌う傾向がある。これではいつまで経っても教育は進歩・発展しない。「創造」は徹底的な「模倣」からしか生まれないからだ。

ただし教育においては自然科学とは違って先行実践と条件を全く同じにすることはできないので、結果として、そのメソッドの裏に込められた理論を追試することになる。

しかし、いずれにしても、教科書が同じであれば、最初は、先行実践で使われたプリントを、そのまま使わせてもらえば良いのである。やりかたも先行実践でおこなわれたとおりにやってみることが大切である。

こうして、多くの追試で同じ良い結果が得られれば、その先行実践で提示された理論・仮説は有効性があると認められ、教育を次の実践へと進歩・飛躍させる土台になる。寺島メソッドが「追試」を極めて重視するのは、このような理由からである。

（寺島隆吉『英語にとって評価とは何か』147-153 頁）

「できる」から「わかる」へ

体育、音楽、英語などの教科は「できる／できない」という技能的な性質が強い。

だから課される課題は「跳び箱が跳べるか」「楽器が弾けるか」「アルファベットが書けるか」「英語の歌がうたえるか」といったものになる。

とすると、とりわけ困難校では、「できる」→「わかる」という筋道が望ましい。なぜなら、英語の歌の意味や文法を教えてからうたわせようとすれば、英語嫌いの生徒、英語に絶望している生徒は、その時点で授業に参加することを放棄するからである。

ところが寺島メソッドの「リズムよみ」で、英語の歌をうたうことが意外と易しい楽しいということを知った生徒は、今度は意味も知りたくなる。こうして「できる」「うたえる」ようになって初めて次の段階、すなわち「わかりたい」という学習意欲が生まれる。

(寺島隆吉『英語にとって授業とは何か』24-26 頁、19-123 頁)

寺島の仮説――句動詞の意味

　自動詞を含む句動詞は、「省略されている三種類の目的語」を補えば、その意味を構成素から説明できるとする仮説。

　この方法を使えば、熟語や成句を丸覚えする必要がほとんどなくなる。ただし、ここで言う「省略されている三種類の目的語」とは、次の三つを指す。

　　① 状況の it
　　② 再帰代名詞
　　③ その他の「自明の目的語」

　〈例〉　get up「起きる」→ get **oneself** up「起き上がった状態の<u>自分自身を得る</u>」

　do without ～「～なしで済ます」→ do **it** without ～「～なしで<u>事態を処理する</u>」

　take after ～「～に似ている」→ take **similarities** after ～「～から<u>似ているところを取る</u>」

(寺島隆吉『英語にとって文法とは何か』198-208 頁、寺島美紀子『英語「直読直解」への挑戦』50-66 頁)

転移する学力

　医療では病気を「転移」させてはならないが、教育では「転移する学力」こそ育てなければならない。

　寺島メソッドでは、英語教師が生徒につけてやるべき学力は、単語・熟語や構文・会話表現などのいわば「知識の量」ではなくて「転移する学力」であると考えている。

　英語教師は、ともすると辞書を引かせ単語・熟語・構文・会話表現を暗記させることが英語の教授・学習だと思い込みがちである。自分がそのように英語を学習してきたひとが多いからだ。

　しかし試験のために丸暗記した知識は、試験が終わった翌日には頭から消えてしまっていることが少なくない。いわば「ザルみず効果*」である。ザルには水を入れても溜まらないからだ。

だから、日本のように、英語を使う機会や必要性があまりなく、EFL「外国語としての英語」としてしか英語を学べない環境では、英検やTOEFL・TOEICのために英語を学ばせるのではなく、いざ必要になったときに役立つ「基礎学力としての英語」を教える以外にない。

このような基礎学力さえあれば、英語力が求められる環境や職場に移ったとき、それは「転移する学力」として生きて働く力になる。寺島メソッド「水泳法」のおかげで岐阜で泳げるようになれば、金沢でも泳げるのと同じである。

ところが丸暗記中心で「ザルみず効果」に終わる英語学習では、こうはいかない。要するに、病気は「転移」してもらったら困るけれど、学力は「転移」してもらわないと困るのである。

寺島メソッドが開発してきた英語の教授学習法は、まさにこの「転移する学力」としての英語であり、その成果は30年の研究指導のなかで、すでに30冊を越える書籍や教材となって公刊されている。

---

*　転移する学力」を育てるためには
1）英文法の「幹」と「枝葉」──英文法の「水源地」とは何か？
　　　　　　　　　　　　　　セン・マル・センの語順
2）英音法の「幹」と「枝葉」──英音法の「水源地」とは何か？
　　　　　　　　　　　　　　英語リズムの等時性
3）指示の原則 ──「AさせたいときにはB指示せよ」
　（例）水泳指導における指示─「浮く」ためには、まず頭を「沈めろ」

転換する学力を育てる「三つの方略」　©terasima1986

通しよみ

寺島メソッドの音声指導は、「リズムよみ*」→「通しよみ」→「表現よみ*」の三つのレベルがある。

このなかで「通しよみ」とは、一文一文または段落毎に「リズムよみ」してきた英文を、まとめて一気に通してよんでしまうもの。したがって量的に難度の高い「リズムよみ」である。

指導の手順としては、一文一文を「リズムよみ」してその後に段落全体をよむばあい、あるいは一段落ずつ「リズムよみ」してから「複数段落」「文章全体」

をよむばあいなどが考えられる。

　いずれのばあいもグループでテストをおこなうと教育効果が倍加する。

(寺島美紀子『英語学力への挑戦』90-91頁、山田『英語教育が甦えるとき』)

動詞句

　寺島メソッドでは、「助動詞＋本動詞」をまとめて「動詞句」と呼んでいる。ふつうの文法書でもちいられている「句動詞＊」と混同してはならない。

　寺島メソッドでは、「助動詞＋本動詞」は、左半丸 ⌒ と右半丸 ⌒ の組合せとして示されるので、(will｜do)のようになる。

　また、進行形、完了形、受身形は、それぞれ、(be｜-ing)、(have｜-en)、(be｜-en)と表記される。

　というのは、これらのbe動詞やhave動詞は、それぞれ進行形・完了形・受身形を表現するための「助動詞」として使われているからである。

　疑問文をつくるときには、この左半丸を文頭にもっていけばよいし、否定文をつくるときには左半丸と右半丸の間にNOTを入れさえすればよいので、この意味でも寺島記号は文法を説明するのに極めて便利である。

　なお、過去分詞は一般的には －ed と表記されるが、寺島メソッドでは過去形との区別を明確にするため、－en と表記している。

(寺島隆吉『英語にとって文法とは何か』118-140頁)

第2部　寺島メソッド──英語アクティブ・ラーニングの宝庫

な

内容語

　文を構成する語には内容語と機能語*がある。

　内容語は名詞・動詞・形容詞・副詞・疑問詞（他に指示代名詞・所有代名詞・再帰代名詞）である。

　英文を読んだり聞いたりするとき内容語さえ分かれば大まかな意味は理解できる。発音するときには、ふつうは強勢になる。

　また内容語が英語の語順、すなわち「センマルセン*」という語順になっていさえすれば、機能語の使い方が少し間違っていても相手に言いたいことは通じる。

　要するに英文法にも「幹と枝葉*」「グローバル・エラーとローカル・エラー*」があるのである。

（寺島隆吉『英語にとって音声とは何か』『チャップリン「独裁者」の英音法−英音法リズム小辞典』、寺島美紀子『英語授業への挑戦』24-33 頁）

名前よみ

　英語の文字を発音をするときには「ローマ字よみ*」と「名前よみ」のふたつの方法がある。

　「名前よみ」は、次の例のように、母音字を「英語のアルファベット名」で発音することを指す。

　　　　　　　　a は「エイ」: tap → tape「テイプ」
　　　　　　　　i は「アイ」: sit → site「サイト」
　　　　　　　　u は「ユー」: cut → cute「キュート」
　　　　　　　　e は「イー」: pet → Pete「ピート」（人名）
　　　　　　　　o は「オウ」: hop → hope「ホウプ」

　上の例を見れば分かるように、語末子音字の末尾に e がつくことによって、母音字は、「ローマ字よみ」されずに、「名前よみ」で発音されることが多い。

　フォニックスと呼ばれる英語発音の教授法でも同じ現象がとり上げられているが、「名前よみ」とは言わずに「アルファベットよみ」という呼称がふつう使われている。

ネクサス読み

　寺島メソッドには「立ち止まり読み」「引きもどし読み*」などいくつかの読みの方法があるが、その中のひとつに「ネクサス読み」がある。

　英文中に埋め込まれている「意味上の主語述語の関係」はネクサスと呼ばれるが、その部分を［～が…する（…である）］のように引きのばして読むのである。

（1）　I think **him honest.**　　= I think that he is honest.
　　　　　　　S'　　P'　　　　　　　私は考える、［彼が誠実である］と。

（2）　He is ashamed of his father's being poor.
　　　　　　　　　　　　　　S'　　　　P'

（2'）　He is ahamed that his father is poor.

（3）　They insisted on her going to college.
　　　　　　　　　　　　S'　　P'

（3'）　They insisted that she *should* go to college.

（4）　I wish you to work harder.
　　　　　　　S'　　P'

（4'）　I wish that you *will*（or would）work harder.

　上記のように寺島メソッドではネクサスの箇所には「**S'、P'**」（**S**uject、**P**redicate）の記号をつけることにしている。

（寺島隆吉「ネクサスよみの探究」『英語にとって学力とは何か』126-133 頁、『英語にとって文法とは何か』118-122 頁）

は

恥をかく勇気

　寺島メソッドの「学び方」には、「調べ方がわかる」「『わからないところ』がわかる」などがあるが、その中のひとつに「恥をかく勇気」がある。

　たくさんの英語を知っていても間違いを怖れて話せない人がいる一方で、片言英語とジェスチャーだけで自分の言いたいことを相手にわからせる人もいる。

　これは、後者の人には人間に立ち向かう力があるからだ。人間をおそれず相手に働きかけていく力である。会話力の土台となる「見えない学力」と言ってもいいだろう。

　寺島メソッドで歌やスピーチ、あるいは「表現よみ*」を前で発表させるのはこのような力を育てたいと考えるからだ。「恥をかく勇気」を身につければ、間違いをおそれずにどんどん話せるようになる。

　たくさん話す学習者ほど、その言葉の上達は早い。これも弁証法でいう「量質転換」の一例である。

（寺島隆吉『英語教育原論』58頁、寺島美紀子『英語学力への挑戦』19頁）

番号づけ

　英文を読むさいに「立ち止まる」位置を示す番号をつけること。

　これは、「立ち止まり訳*」をするときに、立ち止まる位置を示す「読みの道具」としてだけでなく、授業で指名して和訳させるときにも役立つ。

> ¹We (hold) these truths ²〔to be self-evident〕 ³ that all men (are created) equal.
> 　我々は考えている　これらの真理を　　自明であると　　　　　　　　全てのひとが平等につくられていることは。

　文を読むときに立ち止まる記号としてはスラッシュ記号（／）がよくもちいられるが、この記号だけでは何故そこで立ち止まるのかがわからない。

　しかし寺島メソッドでは、英文構造を示す記号がつけられているので、そこで立ち止まる理由が一目瞭然としている。

　上例では「前置詞句」「連結詞」が立ち止まる根拠となっている。その箇所に寺島記号と番号がつけられていることも、上記の例で納得していただけるはずである。

（寺島隆吉・寺島美紀子『魔法の英語』、寺島美紀子『英語「直読直解」への挑戦』）

引きのばし読み

　寺島メソッドには「彩色よみ」「ネクサス読み*」「立ち止まり読み*」「引きもどし読み*」などいくつかの読みの方法があるが、その中のひとつに「引きのばし読み」がある。

　これは、「ネクサス構造*」がある単文はその部分を複文に引きのばして読む、あるいは間接話法があるときは直接話法にして読む、といった方法である。

　　　　　I think **him honest**.　= I think that **he is honest**.
　　　　　　　　S'　　P'　　　私は考える、[彼が誠実である]と。
　　　　　I told him **to do that at once**. → I said to him, "Do that at once!"
　　　　　　　　　　　　　　　　　私は彼に言った、「それをすぐにやりなさい」と

（寺島隆吉『英語にとって学力とは何か』126-133 頁）

引きもどし読み

　寺島メソッドには「立ち止まり読み*」「分配よみ」などいくつかの読みの方法があるが、その中のひとつに「引きもどし読み」がある。（寺島『英語にとって学力とは何か』118-133 頁）

　これは、関係詞を含む複文を、単文に分解して読んでいくさいに、先行詞を元の名詞に引きもどしてよむ方法である。こうすると左から右へほとんど逆行せずに英文を読み下していくことができる。

　　　　　This is the house that Jack built.
　　　　→ This is the house.　Jack built the house.

　上の例文では、生徒に和訳をさせるとき、最初は次のように、複文を構成する元の二つの単文にいったん引きもどして考えさせる。

　　　　　「これはジャックが建てた家」
　　　　→「これは家。ジャックがその家を建てた」

　そして、英文が the house [that Jack built] という埋め込み文からできていることを確認したうえで、日本語の前置修飾「[ジャックが建てた]家」の和訳をつくらせる。このような指導が「引きもどし読み」である。

　このような操作が頭の中で自動的にできるようになると、直読直解が容易になり、直聴直解へと一気に上昇できるようになる。

「左半マル」の記号

　寺島メソッドでは、動詞および「動詞句*」を「丸の記号*」で示すが、「助動詞＋動詞」のばあいは助動詞と本動詞のあいだに縦線を入れて、⟨　｜　⟩のように表記する。

　この左側の部分を「左半マル」と呼ぶ。右側の「右半マル*」では動詞句の「意味」を表すが、この「左半マル」は「人称」「時制」を示している。

　　　　助動詞＋動詞　　⟨will｜do⟩
　　　　進行形　　　　　⟨be｜-ing⟩
　　　　完了形　　　　　⟨have｜-en⟩
　　　　受動形　　　　　⟨be｜-en⟩

なお、一般動詞のばあいは、⟨play⟩ = ⟨do｜play⟩、⟨plays⟩ = ⟨does｜play⟩、⟨played⟩ = ⟨did｜play⟩のように考える。

　すると左半マルが「人称」「時制」を示すことがわかる。また否定文をつくるばあいは左半丸の後にNOTを置けばよいし、疑問文のばあいは左半丸を文頭にもっていけばよいから、文法の説明が非常に簡単になる。

　また助動詞DOを使った強調構文の形も、上記の例を見れば分かるように、それぞれの動詞の裏に隠れていた左半マルDO, DOES, DIDが表にあらわれたと考えることができる。

　このように「記号づけ」を使うことによって文法の説明が教師にとって楽になるだけでなく、生徒にとっても視覚的に分かりやすくなる。

(寺島隆吉『英語にとって文法とは何か』32-35頁、118-140頁)

評価の三原則

　寺島メソッドには評価の三原則として「公開性」「明快性」「柔軟性」がある。「公開性」とは評価基準が生徒に公表されていること。「ガラス張り評価*」と呼ぶこともある。

　また、「明快性」とは評価の計算が簡単であることである。生徒が自分で「自分の評点が今のところ何点か」を簡単に自分で計算できなければ、この後どのように何を目標に努力しなければならないかが分からないからである。

　この原則の背景には「評価というものは、教師が生徒をランクづける手段ではなく、本来は生徒が自分自身の努力にたいしてつけるものである」という考え方

がある。

 だからこそ、評価基準は公開され、その計算方法は明快かつ単純でなくてはならないのである。

 三番目の「柔軟性」とは、生徒の学力や状況に応じて評価の基準を弾力的に運用すること。詳しくは「評価の柔軟性*」の項目を参照。

(寺島隆吉『英語教育原論』58-59頁、『英語にとって評価とは何か』)

評価の「柔軟性」

 「評価の三原則*」のひとつである。ここで「柔軟性」というのは、「合格」の基準を状況に応じて緩めることである。

 例えば、「リズムよみ*」「グループテスト*」で力の弱いメンバーが集まっているグループには1回の間違いは免除するとか、視写プリントの点検のときに学力のある生徒には間違いを自分で見つけるように言うが、ミスの多い生徒にはその個所に下線を引いたりしてやることである。

 また生徒から課題の提出期限を延長してくれという要求が出されることがあるが、ばあいによっては、その要求を認める。これは生徒の「もっと時間をかけて学びたい」という意欲の現れと見ることができるからだ。

 これらの諸例はいずれも生徒の学習意欲を継続させるという観点からおこなわれる評価基準の柔軟的対応の事例である。

(寺島隆吉『英語にとって評価とは何か』、寺島隆吉『キングで学ぶ英語のリズム』116-125頁、寺島隆吉『英語教育原論』58頁)

表現よみ

 寺島メソッドの音声指導は、「リズムよみ*」→「通しよみ*」→「表現よみ」の三つのレベルがある。

 「表現よみ」とは、書き手の意図を読み手が最大限に理解したかぎりで感情を込めて音声化し、自分も含めた他者に伝えようとする行為である。

 感情を込めて英文を音読しようとすれば、当然のことながら、読みながら英文の意味がつかめなければならない。

 逆にいえば、英文の意味をつかみながら音読できなければ決して「表現よみ」にはならない。したがって「表現よみ」は高度な直読直解の行為というべきで、

しかも高度な発話訓練にもなっている。

　この「表現よみ」は、個人でおこなうばあいとグループのおこなうばあいがある。後者はいわゆる「群読」である。いずれにしても、会話力をつけるためには「会話ごっこ」をする必要はない。実際この「表現よみ」に挑戦した学生は「まるで会話をしているような気分だった」と言っている。

(寺島隆吉『キングで学ぶ英語のリズム』72 頁、『チャップリン「表現よみ」への挑戦』62 頁)

文章の「二つの読み方」

　寺島メソッドでは、生活指導と国語教育の先達であった大西忠治から学んで、文章の「二つの読み方」を重視し、それを英語教育に生かそうと実践的研究を積み重ねてきた。

　　　　「しぼって読む」（論説の読み方）　　：構造読み→要約読み→要旨読み
　　　　「ふくらませて読む」（文学の読み方）：構造読み→形象読み→主題読み

　この読み方指導は同時に「書く力」を育てるための土台をも築くことになっている。そのさい、特に「構造読み」の段階では、論理的に書く力を育てるため、「読み書きの道標（みちしるべ）」となる「文章標識*」に着目させる。

(寺島隆吉『英語にとって学力とは何か』、寺島美紀子『英語授業への挑戦』)

文章標識

　文と文はお互い何の関係もなくバラバラに並んでいるのではなく、そこには何らかの意味の流れ・つながりが存在している。そのつながりの「切れ」と「連続」を示す手がかりとなるのが文章標識（Discourse Markers）である。

　寺島メソッドでは、この標識を、ただ「切れ」と「連続」で二分するだけでなく「切れ」の強度によっても分類し、文章法（文間文法）の有効な武器として提示している（次頁の図表を参照）。

　なお、Discourse Markers は「談話標識」と訳されることが多いが、その用語をもちいると、「談話」すなわち「会話」をする際の標識と誤解される恐れがある。例えば、Now, Well, you know, kind of, I mean などがそれにあたる。

　しかし寺島メソッドでいう「Discourse Markers」は、文章を読み書きするばあいにもちいる道標として働く「論理的接続語」のことを言っているので（例えば、however や therefore など）、ここでは「談話標識」という用語は使わず、「文

第10章 英語アクティブ・ラーニング詳論

	〈切れる〉関係		〈続く〉関係	
Transition（転換）		now, well, incidentally, by the way, O.K., fine, ...		
Contrastive（対立） 1. Antithetic（対比）		on the contrary, by contrast, on the other hand, ...		
2. Concessive（逆接）		anyway, however, still, yet, in spite of that, though, ...		
3. Replacive（選択）		(or) again, (or) rather, (but) then, alternatively, ...		
Enumerative（列挙）		first(ly), second(ly), third(ly): one, two, three; a, b, c; next, then, finally, ...		
Additive（追加） 1. Reinforcing（補強）		again, also, moreover, furthermore, ...		
2. Similarity（類比）		equally, likewise, similarly, in the same way, ...		
			Logical Sequences（論理） 1. summative（要約）	so, so far, in short, to sum up, to coclude, to summarize, ...
			2. Resultative（結果）	so, consequently, hence, therefore, thus, ...
			Illustrative（例示）	for example, for instance, ...
			Explicative（同格）	namely, in other wokds, that is to say, ...

〈切れ〉の度合 ↑　〈続き〉の度合 ↓

文章標識の「切れ」と「連続」　©terasima1986

章標識」「読み書きの道標(みちしるべ)」という用語を使う。

(寺島隆吉『英語にとって学力とは何か』80-104頁)

母語力上限の法則

外国語力はその人の母語力・国語力を超えることができないという仮説。

したがって母語力・国語力が貧弱なひとは、どれだけ努力しても外国語学習の

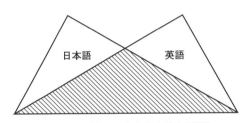

J. カミンズ「言語能力共有基底仮説」

到達点は低くならざるを得ない。

カミンズの仮説は「母語力・国語力と外国語の能力は見かけ上は別々の姿で立ち現れているが、その基底では大きな部分を共有している」としている。

これを逆にいえば、母語力・国語力がすぐれているひとは、寺島メソッドで英語の「水源地」をつかむことさえできれば、将来は、難解な英文の読み書きや英語による講演・スピーチもできるようになる可能性を秘めていることになる。

なお田中克彦が言っているように、「母語」と「国語」は厳密に言うと違った概念なのだが、本書ではそれを詳しく説明している紙幅がないので、しばしば「母（国）語」や「母語力」と略記してある。ご了解いただければ幸いである。

(寺島隆吉『英語にとって学力とは何か』8-39頁、『英語教育が亡びるとき:「英語で授業」のイデオロギー』)

第10章 英語アクティブ・ラーニング詳論

ま

「マクロ」から「ミクロ」へ

　寺島メソッドにおける指導原則のひとつである。「幹」から「枝葉」へ、と言うこともある。

　別の言い方をすれば、「Global Errors から Local Errors へ*」と言い換えてよいかもしれない。例えば、音声指導のばあい、「幹→枝葉」「マクロ→ミクロ」の指導順序は次のように進む。

　　　　「文の発音」
　　　→「句の発音」
　　　→「単語の発音」
　　　→「単音の発音」（「子音」→「母音」）

　つまり文の「リズムよみ」を通じて、英語音の基礎・土台である「リズムの等時性」を、何よりも先ず習得させる。これさえ正しければ充分に意思疎通が可能な発音になるからである。

　また寺島メソッドでは、読み書きの指導は次の順序でおこなう。SVOの語順で正しく書いたり話したり出来さえすれば、充分に意思疎通が可能な作文や会話になるからである。

　　　　SVOの「語順」、動詞の「時制・相・態」
　　　→「連結詞」（関係詞および従位接続詞）の指導
　　　→「文章標識*」「読み書きの道標(みちしるべ)」（その「切れ」「連続」）の指導

　とりわけ作文指導は、最初は、SVOの「語順」の間違い（Global Errors）だけに留意し、冠詞や前置詞の間違い（Local Errors）には目くじらをたてないことが重要である。

　この順序を図式化したものが次頁の「読み書きの構造表」である。これを見ていただければお分かりのとおり、寺島メソッドでは図の網掛けの項目を「幹」「マクロ」だと考えて、この項目に時間と精力を注いで指導する。「文章標識*」は、この図では「Discourse Markers」という用語になっている。

（寺島隆吉『英語にとって音声とは何か』22頁、『英語にとって文法とは何か』114-117頁、158-163頁）

第2部 寺島メソッド──英語アクティブ・ラーニングの宝庫

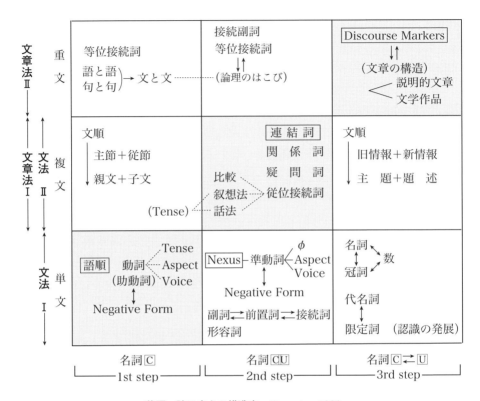

英語・読み書きの構造表　©terasima1986

「まなぶ」と「まねぶ」、「学ぶ」と「真似ぶ」

→「追試*」の項を参照

マラソン方式

　「記号づけプリント*」を授業で使うときには、「一斉方式*」と「マラソン方式」があるが、「マラソン方式」は、生徒が「これなら自分もできそうだ」と思える分量に教材を分割し、それを一度にまとめて与えるのではなく、少しずつ与える授業の形態のことをいう。

　このときひとつの教材を終えてから次の教材を与えるようにしておくと、そのゲーム的要素により学習者間で自然と競争意識が生まれ、学習者は知らず知らずのうちに学習に引き込まれ、長距離の「マラソン」を走ることになる。

授業形態は個別学習になるので自分のペースで学習を進めていけるという利点がある。進度差ができるが、またそれゆえに生徒同士の相互援助も生まれてくる。また教師と生徒の個別的対話も可能になる。

〔なお、この言葉は英語情報誌 The English Journal 主催の企画「ヒアリング・マラソン」に由来する。〕

(寺島隆吉『英語にとって授業とは何か』72-86 頁)

「丸」の記号

寺島メソッドでは英文の構造を示すために「丸」「四角*」「角括弧*」の三つの記号をもちいる。

その際、英文の「心臓部」である「動詞」もしくは「動詞句*」につけられるのが「丸の記号」である。文中の「動詞(句)」を丸で囲むことによって、その左に位置する名詞が「主語」、右側に位置するのが多くのばあい「目的語」になることが視覚的にはっきりする。

また各名詞に下線を引くと、英文の基本構造が セン (マル) セン であることが明示される。これを寺島メソッドでは「センマルセン」と命名し、日本語の基本構造であるSOV「センセンマル」と対比させている。

こうして、SOV言語を母語とする日本の学習者にとって最も困難な語順認識を、革命的に深化させる手助けを、この「丸」の記号が果たしている。このことは、寺島メソッド30年の実績が証明しているし、本書第1部の手記がその雄弁な証言になっているはずである。

なお、「助動詞＋本動詞」のような「動詞句*」のばあいは、助動詞と本動詞のあいだに縦線が入って、「左半丸*」⟅ と「右半丸*」⟆ に二分される。このような「半丸記号」が英語を指導するうえでどのような効果をもつかについては、「左半丸*」「右半丸*」の項を参照。

(寺島隆吉『英語にとって文法とは何か』118-140 頁)

見える学力、見えない学力

医療では病気を「転移」させてはならないが、教育では「転移する学力」こそ育てなければならない。ただし、「見える学力」以前に「見えない学力」を育てなければならない。この「見えない学力」なしには何も育たないからだ。

第2部　寺島メソッド──英語アクティブ・ラーニングの宝庫

　寺島メソッドでは、学力には「見える学力」と「見えない学力」があると考えている。「見える学力」とはテストの点数で計れる学力、いわゆる「点数学力」のことである。英検やTOEICで計る英語力も、そのひとつである。しかし、これは学力の表面でしかない。

　学力の裏面をなすのが「見えない学力」である。これには、bとd、pとqなどを識別する力、すなわち「眼のちから*」「識形力」など、いろいろある。しかし中でも特に重要なのは「集中力*」「持続力*」「計画力*」であるというのが寺島メソッドの考え方である。

　この「集中力*」「持続力*」「計画力*」という三つの力は、「自分の意思で自分の体を管理・コントロールできる力」と言い換えてもよい。すなわち「自分で自分を律することのできる力」「自律力」である。

　この力を土台にして初めて、人間は「見える学力」を手にして「自立」できるようになる。すなわち「自律から自立へ」である。

　以上の理由から、寺島メソッドでは、「見えない学力」は「見える学力」の土台となっているもので、この三つの能力なしには何も育たない、しかしこれらのちからが身につけば「見える学力」はぐんぐん伸びていくと考えている。

　したがって教育は先ず、土台としての「見えない学力」の育成にあるべきで、このちからを育ててやり、かつ各教科の「水源地*」さえ教えてやれば、生徒は自力で「見える学力」を身につけていく──これが寺島メソッドの考え方である。

　このメソッドの正しさは、この30年間の実践によって、日々、証明されつつあると考えている。

(寺島隆吉『英語にとって授業とは何か』31頁、『英語にとって教師とは何か』24-26頁)

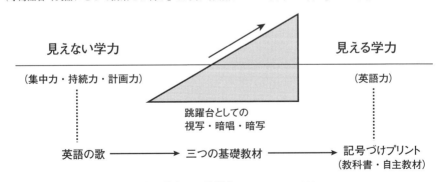

見える学力への跳躍台　©terasima1986

「幹」と「枝葉」
→次の項目を参照：英文法の「幹」と「枝葉」、英語の Global Errors と Local Errors

「右半マル」の記号
　寺島メソッドでは、動詞および「動詞句＊」を「丸の記号＊」で示す。

　その際、「動詞句」すなわち「助動詞＋動詞」のばあいは、助動詞と本動詞のあいだに縦線を入れて、◯□のように表記する。

　この右側の部分を「右半マル」と呼ぶ。「左半マル＊」は「動詞句＊」（Aspect「相」、Voice「態」）の「人称」や「時制」を表すが、この「右半マル」の部分は Aspect「相」および Voice「態」の「意味」を示している。

　なお、英文中では左半マルが省略されて右半マルが単独で現れることもある。これが「不定詞」「動名詞」「現在分詞」「過去分詞」などのいわゆる「準動詞」である。

　　This picture (was│paintd) 〔by Pablo Picasso〕.
　　この絵 (あった│描かれて) 〔ピカソによって〕
　　この絵は ピカソによって (描かれた)

（寺島隆吉『英語にとって文法とは何か』32-35 頁、118-140 頁）

三つの「基礎教材」
　寺島メソッドは、英文法のさまざまな項目を「幹＊」と「枝葉＊」に分け、「幹」から「枝葉」へ、という教授学習法を提起している。

　その英文法の「幹」を英語学習の入門期で集中的に教えるさいに、必ずとりあげるよう薦めている三つの教材のことを、三つの「基礎教材」と呼んでいる。それは次の三つである。

（1）The Big Turnip
　アレクセイ・トルストイの有名なロシア民話「大きなカブ」である。単純なストーリーであるが、深い内容をもっている。（寺島隆吉『英語記号づけ入門 80-100 頁』）

　文法的には、「名詞＋動詞＋名詞」が繰り返して出てくるので「センマルセン＊」

すなわちSVOの語順を集中的に学ぶことができる。

　音声的には次のThere's A HoleやThe House That Jack Builtよりもリズムの規則性が少なくリズムが取りにくいが、韻文（詩）から散文（物語）への「橋渡し音読教材」と位置づけることができる。

(2) There's A Hole

　英語入門期に英音法と英文法が同時に学べる楽しい歌教材である。古いフォークソングで、メロディーは「しあわせなら手をたたこう」の元歌。

　同じリズムと同じフレーズが繰りかえされていくので、歌いやすく、かつ非常に楽しい。したがって英語学習の入門期で「リズムの等時性*」を学ぶのに最適である。

　また文法的にも、1番→2番→3番と進むにつれて、「前置詞句」が後ろにどんどん伸びていくので、英語の特徴である「前置詞句による後置修飾」を集中的に学ぶことができる好教材でもある。

(3) The House That Jack Built

　英語の童謡「マザーグース」のひとつである。これもThere's A Holeと同様に、同じリズムと同じフレーズが繰り返し出てくるので、「リズムの等時性*」を学ぶのに適した、楽しく遊び心あふれた詩である。

　しかも関係代名詞thatに導かれた節が、1番→2番→3番と進むにつれて、後ろにどんどん伸びていくので、英語の特徴である「関係詞節による後置修飾」の構造を楽しみながら学ぶことができる。

　それと同時に、旧情報を受けて新情報を提示するさい、旧情報を速く読むという音読処理の方法を学ぶのにも最適な教材である。また市販の音声教材を使えば、それは直聴直解の訓練にもなる。

　なお寺島美紀子『英語授業への挑戦』(140-159頁) には、この基礎教材の練習方法が詳しく書かれている。

三つの読み

　寺島メソッドでは、英語教育を通じて、人間を育て成長させるための「三つの読み」を、教授学習において重視している。

1）文字を読む

(1)「しぼって読む」ことを教える（論説文の要約読み・要旨読み）

（2）「ふくらませて読む」ことを教える（文学作品の形象読み・主題読み）
2）情報を読む
　権力による情報操作に流されないために
　いわゆる「メディア・リテラシー」
3）人間を読む
　個人の「自律」と「自立」を目指して
　人間を、「しぼって読む」「ふくらませて読む」

（寺島隆吉「監修まえがき」『授業はドラマだ』）

眼のちから

　「見えない学力*」のひとつ。目に見えるものをそのまま写し取って書く力。この力がないと板書をノートに書き写すこともできないし、「視写・速写*」のときにアルファベットを正確に書き写すこともできない。

　この「眼のちから」は、bとd、pとq、uとv、nとmなどの文字を識別しながら視写する力なので「識形力」「識字力」ともいう。

　この力はもちろん単語や英文の「視写・視写*」だけに限らない。プリントにせっかくヒントが書いてあっても、それを、対応する「穴埋め語順訳」の空欄に写すことができない。これらはすべて「眼のちから」の欠如から起こる。

（寺島隆吉『英語記号づけ入門』『英語にとって授業とは何か』）

「模倣」と「創造」

→「追試*」の項を参照

やればできる最も難しい課題

　生徒にとって易しすぎる課題は退屈だし、難しすぎる課題は絶望を生み出すだけである。

　したがって生徒の学習意欲をひきだす最良の課題は、「やればできる」が「簡単にはできない」課題、しかし「努力すれば必ず到達できる」課題だということになる。

　つまり「やればできる最も難しい課題」こそが最良の課題だということになる。キング牧師の有名な演説「I HAVE A DREAM」の「合わせよみ」はその典型例といってよいだろう。（『英語にとって評価とは何か』111 頁）

　なお、この言葉はヴィゴツキーの「発達の最近接理論」にヒントを得たものである。

　ヴィゴツキー（『思考と言語』）は「教師の助けがあれば、子供は協同学習のなかで、常に自分ひとりでするときよりも多くの問題を解くことができる」と述べ、自分ひとりだけでできる現在のレベルと、共同・指導によって到達するレベルのあいだを、「発達の最近接領域」と呼んだ。

　この領域はその人がもっている成長可能性の範囲と言ってもよい。寺島メソッドではこの考え方を英語教育にも適用して、「学習者に能力の最上限まで到達させることを可能にする、それだけの質と量をもった教材と、そのための指導法」を主張し実践してきた。

（寺島隆吉『英語教育原論』58 頁、『英語にとって評価とは何か』111 頁）

読みの指導――「二つの読み」と「三つの指導ステップ」

　文章の読みには「黙読」と「音読」がある。日本語でも小学校では「音読」を重視するが、文章の「質」と「量」が増えてくると「黙読」に移行せざるを得ない。

　英語の読みを指導するばあいも、この「二つの読み」をどのように段階を踏んで指導するかが問題になる。

　そこで、寺島メソッドでは、「音読」を「三つの段階」を通じて上達させる方略をとってきた。と同時に、「黙読」の指導を、教材の性格に合わせて、「しぼって読む」「ふくらませて読む」に区別し、そのうえで「三つの段階」を踏ませて

読解力を向上させる指導を実践してきた。

つまり、文字レベルでは「しぼって読む」「ふくらませて読む」を、音声レベルでは「リズムよみ」「合わせよみ」「表現よみ」を、全体的視野に入れながら、指導プランを構想するわけである。

以上のことを図式化すると次のようになる。

二つの読み	「三つのステップ」
黙読	説明的文章「しぼって読む」　：構造読み→要約読み→要旨読み 文学作品「ふくらませて読む」：構造読み→形象読み→主題読み
音読	リズムよみ→通しよみ→表現よみ リズムよみ→通しよみ→合わせよみ（視読シャドウイング）

「二つの読み」と「三つの指導ステップ」　©terasima2009

読みの「四段階」

寺島メソッドは「英文が読める」ことについて四つの段階があり、読みの習得は、A⟷B⟷C⟷Dの相互運動である、と考えている。

　　A　文が読める（単文→複文）
　　B　文と文の関係（「切れ」と「連続」）が読める
　　C　段落が読める、段落と段落の接続関係が読める
　　D　文章や作品の全体が読める、「要旨読み」「主題読み」ができる

ところが、多くの英語教師は一文一文が読めることをもって「英文が読める」と考えているふしがある。しかし全文を読み終わって、「ところで何が書いてあったの？」と生徒に尋ねると、何も頭に残っていないことは珍しくない。

まして昨今の授業では、教科書に載っている教材はサッと読み飛ばして、あとの時間は教材に出てきた単語やフレーズを使って会話練習することにエネルギーを割く傾向があるから、ますます「読む」とはどういう行為なのかを知らないまま英語学習を終える生徒も少なくない。

しかし寺島メソッドでは、大西忠治に学んで、論説文と物語文とでは読み方を変えねばならないこと、したがって「しぼって読む*」「ふくらませて読む*」という二つの読み方を生徒に教えなければ「読み」を教えたことにならないことを重視している。

また、技術的・文法的なレベル、すなわち一文一文を和訳していくだけなら、上記の「読みの四段階」は左から右へまっすぐ進むが、内容的レベルまで深めて読もうとするときには、ひとつ前の段階に戻りながら読んでいかなくてはならない。

単語←→文←→文章←→段落←→文章全体

しかし実を言うと、単語の意味でさえ、辞書にたくさん載っている意味のどれに当たるかは、文の前後関係、文脈で判断する以外にない。文を左から右へ、単語が並んでいる順番に読んでいっただけでは、単語の意味は確定しない。

このように「読む」という作業は、「部分」と「全体」とを行きつ戻りつしながら進んでいく弁証法的過程である。そのように読んではじめて私たちは文章全体の「論旨」や「主題」に到達することができるのである。

(寺島隆吉『英語にとって学力とは何か』42-49頁)

四技能の相互関係

寺島メソッドでは、英文法の「幹」と英音法の「幹」を土台として、「四技能」を別々に集中的に教えながら、四次元の発達過程・発達段階を螺旋状に昇らせる。そのためには「基礎教材」と「典型教材」が必要になる。

そのさい重要なのは、「AさせたければB指示せよ」という考え方である。これを別の言い方で言えば、「外国語が巧くなりたければ、まず母（国）語の学力を高めよ」ということになる。

なぜなら「外国語習得の高さ・到達レベルは母（国）語習得の高さによって決まる」からである（寺島の仮説「母語力上限の法則*」）。

以上のことを念頭においた上で、英語における四技能を螺旋状に上昇させるためには、どのような指示が適切か。それを仮説的に提示したものが次の図表である。

四技能	指示の仕方
話せるようにする	言いたいことを単文で書けるようにせよ
聴けるようにする	英音法の「幹」を習得せよ→英語のリズムで音読せよ
書けるようにする	語彙・文体の知識を蓄積するために、たくさん読め
読めるようにする	英文法の「幹」を習得せよ→語順・文順をまず意識化せよ

四技能の相関関係　　©terasima2000

四技能の習得過程

　寺島メソッドでは、国語教育と英語教育を結合させて「言語教育」という視野で外国語教育を考え実践してきた。

　ロシアの世界的に著名な言語学者ヴィゴツキーは、名著『思考と言語』のなかで、「外国語の習得において、文法は始点であり、自由な会話は終点である」と述べている。

　同時通訳の神様と言われた國弘正雄も、「読みは四技能の土台であり、会話文を教えているかぎり会話ができるようにはならない」と主張している。

　以上のこと（および30年にわたる実践的研究）をふまえて、外国語の習得過程を図式化すると次のようになる。

読む→書く→	聞く→話す
	聞く（1） →リズムよみで音読する →音声を活字状態にする （音声の紐（ひも）としか聞こえなかった外国語に「切れ目」ができる）
読む力を聴く力に転化する →音読→黙読→速読 黙読の速度を速める →聞く速度で読める	聞く（2） →聞く（モノローグ：講義、講演） →聞く（モノローグ：ニュース、映画） →聞く（ダイアローグ：対話、談話、日常会話）
書く力を話す力に転化する（1） →単文で書く力（日本語の変換能力） →論理的接続語を使って書く力	話す（1） →話す（モノローグ：スピーチ） →話す（ダイアローグ：対話、談話、日常会話）
書く力を話す力に転化する（2） →批判的に読む力をまず「書く力」に 意地悪よみ→事実を読む、論理を読む →批判的創造的に書く力を「論争力」に	話す（2） →「話す（討論：ディベート、ディスカッション）」

四技能の習得順序　©terasima2009

理論的確信度

　教師が従来の教え方を捨てて新たな方法を授業に採用するのは、「理論的確信度」か「実践的逼迫度*」かの、どちらかが高まっているときである。

　ふつうの教師が新しい実践に踏み出すのは、授業が崩壊してどうにもならなくなり、さまざまな本を読み漁ったあげく、これだ！と思われる方法を「藁をもつかむ思い」で「追試*」してみるときである。寺島メソッドに踏み出す教師の多くは、このような「実践的逼迫度」に迫られたことが大きい。

　つまり、そのような教師にとって「記号研」「寺島メソッド」は一種の「駆け込み寺」だったわけである。

　しかし希なばあいとして「理論的確信度」が先行する教師もいる。授業がとりわけ問題もなく順調に進んでいると思っているときでも、偶然に本を読んだり講演を聴いたり、ワークショップに参加したりして、未知の方法に出会い、「なるほどこの方法は理にかなっている」「これは自分の授業でも一度やってみる価値がある」と堅く信じて新しい授業のやり方に踏み出すばあいである。

　しかし、そのような教師のばあいでも、「学校は予備校ではないのだから、受験問題を解くだけではなく、読むことの本当の意味、読むことの本当の深さ・楽しさ・面白さを教えたい」「受験技術を教えるだけの教師にはなりたくない」という、自分の心の中に溜まりつつあった内的不満があり、それが「理論的確信度」に裏打ちされたかたちで噴出したとも考えられる。

（寺島隆吉『キングで学ぶ英語のリズム』77-79頁、『英語にとって評価とは何か』24-25頁）

リズムの等時性

　寺島メソッドにおいては英文法と英音法*のそれぞれに「水源地*」があると考えている。その英音法の「水源地」にあたるのが「リズムの等時性」である。

　それは、強く発音される個所、すなわち「強勢のリズム」がほぼ等間隔で現れる英語音声の基本的特徴を指す。他方、日本語のばあいは「強弱リズム」ではなく「高低リズム」である。

　寺島メソッド「リズムよみ*」は、このような英語音声の「水源地*」に根ざした科学的指導法である。と同時に「リズムよみ」は生徒の心と体を解放し、今まで学

校では音読したことがなかった生徒・学生でも、英語音読に熱中するようになる。
(寺島隆吉『英語にとって音声とは何か』12-13頁)

リズムよみ

　寺島メソッドでは「英音法*」の「水源地*」を「リズムの等時性*」と考えている。この「英音法の幹」を習得するためにおこなうのが「リズムよみ」である。

　つまり強勢音と強勢音のあいだを、ほぼ同じ時間的長さで音読していく。このとき英文につけられた「リズム記号」にしたがって、強勢音の箇所を音読と同時に「ペンたたき*」をおこなう。

　この「リズムよみ」は生徒の心と体を解放し、今まで学校では音読したことがなかった生徒・学生でも、英語音読に熱中するようになることは、実践したことのある教師なら誰でも体験していることである。

　と同時に、この「リズムよみ」は生徒の発表を一挙に「英語らしく」してくれると同時に「聴解力」をも伸ばしてくれる不思議な力をもっている。まさに「Aさせたいと思ったらBの指示をせよ」である。

(寺島隆吉『キングで学ぶ英語のリズム』、『音声の授業と英音法』入門シリーズ３, 54-64頁)

リズムよみ「グループテスト」

　「リズムよみ*」ができるようになったかどうかのテストをグループで実施すること。テストは「合格・不合格」だけで、その合格条件は次の二つである。
　　(1) 個々人の手と口の動きが一致していること。
　　(2) グループ全員の手の動きが一致していること。
　なお、この(1)(2)の条件で、誰でも合格するようになったら、次の条件も加えて徐々にレベルアップしていく。
　　(3) センテンスの終わりでトーンがいったん落ちること。
　　(4) 意味の切れ目以外では切らないこと。
　このようにして「意味を理解しながら音読する」「音読しながら意味がわかる」というレベルに次第に引き上げてゆく。
　このグループによる「リズムよみ」と、そのテストは、生徒を知らず知らずのうちに協同学習・集団学習に追い込み、今まで知らなかったもの同士までも友だ

ちにしていく不思議な力をもっている。
(寺島隆吉『キングで学ぶ英語のリズム』116-125頁)

リズムよみ「ペンたたき」

　「リズムよみ*」をするさいに、強勢音を発音するのと同時に手にもったボールペンでテキストを叩きながらよむこと。

　「大きな声を出せ」と言わなくても「もっと強くリズムを打て」と指示すれば声も自然に大きくなる。

　また「ペンたたき」でリズムをとることが、手の動きだけにとどまらず体全体でリズムをとることにもなるので、「リズムの等時性」をより早く体得することが可能となる。

(寺島隆吉『キングで学ぶ英語のリズム』90-95頁)

リーディング・マラソン

　読解用の「記号づけプリント*」を「マラソン方式*」で読ませることを寺島メソッドでは「リーディング・マラソン」と呼んでいる。

　「マラソン」の単位、すなわち1回に渡す教材の分量は、学習者の力量に応じて、「1段落ずつ」→「1話ずつ」→「1冊ずつ」のように変わってくる。

　これは一種の「個別指導」で、この方式を使うと、一斉授業とは違って生徒との個別的対話が可能になり、生徒がどこで間違っているのか、どこが分からなくなっているのかが手に取るように分かって、指導効果も高い。

　しかし1クラスの人数が多いと、ひとりひとりの生徒に手が回らなくなる。したがって人数が多いばあい、「マラソン方式」は授業外における自主学習として取り入れざるを得ない。

　それでも、一度でも「記号づけプリント」で読むことに自信と面白さを体験した生徒は、自主学習として「マラソン方式」を導入しても自分で走り出す。はずみがつくと「記号づけ」のない副読本でもお互いに競争し合って次々と読み出す生徒が現れる。

(寺島隆吉『英語にとって授業とは何か』72-86頁、寺島美紀子『英語学力への挑戦―走り出したら止まらない生徒たち』)

両端をつかみ、両端をからませる

　寺島メソッドにおける、授業秩序確立のための、教育技術のひとつである。

　教師が先頭集団と最後尾の生徒をつかんで、それぞれに適切な指導と教材を与え、適切な機会を見つけて、双方をからみあわせること。

　最初は教師が最後尾の生徒を援助し、先頭集団は勝手に走らせればよい。〔そのためには教師の説明を中心にした一斉授業スタイルをできるだけ少なくして生徒が自分のペースで個別にとりくめる課題を用意することが必要である。〕

　そして先頭集団が走ることに一息ついたときに、彼らの中でゆとりのある者に、ときどき「後ろを見ながら走る」ことを教える。ただそれを「義務」ではなく「そうすることにゆとりと喜びをもつ生徒」に指導することがポイントである。

　なぜなら、「押しつけられたモラル」は、生徒に人間不信、組織への嫌悪感を植えつけることになりかねないからである。

　いっぽうで、つまずく生徒に援助をするようになった生徒の中には、できない生徒をわかるように教えることがいかに難しいことであるかを自覚することになる。本当に深い知識がないと彼らの質問には答えられないからだ。知識は生徒が主体的に他者に教えたときに最も定着率が高くなるのである。

　このとき、この「両端をつかむ」指導は、次のレベルである「両端をからませる」指導に移行しているといえる。

　こうして「両端をつかむ」→「両端をからませる」ことができるようになれば、中間層の生徒も、その流れのなかで生徒同士が助け合いながら自学自習するようになる。いわば風呂敷の両端をつかんで全体をくるみ、全体を引き上げるのに似ている。

　それに引き替え、鵜飼いの鵜匠がひとりで何匹もの鵜をあやつるように、教師がひとりで生徒全員の面倒をみようとすれば、教師にいくつ体があっても足りなくなる。

（寺島隆吉『英語にとって授業とは何か』27-29 頁、寺島『英語にとって評価とは何か』23-29 頁）

連結詞

　寺島メソッドでは英文構造を示すために「丸＊」「四角＊」「角括弧＊」という三つの記号をもちいる。

　そのうちのひとつである「四角」は、関係詞、従位接続詞、疑問詞（疑問接続

詞）に付けられる。これらはひとまとめにして「連結詞」と呼ばれる。

つまり、「四角」が付された「連結詞」は、単文と単文の「つなぎ目」、単文と単文を「連結」する「詞（ことば）」になっているのである。

よって、複文における動詞句 ◯ の数をn、連結詞 ☐ の数をxとするとx＝n－1という式が成立する。下の英文では、n＝2だから、x＝2－1＝1である。

> Jean Valjean (was) twenty-five years old when he (lost) his freedom.
> ジャン・バルジャンは25歳だった。　　彼が自由を失ったとき。

（寺島隆吉『英語にとって学力とは何か』『英語にとって文法とは何か』）

「連結」と「脱落」

英語の音声を「リズムの等時性＊」で発音すると「音の変化現象」（國弘正雄のいう「音の化学変化」）が起きる。

これは「リズムよみ」をした学習者が誰でも納得する現象である。寺島メソッドではその音の変化現象を「連結と脱落」の二分法で示している。

そして「仮名ふり＊」と「リズム記号＊」がつけられた「リズムよみプリント＊」では、音の「連結」を ⌣、「脱落」を（ ）という記号で表すことにしている。

> ☐ ◯ ☐ ◯ ☐ ◯ ☐　　☐ ◯ ☐ ◯ ☐ ◯ ☐
> La, a note to follow sew,　　Tea, a drink with jam and bread
> ラ　ア　ノウ(ト)　トゥ　フォロウ　ソウ　　ティー　ア　ドゥリンク　ウィ(ズ)　ジャム　アン(ド)　ブレッド
> 　　　　　　　　　　　　　　　　　　　　　　　　　　　　　　　　　　　　　　⌣
> 　　　　　　　　　　　　　　　　　　　　　　　　　　　　　　　　　　　　　　マ

上の有名な「ドレミの歌」も、「音の化学変化」を起こすことができないと「リズムの等時性」を完結できないので「リズムよみ」にならない。そこで生徒・学習者は「字余りになって歌えません」と悲鳴をあげることになる。

ローマ字よみ

英語の文字を発音をするときには「ローマ字よみ」と「名前よみ＊」のふたつの方法がある。

「ローマ字よみ」は、英語の母音文字を、ローマ字を読むのと同じ読み方で発音すること。

たとえば、a, i, u, e, o は「ア」「イ」「ウ」「エ」「オ」となり、ha, ta, ne, se は

「ハ」「タ」「ネ」「セ」と読む。

   aは「ア」→ hat「ハット」
   iは「イ」→ hit「ヒット」
   uは「ウ」→ put「プット」
   eは「エ」→ net「ネット」
   oは「オ」→ top「トップ」

なお、基本的な日常語ほど「ローマ字よみ」と「名前よみ*」のいずれにも当てはまらないものが多い。

   does 「ダズ」 ローマ字よみ「ドエス」
   be 「ビー」 ローマ字よみ「ベ」
   come 「カム」 ローマ字よみ「コメ」

英語母語話者にDyslexia（ディスレクシア、失読症、難読症）のひとが多い理由は、このように綴り字と発音が乖離している単語が、英語にはあまりにも多いからではないか――これがもうひとつの「寺島の仮説」である。

わ

「わからなさ」の構造

　寺島メソッドでは、生徒が英語を理解できないとき、それを単に「英語力の欠如」と片づけるのではなく、その背後にある「わからなさの構造」に着目する。

　例えば、記号づけされた英文の「穴埋め語順訳*」ができない生徒のばあいは、英語と日本語の一対一対応の認識ができていないのではないか。あるいはそれを認識をするために必要な「眼の力」が欠如しているのではないかと考える。

　また、「穴埋め語順訳」から「立ち止まり訳*」ができない生徒は、「センマル セン」を「センセン マル」に並べ換える法則を運用する能力に欠けるのではないか。

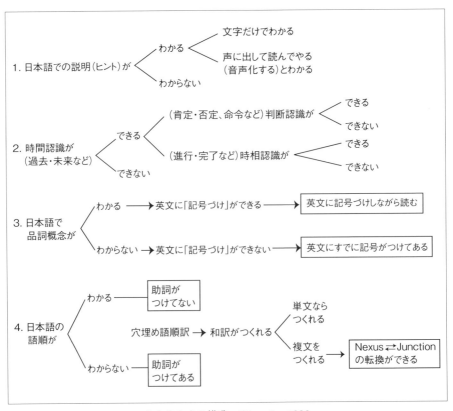

わからなさの構造　　©terasima1986

第10章　英語アクティブ・ラーニング詳論

　そのような並べ換えができても適切な助詞を補って日本語らしい文にできない生徒は日本語力が欠如しているのではないか。

　あるいは形容詞節（「埋め込み文*」）を含む英文が理解できないときは、まず日本文において同様の構造をもつ文がわからないのではないか、と考える。

　寺島メソッドでは、このように「わからなさ」の構造を解析し、それを指導のリトマス試験紙として使っている（『英語にとって学力とは何か』186-194頁）。

「わかる」課題←→「できる」課題

　寺島メソッドでは、生徒に課題を与えるとき、「わかる」と「できる」を区別して、生徒の能力・学力に応じて課題を与える順序も工夫している。

　たとえば、社会、国語、理科などは「わかる／わからない」という理解度が主要な問題となる教科なので、授業も「座学」が主となる。

　しかし、体育や音楽などは、そこで課される課題は「できる／できない」が主

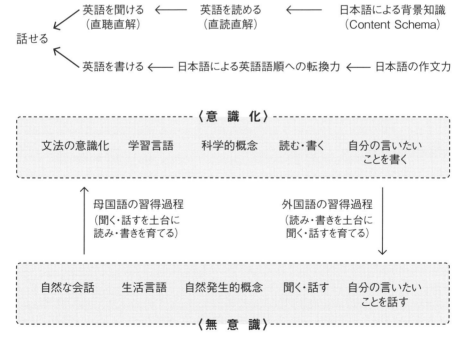

英会話への道すじ　©terasima1986

要な問題となる。このような教科では「実技」「演習」が授業の中心になる。

　英語も実技科目としての色彩が強いが、しかし「読み」は国語の授業のように「構造読み→形象読み→主題読み」「構造読み→要約読み→要旨読み」といったレベルにまで到達しなければ、真の「読み」を教えたことにはならないし、批判的・創造的学力を育てることにつながらない。

　以上みてきたように寺島メソッドは、「卒業後も生きて役立つ批判的・創造的学力」を育てることを願って、研究と実践を積み重ねて来た結果として生まれたものであり、今も発展の途上にある。

補　章

英語アクティブ・ラーニングの教育原理
―― 英語教育における陶冶(とうや)と訓育

寺島隆吉

1　学校と教育
　　生きる力・人間を育てる／訓育(とうや)／陶冶
2　訓育の方法
　　民主主義と人権を教える／授業の中で／授業の外で
3　陶冶(とうや)の方法
　　疑問をつくりだす力を育てるには／学力論／授業論／学び方
4　教材論
　　「英語を」教えるのか、「英語で」教えるのか／教材の選択／教材の使用・自主編成／
　　教科書教材と投げ込み教材
5　評価論
　　何よりも教師の自己点検のためにある／評価の目的／評価の方法／評価と動機づけ
6　構成論
　　授業の構成原理／授業の構成順序／授業秩序の確立
7　教師論
　　もっと高く！教育的視点の高さ／個人的利益のための教育／教育理念による教育／
　　社会的視野の中の教育
8　人間観と指導観
　　人間の四つのタイプ（A）―善と悪／人間の四つのタイプ（B）―恩と仇(あだ)／指導の五つのタイプ／
　　「ほめる」「しかる」の四角形／「ほめる」「しかる」「要求する」の三角形／叱責・処罰・怒り
9　教育の技術と思想
　　教育哲学／教育技術／良心的教師の失敗／教師の自己点検／教師の自己研修
10　生徒論・児童観
　　複眼的思考⟷単眼的思考／教育は「義務」か／子どもの能力／生徒の四つのタイプ／
　　「悪いこと」に対する「歯止め」／善悪論
〈補遺〉　学校教育の弁証法
　　教育の「前史」／教育の「正史」／教育の「後史」／女性教師のかかえる難しさ／
　　中学校のかかえる環境の難しさ

解説

　この「英語アクティブ・ラーニングの教育原理——英語教育における陶冶と訓育」は、研究社主催「第12回英語教師のための夏期セミナー」（1997年8月）に私が講師として招かれた際、「私の教育原理」と題して配布した資料のひとつでした。

　これは、その後、拙著『英語にとって教師とは何か』（あすなろ社 2002）に採録し、『英語教育原論——英語教師、三つの仕事・三つの危険』（明石書店 2007）でも再録させていただきました。

　さらに愛媛大学「第4回英語教育改革セミナー」（2005）に招かれて講演したときを初めとして、次のような幾つかのシンポジウムに招かれて問題提起をしたときも、この「教育原理」をやはり資料としましたが、そのつど改訂を重ねてきました。

＊シンポジウム「ナラティブが英語教育を変える？」（神戸市立外国語大学、2009）
＊シンポジウム「日本の英語教育が目指すべき英語力とは何か」（静岡大学、中部地区英語教育学会 2009）

　この「私の教育原理」を今回、「英語アクティブ・ラーニングの教育原理——英語教育における陶冶と訓育」として本書に再録するに当たって、これを改めて見直し、新たに項目を幾つか追加したり書き直したりする機会を得ました。編集者の山田昇司先生に感謝感謝です。

補章　英語アクティブ・ラーニングの教育原理

1　学校と教育
1.0　生きる力・人間を育てる
　　　1　訓育…人間力を育てる
　　　2　陶冶…英語力を育てる
1.1　訓育
　　　0　人間力を育てる
　　　1　孤立に耐える力
　　　2　他者を思いやる力と他者にだまされない力
　　　3　未来を見通す力と人生を選ぶ力
1.2　陶冶
　　　0　英語力を育てる
　　　1　見える学力
　　　2　見えない学力
　　　3　学び方

2　訓育の方法
2.0　民主主義と人権を教える
　　　1　自律から自立へ
　　　2　自己の再発見
　　　2.1　自信：自己に対する信頼
　　　2.2　人間・他者に対する信頼
　　　3　「指導」と「管理」の分離
　　　3.1　人間の自由と解放
　　　3.2　権力にだまされない人間
2.1　授業の中で
　　　1　教材・授業内容を通じて
　　　1.1　自己認識……自己の再発見と人間に対する信頼
　　　1.2　他者認識……社会認識、民主主義と人権
　　　1.3　自然認識……必然性の認識、環境と人間
　　　2　仲間・授業過程を通じて
　　　2.1　相互援助
　　　2.2　相互批判
2.2　授業の外で
　　　1　集団の中で生きる（学級・生徒会・部活動）
　　　1.1　未来を見通す力
　　　1.2　他者を思いやる力、他者にだまされない力
　　　2　集団の外で生きる（いじめ・村八分・登校拒否）
　　　2.1　人生を選ぶ力
　　　2.2　孤立に耐える力

第2部　寺島メソッド──英語アクティブ・ラーニングの宝庫

3　陶冶(とうや)の方法

3.0　疑問をつくりだす力を育てるには

3.1　学力論
- 1　見える学力
  - 1.1　わかる……知識と理解力（各教科の「水源地」）
  - 1.2　できる……仮性低学力（身体のちから）、真性低学力（言葉のちから）
- 2　見えない学力
  - 2.0　識形力（眼の力）
  - 2.1　集中力
  - 2.2　持続力
  - 2.3　計画力

3.2　授業論

3.2.1　授業の内容
- 1　教材論……「感動」と「発見」のある教材
- 2　教師論……「矛盾」をつかみ出す力（弁証法）

3.2.2　授業の形式
- 1　構成論……「授業順序」と「授業秩序」
- 2　評価論……「生徒の動機づけ」と「教師の自己点検」
- 3　形態論
  - 3.1　個別学習、集団学習……個別指導、グループ指導、一斉指導
  - 3.2　問答、討論……「一斉問答」「からみ問答」、「班内討論」「全体討論」

3.3　学び方
- 0　恥をかく勇気
- 1　学び方・調べ方が分かる
- 2　「分からないところ」が分かる
- 3　尋ねる力（←恥をかく勇気）
- 4　疑問をつくりだす力

4　教材論

4.0　「英語を」教えるのか、「英語で」教えるのか

4.1　教材の選択
- 0　やればできる最も困難な課題を与える（ヴィゴツキーの理論「発達の最近接領域」）
- 1　「感動」を呼ぶ教材……「驚き」と「発見」のある教材
- 2　「生活」と切り結び、「現実」を見据(みす)えさせる教材
- 3　「英語を」と「英語で」の統一……ひとつのテーマで統一された教材

4.2　教材の使用・自主編成
- 0　クラッシェン……「ｉプラス１」の教材
- 1　「易しい教材を深く」「難しい教材を易しく」教える
- 2　「内容のある教材」を、「易しく」教えるための自主編成
- 3　コンテント・スキーマを与える……プリントの「資料・ヒント・カット」の重要性

4.3　教科書教材と投げ込み教材
　　1　「教科書を」教えるのか、「教科書で」教えるのか
　　2　教科書をメインに教え、投げ込み教材を補助として使う方法
　　3　自主編成教材をメインに使い、教科書を補助として使う方法

5　評価論
5.0　何よりも教師の自己点検のためにある
5.1　評価の目的
　　1　教師のための評価 ……教師の自己点検・自己評価
　　2　生徒のための評価 ……学習への動機づけ、成長・進歩の自己確認
5.2　評価の方法
　　0　「量」から「質」へ
　　1　公開性 ……生徒が自分のやる気・努力にたいして自分で評価
　　2　明快性 ……生徒が自分で自分の到達点が計算できる明快・単純さ
　　3　柔軟性 ……生徒に何度でも挑戦できる機会が保障されているか、など
　　　　　　　　　学力・状況に応じて評価基準を生徒と合意のもとで変更
5.3　評価と動機づけ
　　1　内的動機づけ
　　1.1　知的好奇心をかき立てる
　　1.2　「拒否」の自由と「さぼる」権利 ……遅刻・早退・欠席・不登校
　　2　外的動機づけ
　　2.1　他者評価 ……同一進度・同一テストの問題点、実技テストと定期テストの比重
　　2.2　自己評価 ……評価方法の明快性、人生を「選ぶ」ちから、見通し路線

6　構成論
6.0　授業の構成原理
　　1　「水源地」をつかむ
　　2　授業に「静」と「動」を
6.1　授業の構成順序
　　1　「見えない学力」から「見える学力」へ
　　1.1　「自律」から「自立」へ
　　1.2　「できる」から「わかる」へ
　　1.3　「外的動機づけ」から「内的動機づけ」へ
　　2　「マクロ」(幹) から「ミクロ」(枝葉) へ
　　2.1　「既知」から「未知」へ
　　2.2　「具体」から「抽象」へ
　　2.3　「帰納法」から「演繹法」へ
6.2　授業秩序の確立
　　0　「できる」から規律を、「わかる」から学力を
　　1　内部的秩序（指導──説得と納得）

1.1　授業の型とリズム ……「静」中「動」、「動」中「静」
1.2　両端をつかみ、両端をからませる
1.3　「救う」努力と「切る」勇気
2　外部的秩序（管理──強制と服従）
2.1　「もの」（物品と時間）の管理 ⟷「ひと」の管理
2.2　時間の管理 ……遅刻・早退・欠席
2.3　服装の指導（⟷「服装」の管理）……思想・価値観・審美力

7　教師論

7.0　もっと高く！教育的視点の高さ
7.1　個人的利益のための教育
　　1　クラスの平均点を上げるための教育
　　2　学校の進学率を上げるための教育
　　3　成績・順位を上げるためだけの部活動
7.2　教育的理念による教育
　　1　教師は「教える（教え込む）もの」という観念
　　2　教師は「育てる（引き出す）もの」という考え
　　3　教師は「共に学び、育ち合うもの」という理念
7.3　社会的視野の中の教育
　　0　この社会を生き抜いていくための三つの力
　　1　文字を読む力 ……誤読・誤解が人間不信に導く
　　2　情報を読む力 ……特にマスコミの情報に流されないために
　　3　人間を読む力 ……まちがった人間に権力を渡さないために

8　人間観と指導観

8.1　人間の四つのタイプ（A）──善と悪
　　1　「悪」の中に「悪」を見つける
　　2　「悪」の中に「善」を見つける
　　3　「善」の中に「善」を見つける
　　4　「善」の中に「悪」を見つける
8.2　人間の四つのタイプ（B）──恩と仇（あだ）
　　1　「恩」を「恩」で返す
　　2　「恩」を「仇」で返す
　　3　「仇」を「仇」で返す
　　4　「仇」を「恩」で返す
8.3　指導の五つのタイプ
　　1　「難しい」ことを「難しく」説明する
　　2　「難しい」ことを「易しく」説明する
　　3　「易しい」ことを「易しく」説明する
　　4　「易しい」ことを「難しく」説明する

5　「易しい」ことを「深く」説明する
8.4　「ほめる」「しかる」の四角形
　　　1　しかっ「ては」ならない生徒
　　　2　しから「ねば」ならない生徒
　　　3　ほめ「ては」ならない生徒
　　　4　ほめ「ねば」ならない生徒
8.5　「ほめる」「しかる」「要求する」の三角形
　　　1　「ほめる」
　　　2　「しかる」
　　　3　「要求する」
8.6　叱責・処罰・怒り
　　「要求する」ことは尊敬することである
8.6.1　誰を叱るか
　　　1　悪いこと「しか」しない者
　　　2　悪いこと「しか」できない者
　　　3　悪いこと「も」する者
　　　4　悪いこと「は」しない者
8.6.2　なぜ怒るか
　　　0　どうしたら「怒れる」能力を身につけられるか
　　　1　怒る …… 教師の言うことを聞かないから（面子をつぶされたから）
　　　2　怒れる ……生徒が世の中に出たときに必要な力を育てておきたいから
　　　3　怒らない ……生徒に関して無関心
　　　4　怒れない ……自分の授業や指導の未熟さを知っているから

9　教育の技術と思想
9.1　教育哲学
　　　0　「矛盾」をつかみ出す
　　　1　「もの」を取るか、「ひと」を取るか
　　　2　「悪」の中に「善」を、「善」の中に「悪」を
　　　3　「易しい」ことを「深く」、「難しい」ことを「易しく」
　　　4　追えば逃げる、逃げれば追いかけてくる（去るものは追わず、来るものは拒まず）
9.2　教育技術
　　　0　すべてを教えない、すべては教えない
　　　1　両端をつかみ、両端をからませる
　　　2　「まつ」「ゆるす」「やめる」「あきらめる」の四角形
　　　3　「諦め」は「明らめ」から …… 「救う」努力と「切る」勇気
　　　4　「いいかげん」は「良い加減」……機械にも「あそび」は必要（「あそび」は潤滑油）
　　　5　自分の力量に見合った最悪の「ワル」に対象を絞り、それを通じて「核」「リーダー」を育てる

9.3　良心的教師の失敗
　　0　悪への道は善意のバラで敷きつめられている
　　1　後退面ばかりみて、前進面を評価できない
　　2　「やめる」ことができず100％主義になる
　　3　「核づくり」「リーダーづくり」の視点を忘れる
　　4　自分の力量をみず、最底辺層の生徒にとりくむ
　　5　自分の授業や指導の未熟さを知っているから、怒れない

9.4　教師の自己点検
　　0　自分のできないこと、していないことを生徒に要求していないか
　　1　自分の思考を明晰に伝える（書く・話す）訓練をしているか
　　2　「集団の先頭に立つ」訓練をしているか
　　2.1　公の場での、議長・司会の経験があるか
　　2.3　サークル責任者・組合役員の経験があるか
　　2.2　決議・決定のための原案・議案書作成の経験があるか
　　2.4　文化活動・レクリエーション（演劇・合唱・ゲームなど）の経験があるか

9.5　教師の自己研修
　　1　司会者・報告者になる　……集会・研究会は一種の模擬授業
　　2　何かの講座の生徒になる　……分からない生徒の気持ちが実感できる
　　3　生徒に自分の授業を批判させる　……生徒とのフィードバックの通路
　　4　文書を読む　……しぼって読む力、ふくらまして読む力：批判的に読む力（いじわる読み）
　　5　文書を書く、人前（ひとまえ）で話す　……教師自らが自分の思考を明晰に伝える訓練をする

10　生徒論・児童観
10.0　複眼的思考 ←→ 単眼的思考
　　青年期における「三つの闘い」
　　……親と闘う、教師・学校と闘う、社会的不正義と闘う

10.1　教育は「義務」か
　　0　権利としての学習 ←→ 義務としての教育
　　1　生徒は学校を休む（やめる）権利がある ←→ 不登校
　　2　学校は絶対に来なければいけないものか ←→ 登校拒否

10.2　子どもの能力
　　0　鉛筆の濃さは頭脳の濃さ！
　　1　悪いこと「も」できる
　　2　良いこと「しか」できない ……真性低学力
　　3　道徳的にではなく肉体的に考える

10.3　生徒の四つのタイプ
　　1　悪いこと「も」する
　　2　悪いこと「は」しない
　　3　悪いこと「しか」しない
　　4　悪いこと「しか」できない ……自律力の欠如、肉体的・精神的弱さ

10.4　「悪いこと」に対する「歯止め」
　　　　1　友達・社会の力 ⟷ 情報化社会、豊富の中の貧困
　　　　2　教師・学校の力 ⟷ 授業時数・学級定員 ⟷ 政治の貧困
　　　　3　親・家庭の力 ⟷ 長時間労働・低賃金 ⟷ 社会運動の停滞
10.5　善悪論
10.5.1　「悪」とは何か
　　　　1　遅刻・欠席・早退（cf. 教師の年休権）
　　　　2　授業妨害・さぼり（cf. 官制研究会でのさぼり）
　　　　3　服装・喫煙などの決まり（cf. 子どもの権利条約）
10.5.2　「法」「決まり」とは何か
　　　　0　三種類の「決まり」
　　　　1　「決まり」とは「守るもの」
　　　　2　「決まり」とは「破るもの」
　　　　3　「決まり」とは「創るもの」

〈補遺〉　学校教育の弁証法

1　教育の「前史」
　　荒れた学校 ……授業崩壊、授業の不成立
　　→ 教育活動は「表面的には難しい」
2　教育の「正史」
　　荒れていない学校 ……なんとか授業が成立
　　→ 教育活動は「表面的には易しい」
　　→ だが授業が成立するようになった教師に次の目標がない
3　教育の「後史」
　　荒れた学校を静かにさせたあと……教育活動は「むしろ困難」
　　→ 「受験を超える教育」とは何かのイメージ・目標がない
　　→ 権力者にだまされず、社会の荒波を生き抜く力をどう育てるか
4　女性教師のかかえる難しさ
　　「挑発」「暴力」「いじめ」「からかい」の頻発
　　→ 男性教師は「できる生徒」に依拠すれば表面的には授業が成立
　　→ これでは男性教師の教育的力量がいつまでたっても向上しない
5　中学校のかかえる環境の難しさ
　　教科書が会話中心で、文章がやさしすぎる。読む量も少なすぎる
　　→ 中学校教師の英語力は、大学時よりも落ちていく恐れがある
　　中学生という思春期年齢がかかえる問題
　　→ 高校進学という「人生最大の選択」
　　→ 「いじめ」「生徒の不登校、退学・退職」の多発

©terasima1997（2016 改訂）

「寺島メソッド」文献一覧

寺島隆吉『英語にとって学力とは何か』三友社出版 1986
寺島隆吉『英語にとって授業とは何か』三友社出版 1989
寺島隆吉『英語にとって文法とは何か』あすなろ社 2000
寺島隆吉『英語にとって音声とは何か』あすなろ社 2000
寺島隆吉『英語にとって評価とは何か』あすなろ社 2002
寺島隆吉『英語にとって教師とは何か』あすなろ社 2002

寺島美紀子『いのち輝き―お母さん、ボクがまだ生きているよ』労働旬報社 1980
寺島美紀子『英語学力への挑戦―走り出したら止まらない生徒たち』三友社出版 1987
寺島美紀子『英語授業への挑戦―見える学力・見えない学力・人間の発達』三友社出版 1990
寺島美紀子『ロックで読むアメリカ』近代文藝社 1996
寺島美紀子『英語「直読直解」への挑戦』あすなろ社 2002

＜シリーズ『授業の工夫：英語記号づけ入門』全6巻＞
寺島隆吉『英語記号づけ入門』三友社出版 1991
寺島隆吉（編）『読みの指導と英文法』三友社出版 1990
寺島隆吉（編）『音声の授業と英音法』三友社出版 1990
寺島隆吉（編）『授業の組み立てと指導』三友社出版 1991
寺島隆吉（編）『中学校英語授業への挑戦』三友社出版 1991
寺島美紀子『Story Of A Song の授業』三友社出版 1991

＜シリーズ『英語音声への挑戦』全6巻＞
寺島隆吉『ロックで学ぶ英語のリズム』あすなろ社 1996
寺島隆吉『ロックで広がる英語の世界』あすなろ社 1997
寺島隆吉『キングで学ぶ英語のリズム』あすなろ社 1997
寺島隆吉『キングで広がる英語の世界』あすなろ社 1996
寺島隆吉『チャップリン「独裁者」の英音法』あすなろ社 1996
寺島隆吉『チャップリン「表現読み」への挑戦』あすなろ社 1997

＜記号研、英語教育実践シリーズ＞
寺島隆吉（監修）野澤裕子『授業はドラマだ』三友社出版 2002
寺島隆吉（監修）山田昇司『授業は発見だ』あすなろ社 2005
寺島隆吉（監修）岩井志ず子『授業はトキメキ』あすなろ社 2006
山田昇司『英語教育が甦えるとき―寺島メソッド授業革命』明石書店 2014

＜副読本ワークブック＞
寺島隆吉・寺島美紀子（編）『魔法の英語：不思議なくらいに英語が分かる練習帖』
　あすなろ社 2001

「寺島メソッド」文献一覧

寺島隆吉・寺島美紀子（編）『センとマルとセンで英語が好き！に変わる本』中経出版
　　（全国学校図書館協議会選定図書2004年度）2004

寺島隆吉（編）『The Turnip』三友社出版 1985
寺島隆吉（編）『The House That Jack Built』三友社出版 1987
寺島隆吉（編）『The Great Dictator』三友社出版 1987
寺島隆吉（編）『The Diary of Anne Frank』三友社出版 1987
寺島隆吉（編）『Singing Out』1-3、三友社出版 1985、1986、1987

<理論書>
寺島隆吉『学習集団形成のすじみち』明治図書 1976
寺島隆吉『国際理解の歩き方』あすなろ社 2000
寺島隆吉『英語教育原論—英語教師、三つの仕事・三つの危険』明石書店 2007
寺島隆吉『英語教育が亡びるとき—「英語で授業」のイデオロギー』明石書店 2009
寺島隆吉『英語で大学が亡びるとき—「英語力＝グローバル人材」というイデオロギー』明石書店 2015
寺島隆吉ほか『2008年版学習指導要領を読む視点』白澤社 2008
寺島隆吉ほか『小学校での英語教育は必要ない』慶應義塾大学出版会 2005

<翻訳>
寺島隆吉・塚田孝三・寺島美紀子（共訳）『衝突を超えて— 9・11後の世界秩序』日本経済評論社
　　（全国図書館協議会選定図書2003年度）2003
寺島隆吉・岩間龍男（共訳）、平和な明日を求める9・11遺族の会（編）『アフガニスタン悲しみの肖像画（ポートレート）』明石書店 2004
寺島隆吉（訳）、ノーム・チョムスキー『チョムスキー、21世紀の帝国アメリカを語る』明石書店 2004
寺島隆吉・寺島美紀子（共訳）、ノーム・チョムスキー『チョムスキーの「教育論」』明石書店 2006
寺島隆吉・寺島美紀子（共訳）、ハワード・ジン＆アンソニー・アーノブ『肉声でつづる民衆のアメリカ史（上下巻）』明石書店 2012

寺島隆吉ほか（共訳）、ジョセフ・ロートブラットほか（編）『核兵器のない世界へ』かもがわ出版 1995

参考ホームページ

　インターネットを検索して、下記のホームページを覗いていただければ、「学習・実践の手引き」として、さらに参考になる情報が見つかるかもしれません。
　「寺島研究室」ホームページ
　「寺島メソッド同好会」ホームページ
　「国際教育総合文化研究所」ホームページ

監修者
寺島隆吉（てらしま・たかよし）
1944年生まれ。東京大学教養学部教養学科（科学史科学哲学）卒業。元、岐阜大学教育学部（英語教育講座）教授。旧・英語教育応用記号論研究会（JAASET、略称「記号研」）代表。現在、国際教育総合文化研究所所長。石川県立高校教諭（英語）として在職中に、金沢大学教育学部大学院教育学研究科（英語教育）修了。コロンビア大学、カリフォルニア大学バークリー校、サザン・カリフォルニア大学客員研究員。ノースカロライナ州立農工大学（グリーンズボロ）、カリフォルニア州立大学ヘイワード校日本語講師。
著書：『英語で大学が亡びるとき』『英語教育が亡びるとき』『英語教育原論』（以上、明石書店）、『学習集団形成のすじみち』（明治図書出版）、『センとマルとセンで英語が好き！に変わる本』（中経出版）、シリーズ『授業の工夫』全6巻、『英語にとって学力とは何か』『英語にとって授業とは何か』（以上、三友社出版）、『英語にとって文法とは何か』『英語にとって音声とは何か』『英語にとって教師とは何か』『英語にとって評価とは何か』、シリーズ『英語音声への挑戦』全6巻（以上、あすなろ社）
訳書：『肉声でつづる民衆のアメリカ史』（上・下）『チョムスキーの「教育論」』『チョムスキー21世紀の帝国アメリカを語る』『アフガニスタン悲しみの肖像画』（以上、明石書店）、『衝突を超えて：9・11後の世界秩序』（日本経済評論社）など多数。

編集者
山田昇司（やまだ・しょうじ）
1955年生まれ。大阪外国語大学（現・大阪大学）英語学科卒業。在学中に英検1級取得。岐阜県立高校教諭（英語）。岐阜大学教育学部大学院・教育学研究（英語教育）修了。英語教育応用記号論研究会機関誌 Applied Semiotics 編集長。現在、朝日大学経営学部准教授。国際教育総合文化研究所上級研究員。
単著：『授業は発見だ』（あすなろ社）、『英語教育が甦えるとき―寺島メソッド授業革命』（明石書店）
共著：『読みの指導と英文法』（『シリーズ授業の工夫2』）、『授業の組み立てと指導』（『同シリーズ4』）、『授業をささえる』（國弘正雄監修『新英語教育講座』第5巻）、『英語の歌・英詩の指導』（同、第14巻、以上すべて三友社出版）など。

執筆者
（執筆順）
寺島隆吉（国際教育総合文化研究所所長、元岐阜大学教授）
山田昇司（岐阜・朝日大学准教授）
岩間龍男（元岐阜県立高校教諭）
戸梶邦子（私塾経営、元大阪府立高校教諭）
小川勇夫（和歌山県公立中学校教頭）
後藤幸子（岐阜県公立中学校教諭）
寺田義弘（茨城県立高校教諭）
佐々木忠夫（宮城県立高校教諭）
市川忠行（元福岡県私立高校教諭）
新見明（元愛知県公立中学校教諭、元私立大学非常勤講師）
寺島美紀子（岐阜・朝日大学教授）
＜コラム＞
野澤裕子（私塾経営、元東京都私立高校教諭）
岩井志ず子（私塾講師、元東京都私立高校教諭）

寺島メソッド 英語アクティブ・ラーニング

2016年11月20日　初版第 1 刷発行

監修者	寺島隆吉
編著者	山田昇司
発行者	石井昭男
発行所	株式会社 明石書店

〒101-0021 東京都千代田区外神田6-9-5
電　話　03（5818）1171
ＦＡＸ　03（5818）1174
振　替　00100-7-24505
http://www.akashi.co.jp

装丁　明石書店デザイン室
印刷　株式会社文化カラー印刷
製本　協栄製本株式会社

（定価はカバーに表示してあります）

ISBN978-4-7503-4443-0

JCOPY 〈（社）出版者著作権管理機構　委託出版物〉

本書の無断複写は著作権法上での例外を除き禁じられています。複写される場合は、そのつど事前に、（社）出版者著作権管理機構（電話 03-3513-6969、FAX 03-3513-6979、e-mail: info@jcopy.or.jp）の許諾を得てください。

英語教育が亡びるとき
「英語で授業」のイデオロギー

寺島隆吉著

四六判／上製／328頁●2800円

英語で授業を行う指針を打ち出した高等学校の新学習指導要領はどこがまちがっているのか？　英語一辺倒を続ける日本の外国語教育の危険性とはなにか？　国際理解、メディアリテラシー、教育政策など幅広い視点から警鐘を鳴らす著者の英語教育論の新たな展開。

内容構成

第1章　英語にとって政治とは何か
1　国際理解と英語教育
2　メディア・コントロールと英語教育

第2章　「英語で授業」は教育に何をもたらすか
1　「もうやめにしませんか」──朝日新聞「耕論」を考える
2　英語教師の教育環境・労働条件・教員養成
補節　「英語で授業」を再考する──松本茂氏の意見に即して

第3章　新指導要領で言語力は育つのか
1　新指導要領に欠けている「誠実さ」と「人間への優しさ」
2　「母語を耕し、自分を耕し、自国を耕す」外国語教育
補節　偏向教育としての外国語教育

英語教育原論

寺島隆吉著

四六判／上製／284頁●2600円

グローバル化が進む今、英語一辺倒の日本の言語教育は本当に大丈夫か？　白人崇拝、アジア蔑視など、英語教育がもたらす弊害を検証し、小学校英語教育必須化の言論の無根拠性を暴きつつ「英語だけが外国語ではない時代」の教育者、言語政策のあり方を提示。

内容構成

第1章　英語教師の「三つの仕事」「三つの危険」
Ⅰ　英語教師の「三つの仕事」（教師の三つの仕事／「学校生活＝英語」なのか／誰に焦点を合わせて授業をするか／「学びの共同体」をつくる／岐阜県にとって外国人とは誰か　ほか）
Ⅱ　英語教師の「三つの危険」（英語教師の自己家畜化／英語を学べばバカになる？／英語で世界が見えるか？／日本人は市場のターゲット？／視界から消える「中東」や南米　ほか）

第2章　日本の言語政策と学校教育
何が「小学校英語教育」を推進したのか／裏の推進役となった「英語教育ビジネス」／外圧の結果としての「学校五日制」／日本人の持つ強い英語コンプレックス／中国・韓国の小学校英語教育　ほか

第3章　日本の小学校英語教育を再考する
研究者の役割とは何か／政策責任を誰がどのように負うのか／中学校の英語教育を改善する／教育は経済と政治の影である／小学校の教育現場から考える　ほか

〈価格は本体価格です〉

〈価格は本体価格です〉

英語で大学が亡びるとき
「英語力＝グローバル人材」というイデオロギー

寺島隆吉著　四六判／上製／344頁●2800円

英語力が研究力、経済力、国際力であるかのような言説の誤りを正し、外国人教員の増員、英語による授業の拡大、海外留学促進など文科省が推し進める国立大学改革は、国際化に資するどころか研究力の低下、大学教育の崩壊に導く危険性があると警鐘を鳴らす。

■内容構成■

第1章　グローバル時代の大学英語
1　「英語力＝研究力、英語力＝経済力、英語力＝国際力」という神話／2　「英語力＝国際力」は「創造的研究者「グローバル人材」を育てるか／3　「英語[極]化」に抗して外国語教師に何ができるか

第2章　京都大学における「国際化」
1　「英語で授業」「外国人教員〇〇人計画」は何をもたらすか（上）／2　同（下）／3　「対日文化工作（白化）する言語教育

第3章　「地救原理」を広め、世界をタタミゼ（畳化）する英語教育
1　私たちは若者をどのような国に留学させようとしているのか／2　アメリカの大学は留学するに値するか／3　英語は「好戦的人間」を育てる

英語教育が甦えるとき
寺島メソッド授業革命

山田昇司著　四六判／上製／348頁●2500円

英語大嫌いの学生が「もっと早く出会っていたら」と嘆き、帰国生も「こんな楽しい授業は日本に来て5年目で初めて」と驚く。そんな英語の授業を生み出す「寺島メソッド」の実践的大研究。「英語で授業」に翻弄される日本の英語教育再生のヒントがここにある。

■内容構成■

序　章　「学ぶ価値」のある英語学習をめざして
第1章　「リズムよみ」が教室にもたらすもの
第2章　「コミュニケーション能力」幻想
第3章　基本的なのに知的レベルは高い
[補節1]　イスラエルに政治利用される教材――「独裁者」「杉原千畝」「アンネの日記」
第4章　私の英語史（続）
第5章　学生が語る『レ・ミゼラブル』の授業
[補節2]　『レ・ミゼラブル』の授業はいかにつくられたか
[補節]　私の教材研究――ユーゴーが生きた19世紀と『レ・ミゼラブル』

〈価格は本体価格です〉

小学校の英語教育
多元的言語文化の確立のために

河原俊昭
中村秩祥子 編著

A5判／並製／420頁●3800円

いよいよ開始する小学校での英語教育。グローバル化する現代において、単なるツールとしての英語ではなく、より多様な言語文化の構築のためにこれからの英語教育はどうあるべきか。世界や日本での先行事例を紹介しながら考える。

内容構成

第Ⅰ部　海外の小学校の英語教育
　第1章　スウェーデン、オランダ、日本の教員養成／第2章　自律学習者を育てるフィンランド／第3章　ドイツ、ノルトライン・ヴェストファーレン州の事例から／第4章　世界一しあわせな国デンマーク／第5章　週4日制のフランスの小学校
第Ⅱ部　日本の授業の現場から
　第6章　さまざまな教授法の子どもへの応用／第7章　小学校の英語活動に文字指導は可能か／第8章　入門期の音声指導とフォニックスの導入／第9章　音声認識とリズム習得を目指して／第10章　社会や算数の教科内容を組み込んだ小学校英語教育／第11章　横浜市小学校国際理解教室が教えてくれたもの
第Ⅲ部　英語教育の行方
　第12章　小学校と中学校のスムーズな連携を目指して／第13章　「小学校英語活動」で学んだことを「中学校英語」で生かすための工夫／第14章　小学校英語教育に何が期待されているか／第15章　日本人の自尊心と英語教育／第16章　小学校外国語活動で求められるコミュニケーション能力／第17章　教員と児童の理想的なやりとりとは

世界と日本の小学校の英語教育
早期外国語教育は必要か

西山教行
大木　充 編著

A5判／並製／312頁●3200円

英語をはじめとする外国語の早期教育は必要なのか。ヨーロッパ多言語地域での早期外国語教育、またEUの「言語の目覚め」活動などの実例を参考に、日本での小学校の英語教育の歴史と課題、今後のあり方を考える。鳥飼玖美子氏と編者の鼎談を収録。

内容構成

序章　ヨーロッパ人は英語教育をどう考えるか
第Ⅰ部　国外の事例から
　第1章　ヨーロッパにおける言語教育政策と早期言語教育
　第2章　ヴァッレ・ダオスタの早期バイリンガル・複言語教育
　第3章　ギリシャにおける早期言語教育と「言語への目覚め活動」
　第4章　アラン谷における早期多言語教育——日本の言語教育に与える示唆
　第5章　カナダにおける早期言語教育——イマージョンとANL
第Ⅱ部　日本の事例を考える
　第6章　歴史の中の小学校英語教育
　第7章　小学校リメディアル教育研究者から見た小学校英語教育
　第8章　英語における国際理解教育としての外国語活動の可能性
　第9章　言語への目覚め活動と小学校英語教育
　第10章　継承語教育が民族的アイデンティティに与える影響
終章　小学校の英語教育は必要か
鼎談——小学校の英語教育は必要か

[前田式]韓国語上級表現ノート1・2
前田真彦
●各2400円

「移動する子どもたち」と日本語教育
川上郁雄編著
日本語を母語としない子どもへのことばの教育を考える
●3300円

「移動する子どもたち」の考える力とリテラシー
川上郁雄編著
主体性の年少者日本語教育学
●3300円

海の向こうの「移動する子どもたち」と日本語教育
川上郁雄編著
動態性の年少者日本語教育学
●3300円

識字神話をよみとく
角知行
「識字率99%」の国・日本というイデオロギー
●2700円

アメリカで育つ日本の子どもたち
佐藤郡衛、片岡裕子編著
バイリンガルの光と影
●2400円

言語と格差
杉野俊子、原隆幸編著
差別・偏見と向き合う世界の言語的マイノリティ
●4200円

言語と貧困
松原好次、山本忠行編著
負の連鎖の中で生きる世界の言語的マイノリティ
●4200円

肉声でつづる民衆のアメリカ史(上・下巻)
ハワード・ジン、アンソニー・アーノブ編
寺島隆吉、寺島美紀子訳
●各9300円

チョムスキーの「教育論」
ノーム・チョムスキー著 寺島隆吉、寺島美紀子訳
●3800円

チョムスキー 21世紀の帝国アメリカを語る
ノーム・チョムスキー著 寺島隆吉訳
イラク戦争とアメリカの目指す世界新秩序
●1800円

チョムスキーの「アナキズム論」
ノーム・チョムスキー著 木下ちがや訳
●3800円

チョムスキー入門
ジョン・マーハ著 ジュディ・グローヴス絵 芦村京訳 田中克彦解説
●1800円

英語帝国主義に抗する理念
大石俊一
「思想」論としての「英語」論
●3800円

英語支配とは何か
津田幸男
私の国際言語政策論
●2300円

言語・情報・文化の英語支配
津田幸男編著
地球的市民社会のコミュニケーションのあり方を模索する
●2200円

〈価格は本体価格です〉

〈価格は本体価格です〉

反転授業が変える教育の未来 生徒の主体性を引き出す授業への取り組み
反転授業研究会編　芝池宗克、中西洋介著
●2000円

21世紀型スキルとは何か コンピテンシーに基づく教育改革の国際比較
松尾知明
●2800円

21世紀型スキルと諸外国の教育実践 求められる新しい能力形成
田中義隆
●3800円

キー・コンピテンシー 国際標準の学力をめざして
ドミニク・S・ライチェン、ローラ・H・サルガニク編著　立田慶裕監訳
●3800円

キー・コンピテンシーの実践 学び続ける教師のために
立田慶裕
●3000円

ESDコンピテンシー 学校の質的向上と形成能力の育成のための指導方針
トランスファー21編著　由井義通、卜部匡司監訳
●1800円

未来をつくる教育ESD 持続可能な多文化社会をめざして
五島敦子、関口知子編著
●2000円

ユネスコスクール 地球市民教育の理念と実践
小林亮
●2400円

まんが クラスメイトは外国人 多文化共生20の物語
「外国につながる子どもたちの物語」編集委員会編　みなみななみ まんが
●1200円

身近なことから世界と私を考える授業 100円ショップ・コンビニ・牛肉・野宿問題
開発教育研究会編
●1500円

身近なことから世界と私を考える授業Ⅱ オキナワ・多みんぞくニホン・核と温暖化
開発教育研究会編
●1600円

多文化共生のためのテキストブック
松尾知明
●2400円

国際理解教育ハンドブック グローバル・シティズンシップを育む
日本国際理解教育学会編
●2600円

グローバル化と言語能力 自己と他者、そして世界をどう見るか
OECD教育研究革新センター編著　本名信行監訳
●6800円

「ことば」という幻影 近代日本の言語イデオロギー
イ・ヨンスク
●2500円

文化、ことば、教育 日本語/日本の教育の「標準」を越えて
佐藤慎司、ドーア根理子編著
●3800円